“十四五”物流管理与工程类专业规划教材

物流系统仿真案例实训

刘同娟　孙英琦　马丽娜　著

中国财富出版社有限公司

图书在版编目（CIP）数据

物流系统仿真案例实训 / 刘同娟，孙英琦，马丽娜著．—北京：中国财富出版社有限公司，2021.9

（“十四五”物流管理与工程类专业规划教材）

ISBN 978－7－5047－7525－2

Ⅰ.①物…　Ⅱ.①刘…　②孙…　③马…　Ⅲ.①物流—系统工程—高等学校—教材　Ⅳ.①F252

中国版本图书馆 CIP 数据核字（2021）第 183247 号

策划编辑	黄正丽	**责任编辑**	白　昕　于名珏		
责任印制	梁　凡	**责任校对**	杨小静	**责任发行**	敬　东

出版发行	中国财富出版社有限公司		
社　　址	北京市丰台区南四环西路 188 号 5 区 20 楼	**邮政编码**	100070
电　　话	010－52227588 转 2098（发行部）		010－52227588 转 321（总编室）
	010－52227566（24 小时读者服务）		010－52227588 转 305（质检部）
网　　址	http://www.cfpress.com.cn	**排　　版**	宝蕾元
经　　销	新华书店	**印　　刷**	北京九州迅驰传媒文化有限公司
书　　号	ISBN 978－7－5047－7525－2/F・3342		
开　　本	787mm×1092mm　1/16	**版　　次**	2021 年 11 月第 1 版
印　　张	14	**印　　次**	2021 年 11 月第 1 次印刷
字　　数	265 千字	**定　　价**	42.00 元

前　言

物流系统是企业生产的一个重要组成部分，物流合理化是提高企业生产效率最重要的方法之一。根据国内外实践经验，应用建模仿真分析方法改进物流系统方案可使总投资减少30%左右。因此，对物流系统设计、建模和仿真的研究，已经受到普遍的关注和重视；越来越多的物流工程技术人员投入到仿真技能及实践的研究当中，物流系统的建模、仿真及优化技术也成为物流专业的必修课程。

物流系统仿真是物流系统教学不可缺少的环节，是巩固学生物流理论知识并提高其实际操作技能的重要手段。为了加强对学生物流系统仿真实际操作能力的培养，本书以案例的形式进行编写，通过不同案例让学生学会仿真建模方法，培养学生的建模思维和仿真技能。

本书分为十章。第1章是物流系统仿真基础，介绍了物流系统仿真的基本概念；第2章介绍了Flexsim仿真软件以及Flexsim建模相关概念；第3章针对物流系统仿真的初级应用，以案例实训的形式介绍了仿真建模的方法、建模的详细步骤以及优化方法，实现从初步了解到逐渐掌握的过渡；第4章介绍了传统入库作业流程与基于RFID（射频识别技术）的入库作业流程的仿真模型对比；第5章介绍了生产物流系统的理论知识和典型案例的建模、仿真与优化；第6章介绍了订单分拣系统的理论知识和典型案例的建模、仿真与优化；第7章介绍了配货系统的理论知识和典型案例的建模、仿真与优化；第8章介绍了AGV（自动导引车）系统的理论知识和典型案例的建模、仿真与优化；第9章介绍了现代自动化立体仓库的理论知识和典型案例的建模、仿真与优化；第10章介绍了现代铁路物流园区的理论知识和沈阳某站货场的建模、仿真与展示。

在学习本书的过程中，学生可按照本书的详细步骤搭建物流系统仿真模型，实训后面配有相应的练习来帮助学生进行更深层次的理解。

本书由刘同娟、孙英琦、马丽娜著。此外，本书在写作过程中得到了北京物资学院领导、同事的热情支持，在此一并表示感谢。

由于时间仓促，加之作者水平和精力有限，许多内容未能进一步完善和深入，书中难免有错漏之处，恳请读者批评指正。

本书采用的是 Flexsim 7.5 软件，适用于使用 Flexsim 7.5 以上各版本软件的读者参考与学习。购买本书的读者可通过作者电子邮箱 liutongjuan@ bwu. edu. cn 获取教学课件以及本书中所有的实训模型和模型建模视频。

作 者

目 录

1　物流系统仿真基础

1.1　系统、模型、仿真概述

1.1.1　系统

半个多世纪以来，“系统”作为一个研究对象，在国际上引起了很多学者的注意，“系统”吸引了众多领域的专家研究和应用。

1. 系统的来源

系统这一概念来源于人类长期的社会实践。人类认识现实世界的过程，是一个不断深化的过程。客观世界中，一切事物的发生和发展，都是矛盾的对立和统一，科学的发展也不例外。在古代，自然科学界往往把世界看成一个整体，寻求共性和统一，但由于缺乏观测和实验手段，科学技术理论又很贫乏，因此对很多事物只能看到一些轮廓及表面现象，往往是只见森林、不见树木。随着科学技术的发展，理论更丰富了，工具更先进了，认识逐步深化了，但受到当时科学技术水平的限制和世界观的局限，往往又只能看到一些局部现象而不能纵观整体，以致只见树木而不见森林。只有当认识不断深化，在对个体、对局部有了更多、更深的了解以后，再把这些分散的认识联系起来，才能看到事物的整体，以及构成整体的各个部分之间的相互联系，从而形成了科学的系统观。

2. 系统的定义

系统（System），表示群体、集合等。系统的定义有很多，其中具有代表性的是我国著名系统工程学家钱学森给出的定义：“把极其复杂的研制对象称为系统，即由相互作用和相互依赖的若干组成部分（称为子系统）结合成的具有特定功能的有机整体，而且这个系统本身又是它所从属的一个更大系统的组成部分。”在美国的《韦氏大辞典》中，“系统”一词被解释为“有组织的或被组织化的整体；结合着的整体所形成的各种概念和原理的综合；由有规则的相互作用、相互依存的形式组成的诸要素集合等”。在日本工业标准（Japanese Industrial Standards，JIS）中，“系统”被定义为“许多组成要素保持有机的秩序向同一目标行动的集合体”。一般系统论的创始人贝塔朗菲把“系统”定义为“相互作用的诸要素的综合体”。美国著名学者阿柯夫认为“系统是由两个或两个以上相互联系的任何种类的要素构成的集合”。

一般我们采用如下定义：系统是具有特定功能的、相互间具有有机联系的许多要素所构成的一个整体。

3. 系统特性

无论什么样的系统，从系统的定义中可以看出其共同拥有的特性。

（1）集合性。系统的集合性表明，系统是由两个或两个以上可以相互区别的要素或子系统组成的，而要素是构成系统的最基础的组成部分。例如，一个计算机系统，一般都是由中央处理器（CPU）、存储器、输入与输出设备等硬件组成，同时，还包含有操作系统、程序设计、数据库等软件，这是一个由要素组合而成的完整系统。物流系统则可以由运输系统、装卸搬运系统、仓库系统、配送系统、物流信息管理系统等各子系统组成。

（2）相关性。组成系统的要素是相互联系、相互作用的，相关性说明了这些联系之间的特定关系。

（3）层次性。系统作为一个相互作用的诸要素的总体，它可以分解为一系列的子系统，并存在一定的层次结构，这是系统空间结构的特定形式。系统的层次性主要表现在它既是其构成要素的上级，又是其上级系统的子系统。系统层次结构能表明不同层次子系统之间的从属关系或相互作用关系。在不同的层次结构中存在着动态的信息流和物质流，其构成了系统的运动特性，为深入研究系统层次之间的控制与调节功能提供了条件。

（4）整体性。系统是由两个或两个以上的可以相互区别的要素，按照系统所具有的综合整体性而构成的，系统要素之间的联系与相互作用，使系统作为一个整体具有特定的功能或效能，这是各要素个体所不具备的。系统整体性，说明具有独立功能的系统要素以及要素间的相互关系（相关性、层次性）是根据逻辑统一性的要求，协调存在于系统整体之中的。由此可见，任何一个要素都不能离开整体去研究，要素间的联系和作用也不能脱离整体的协调去考虑。系统不是各个要素的简单集合，而是一种非加和性的关系，否则它就不会具有作为整体的特定功能。脱离了整体性，要素的机能和要素间的作用便失去了原有的意义，研究任何事物的单独部分都不能得出有关整体的结论。系统的构成要素以及要素的机能、要素的相互联系要服从系统整体的目的和功能，在整体功能的基础之上展开各要素及其相互之间的活动，这种活动的总和形成了系统整体的有机行为。在一个系统整体中，即使要素并不是都很完善，它们也可以协调、综合，形成具有良好功能的系统；反之，即使每个要素都是良好的，但作为整体却不具备某种良好的功能，也就不能称之为完善的系统。

（5）目的性。通常系统都具有某种目的，为达到既定的目的，系统需具有一定的功能，而这正是区别不同系统的标志。系统的目的一般用更具体的目标来体现，一般来说，比较复杂的系统都具有不止一个目标，因此需要一个指标体系来描述系统的目标。为了实现系统的目标，系统必须具有控制、调节和管理功能，管理的过程也就是系统的有序化过程，使系统进入与系统目标相适应的状态。

（6）环境适应性。任何一个系统都存在于一定的物质环境中，因此，它必然也要与外界环境产生物质的、能量的和信息的交换，外界环境的变化必然会引起系统内部各要素之间的变化。系统必须适应外部环境的变化，否则系统是没有生命力的，而能够经常与外部环境保持最优适应状态的系统，才是理想的系统。

4. 系统分类

（1）根据系统的变化特性，系统可分为离散系统和连续系统。离散系统是指变量只在某个离散时间点集合上发生变化的系统。连续系统是指状态变量随时间连续改变的系统。实际上很少有系统是完全离散的或完全连续的，但对于大多数系统来说，若某一类型的变化占据主导地位，就把系统类型归为该类型。

（2）根据系统的物理特征，系统可以分为工程系统和非工程系统。工程系统是航空、航天、核能、电气、机械、热工、水力等工程技术系统，它们通常是用微分方程描述的连续系统。虽然从原则上来讲这类系统是允许在实际系统上进行试验的，但是利用仿真技术对它们进行分析研究，既可以保证安全，又能节省大量费用。非工程系统是社会、经济、交通、管理、农业、生态环境等系统，它们属于离散系统。这类系统就更离不开仿真技术的帮助，因为这样一类系统往往不允许在实际系统上进行试验，如经济系统中一般不允许随意改变销售和供给以避免对市场造成冲击。

（3）根据系统的形成方式不同，系统可分为自然系统和人工系统。自然系统的主体是自然界，而人工系统的主体是人类自身对自然界的改造或者是人类创造的系统。

(4) 根据系统的实体性质不同，系统可分为实体系统和概念系统。实体系统是可见的，而概念系统是不可见的，它需要借助一定的实体才能体现出来，如虚拟的网络系统。

(5) 根据系统的开放程度，系统可分为孤立系统、封闭系统和开放系统。孤立系统是指该系统与环境之间既无物质交换也无能量交换；封闭系统是指其与环境之间仅有能量交换没有物质交换；开放系统是指其与环境之间既有物质交换也有能量交换。

(6) 根据运行性质不同，系统可分为静态系统和动态系统。这种分类方式主要取决于系统是否处于不断变化的状态中。

1.1.2 模型

为了指明系统的主要组成部分以及它们之间的主要关系，人们往往通过模型来对系统进行深入的分析和研究。系统模型主要用于三个方面：第一，分析和设计实际系统；第二，预测或预报实际系统某些状态的未来发展趋势；第三，对系统实行最优控制。

1. 模型定义

模型是所研究的系统、过程、事物或概念的一种表达形式，也可指根据实验、图样放大或缩小而制作的样品，一般用作展览、实验或铸造机器零件等的模子。

系统模型是对实际系统的一种抽象，反映了系统内部要素的关系、系统某些方面的本质特征以及内部要素与外界环境的关系，是系统本质的表述，是人们对客观世界反复认识、分析后，经过多级转换、整合等相似过程而形成的最终结果。它具有与系统相似的数学描述形式或物理属性，以各种可用的形式，给出研究系统的信息。从概念中可以看出系统模型只是模型中的一种，为了简化描述，文中出现的模型均指系统模型。对于系统模型的理解本文将从三方面进行阐述。首先，模型必须是对现实系统的一种抽象，它是在一定假设条件下对系统的简化；其次，系统模型必须包含系统中的主要因素，模型不可能与实际系统一一对应，但至少应当包含那些决定系统本质属性的重要因素；最后，为了进行定量分析，模型中必须反映出各主要因素之间的逻辑关系和数学关系，使模型具有代表性。仿真模型同样必须符合以上各项要求，并且适用于仿真环境下，通过模仿系统的行为来求解问题。

从某种意义上说，模型是系统的替代物，同时也是对系统的简化。在简化的同时，模型应足够详细以便从模型的实验中取得关于实际系统的有效结论。

建模就是建立模型。建立系统模型的过程，又称模型化。建模是研究系统的重要手段和前提。凡是用模型描述系统的因果关系或相互关系的过程都属于建模。

2. 模型特性

由实际系统构造出一个模型的任务主要包括两个方面的内容：一是建立模型结构，二是提供数据。在建立模型结构时，主要是确定系统的边界，鉴别系统的实体、属性和活动。提供数据要求能够使包含在活动中的各个属性之间的关系得以确定。在构建模型结构时，要满足两个前提条件：一是要细化模型研究的目的，二是要了解特定的建模目标与系统结构性质之间的关系。

一般来说，系统模型的结构具有以下一些性质。

（1）相似性。模型与所研究的系统具有相似的特征和变化规律，这就是真实系统与模型之间具有相似的物理属性或数学描述。

（2）简单性。从实用的观点来看，由于在模型的建立过程中，忽略了一些次要因素和某些非可测变量的影响，因此实际的模型已是一个被简化了的近似模型。一般来说，在实用的前提下，模型越简单越好。

（3）多面性。对于由许多实体组成的系统来说，因为其研究目的不同，就决定了所要收集的与系统有关的信息也是不同的，所以用来表示系统的模型并不是唯一的。由于不同的分析者所关心的是系统的不同方面，或者由于同一分析者要了解系统的各种变化关系，对同一个系统可以产生相应于不同层次的多种模型。

3. 模型分类

系统模型按结构形式分为实物模型、图式模型、模拟模型和数学模型。

（1）实物模型。实物模型是现实系统的放大或缩小，它能表明系统的主要特性和各个组成部分之间的关系，如桥梁模型、电视模型、城市模型、建筑模型、风洞实验中的飞机模型等。这种模型的优点是比较形象，便于共同研究问题。它的缺点是不易说明数量关系，特别是不能揭示所要的内在联系，也不能用于优化。

（2）图式模型。图式模型是用图形、图表、符号等把系统的实际状态加以抽象的表现形式，如网络图（层析顺序、时间与进度等）和物流图（物流量、流向等）。它是在满足约束条件的目标值的比较中选取较好值的一种方法，它在选优时只起辅助作用。当维数大于2 时，该种模型作图的范围将受到限制。其优点是直观、简单。缺点是不易优化，受变量因素数量的限制。

（3）模拟模型。用一种原理上相似，而求解或控制处理容易的系统代替或近似描述另一种系统，前者称为后者的模拟系统。它一般有两种类型，一种是可以接受输入进行动态模拟的可控模型，如对机械系统的电路模拟、可用电压模拟机械速度、电流模拟力、电容模拟质量；另一种是用计算机和程序语言表达的模拟模型，如物资集散中心站台数设置模拟、组装流水线投料批量的模拟等。通常用计算机模型模拟内部结构不清或复杂的系统是行之有效的。

（4）数学模型。数学模型是指对系统行为的一种数量描述。当把系统及其要素的相互关系用数学表达式、图像、图表等形式抽象地表示出来时，就是数学模型。它一般分为确定型和随机型、连续型和离散型。

4. 建模原则

对于同一个实际系统，人们可以根据不同的用途和目的建立不同的模型。所建模型只是实际系统原型的简化，因此既不可能也没必要把实际系统的所有细节都列举出来。一个理想的模型应该既能反映实体的全部重要特性，同时又易于处理，即原则上要满足：

（1）清晰性。一个复杂的系统是由多个子系统构成的，因此对应的系统模型也是由许多子模型构成的。在子模型之间，除了研究目的所必需的信息外，结构要尽可能清晰。

（2）相关性。模型应该包括系统中与研究目的有关的那些信息。虽然与研究目的无关的信息包含在系统模型中可能不会有很大影响，但是它会增加模型的复杂性，从而使得在求解模型时增加额外的工作，因此应该把与研究目的无关的信息排除在外。

（3）准确性。建立模型时应该考虑所收集的、用以建立模型的信息的准确性，包括确认所应用的原理和理论的正确性和应用范围，以及检验建模过程中针对系统所做假设的正确性。例如，在建立工厂设施规划与运输系统模型时，应该将运输工具视为一个三维实体而不能视为一个质点，它的长度和宽度影响了运输通道的布局。

（4）可辨识性。模型结构必须具有可辨识的形式。可辨识性是指系统模型必须有确定的描述和表示方式，而在这种描述方式下与系统性质相关的参数必须有唯一确定的解。若一个模型结构中具有无法估算的参数，则此结构就无实用价值。

（5）集合性。建立模型还需要进一步考虑的一个因素是能够把一些个别实体组成更大实体的程度，即模型的集合性。例如，对物流与供应链系统的研究中，除了能够研究每个物流中心的物流细节和规律之外，还可以综合计算多个物流中心构建成一个供应链系统的效能。

5. 建模步骤

建构模型需要想象力和技巧。这里从方法论的角度总结建模步骤如下：

（1）形成问题。在明确目标、约束条件及外界环境的基础上，规定模型描述哪些方面的属性，预测何种后果。

（2）选定变量。按前述影响因素的分类筛选出适合的变量。

（3）变量关系的确定。定性分析各变量之间的关系及对目标的影响。

（4）确定模型的结构及参数辨识。建立各变量之间的定量关系，其主要的工作是选择合适的表达形式，数据来源是该步骤的难点，有时由于数据难以获取，不得不返回到步骤（2）甚至步骤（1）。

（5）模型真实性检验。模型构建过程中，可用统计检验的方法和现有统计数字对变量之间的函数关系进行检验。模型构建后，可根据已知的系统行为来检验模型的结果。用结果解释现实世界尚能令人接受，不致相悖，便要判断它的精确程度和模型的应用范围。如果精度比期望的要低，则需弄清其原因，可能是原先的设定错误或者忽略了不该忽略的因素。

经过以上五个步骤，模型便可在实际中应用，但不能与检验过的情况相差太多，应把每次模型应用都当成是对模型的一次检验。有些模型，特别是社会经济系统的模型难以实际检验，另一些模型虽可检验，但花费太大或需要特殊条件。这时，个人经验很重要，凭着对原型对象的认识而对模型的真实性做出判断。因而，在能够实际试验的场合应力求进行试验，不经过试验的建模过程是不完整的。

1.1.3　仿真

系统仿真的目的在于利用人为控制的环境条件，改变某些特定的参数，观察模型的反应，研究真实系统的现象或过程。当前，仿真技术已经成为分析、研究各种复杂系统的重要工具，它被广泛用于工程领域和非工程领域。

1. 仿真的定义

仿真（Simulation）是对真实过程或系统在一定时间内运行情况的模仿。利用模型复现实际系统中发生的本质过程，并通过对系统模型的实验来研究已存在的或正在设计中的系统，又称模拟。在研究、分析系统时，对随着时间变化的系统特性，通常通过一个模型来进行研究。在某些情况下，当所研究的模型足够简单时，可以用数学方法表示并求解，这些解通常由一个或多个成为系统性能测度的数学参数组成。但是许多真实系统是非常复杂的，无法用数学关系和数学方法来求解。这时利用仿真就可以像观察、测试真实系统那样，在仿真模型中得到系统性能随时间而变化的情况，从仿真过程中收集数据，得到系统的性能测度。所以，仿真包括两个过程：建立模型和对模型进行实验、运行。

2. 仿真的作用

总的来说，管理系统仿真意味着管理实验手段。仿真模型已经在描述、设计和分析系统的过程中充分显示了它的作用，具体来说有以下几个方面。

（1）作为解释手段去说明一个系统或问题。对于现有的实际运行的系统，为了深入了解以及改进它，如果在实际的系统中进行实验，则往往花费大量的人力、物力、财力和时间，有时甚至是不可能的。然而通过计算机仿真，可以使现有系统不受干扰，经过分析仿真结果，对现有系统做出正确评价，并可预测其未来的发展趋势，提出改进方案。

（2）作为设计准绳去综合分析和评价所建议的决策措施。对于所设计的新系统，在未能确定其优劣的情况下，先不必投资去建立它，而是采用计算机仿真，对新系统的可行性和经济效果做出正确的评价。

（3）作为决策支持系统辅助决策。在管理决策中，针对具有不同决策变量或参数组合的决策方案，进行计算机仿真的多次运行，按照既定的目标函数，对不同的决策方案进行分析比较，从中选择最优方案，从而辅助管理决策。

（4）作为预测方法去预报和辅助所计划系统的未来发展。

（5）作为分析工具去确定系统的关键组成部分或项目。

3. 仿真与解析方法的比较

在系统模型不太复杂的情况下，往往可能运用数学方法，如线性代数、微积分、数学规划等求解问题。但是，大多数的实际系统非常复杂，它的模型不可能采用上述解析方法求得解决。这时，仿真就能发挥它应有的作用。在这种情况下，系统设计与分析人员运用计算机仿真求解系统模型，并收集相应的资料用以估计所研究系统的各项特征。

与数学解析方法相比，仿真具有以下优点。

（1）对复杂系统具有良好的适应性，大多数具有随机因素的复杂系统无法用准确的数学模型表述，从而采用解析方法评价，于是仿真通常就成为解决这类问题的好方法。

（2）它允许对一段系统工作时间进行压缩，用小段时间仿真出大量时间段的工作情况。

（3）不需要打乱真实系统就可以使人们能对现有系统在重新设计的工作条件下的工作成果做出分析判断。

（4）它能帮助人们选择最优的系统设计方案。

与此同时，仿真也存在如下缺点。

（1）它需要花费大量的费用和时间，这是由仿真系统开发的复杂性及仿真所需计算机的存储量大和计算时间长造成的。

（2）对于现实生活中的复杂性，不能完成全部仿真，只能是其中一部分，所以会影响到仿真结果的可信度。

（3）仿真的精度受到许多因素的影响，较难控制和测定。

（4）模型的参数设定是非常困难的，即难以确定合适的系统仿真初始条件。

1.1.4　系统、模型与仿真的关系

系统、模型与仿真三者之间有密切的关系。系统是研究的对象，模型是系统的抽象，仿真是通过对模型的实验以达到研究系统的目的。系统、模型与仿真的关系如图 1－1 所示。

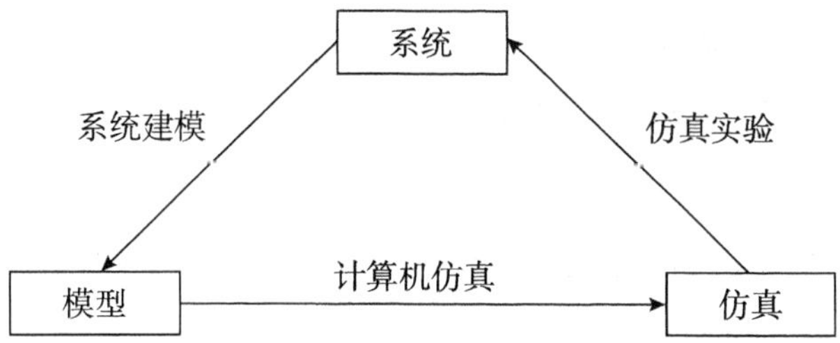

图 1－1　系统、模型与仿真的关系

1.2　物流系统概述

1.2.1　物流系统的概念与分类

物流系统是指在一定的时间和空间里，由所需运转的物资、包装设备、搬运和装卸机械、运输工具、仓储设施、人员以及通信联系等若干相互制约的动态要素所构成的具有特定功能的有机整体。其目的是使企业物流合理化，并将企业生产出来的产成

品按时、按质、按量、配套齐全、完好无损地迅速运达到消费者手中，实现其空间和时间效益。物流系统是企业生产的一个重要组成部分，物流合理化是提高企业生产率最重要的方法之一。因此，对物流系统设计和仿真的研究也日益受到人们的重视。

我们可以按照不同的标准对物流系统进行分类。按物流发生的位置，物流系统可划分为企业内部物流系统和企业外部物流系统；按物流运行的性质，物流系统可划分为供应物流系统、生产物流系统、销售物流系统、回收物流系统和废弃物流系统；按物流活动的范围，物流系统可划分为企业物流系统、区域物流系统和国际物流系统；还可以根据物流构成的内容，把物流系统划分为专项物流系统和综合物流系统。

从不同角度对物流系统进行分类划分，可以加深我们对物流性质、过程的理解和认识，有利于我们更好地进行物流系统的规划、设计、运营、组织与管理。

1.2.2　物流系统的特点

物流系统是复杂的离散事件系统，有如下特点。

1. 不确定性（随机性）

不确定性存在于物流系统中的每一个节点，如客户需求的不确定性、原材料供应供需关系的不确定性、采购准备时间的不确定性、运输时间的不确定性、交付时间的不确定性、产品价格的不确定性等。物流系统总是处在一个不确定的环境中，受很多随机因素的影响，具有多目标、多因素、多层次的特点。

2. 非线性

非线性是指个体及其属性在发生变化时，并非遵从简单的线性关系。组成物流系统的各个实体间的相互影响不是简单的、被动的、单向的因果关系，每个实体的行为和决策又依赖它自身的状态和一些有限的、相关的其他实体的行为，且易受内部和外部环境的影响。物流系统的各个实体主动改变自己的内部或外部结构，以适应环境的变化，从而呈现出物流系统的非线性。

3. 复杂性

物流系统是由若干个供应商、制造商、配送中心、销售商和终端客户组成的系统。它包含供应商、制造商的选择，配送中心的选址，运输方式（如空运、陆运、铁运、水运或混合运输方式）的选择和运输路线（如选择由哪个配送中心送货）的确定。其复杂性主要体现在贯穿于物流系统中的不确定性及各实体要素间的非线性关系。

4. 适应性

物流系统各个实体为了适应市场环境的变化，会与周围环境和其他实体不断进行交互作用。在这种持续不断交互作用的过程中，实体不断学习，积累经验，并根据学到的经验改变自身的结构和行为方式，寻找其他合适的实体组成物流系统以适应环境的变化，从而促成供需过程不断重组改造。

5. 多样性

物流系统各实体要素间不断相互作用和不断适应的过程，造成了实体向不同的方面发展变化，从而形成了物流系统实体类型的多样性。

综上所述，物流系统具有系统的所有特征。由于物流系统的层次性及各子系统间的相互联系和相互作用，很显然，物流系统是一个动态的、开放的复杂系统。

1.3　物流系统仿真概述

1.3.1　物流系统仿真的概念

所谓的物流系统仿真是指针对现实物流系统建立仿真模型，然后在模型上进行实验，用模型代替真实系统，从而研究物流系统性能的方法。通过仿真，可以一一仿效实际物流系统的各种动态活动并把系统动态过程的瞬间状态记录下来，最终得到用户所关心的系统统计性能。

由于物流系统自身的不完善或运作过程的不合理，一些物流系统在设计上缺乏前瞻性，在物流资源的配置、物流网络的结构等方面，很难保证其可靠性、合理性、协调性和最优化。在实际系统中常常包含较多随机因素，如物流系统中商务的到达、运输车辆的到达和运输事件等一般是随机的。对于这些复杂的随机系统很难找到相应的解析式来描述和求解，系统仿真技术成了解决这类问题的有效方法。物流系统运作的成败事关重大，而仿真方法是完善、推进物流系统的一个很好的方法，可以节省费用，减少浪费，消除物流环节中的瓶颈。

1.3.2　物流系统仿真的应用类型

从技术与管理的角度来看，物流系统仿真主要有以下几种应用类型。

1. 物流系统规划与设计

仿真多用于供应链设计、评价和优化，用来处理供应链中的不确定因素与动态性，此外还能够找出供应链各个成员之间的最优解决方案。在系统没有运行之前，把规划转化为仿真模型，通过运行模型，评价规划或设计方案的优劣并修改方案，辅助决策者或策划者的决策活动，这是仿真最常见的作用。这样不仅可以避免不合理的设计，而且可以减少投资风险，避免人力、时间等资源的浪费。

2. 物流运输调度

复杂的物流系统经常包含若干运输类型、多种运输路线，连接供应链上游与下游，运输是供应链运作过程中至关重要的一个环节，而运输调度与路线选择一直是物流系统的难点，其中包含了很多非确定性多项式（NP）问题。在解决调度问题、规划运输路线时，多使用启发式算法、不完全优化算法和遗传算法等，但在评价这些算法哪个更有效、更合理时，遇到的问题更多。因为运输调度是物流系统最复杂、动态变化最大的一部分，有许多不确定因素，所以很难用解析法描述运输的全过程。使用仿真建立运输系统模型，动态运行此模型，再结合图形，可以将运行状态、物料供应情况、配货情况、道路堵塞情况、配送路径等生动地呈现出来。仿真还提供了各种数据，包括车辆运输时间与效率、不同策略之间的比较、不同路径之间的比较等。

3. 物流成本估算

物流系统运作复杂，其中存在许多的不确定因素。系统的总成本包括运输成本、库存成本、订货成本和生产成本等。成本核算与所花费的时间有关。物流系统仿真是对物流整个过程的模拟，进程中每个操作的时间都通过仿真推进被记录下来。因此，人们可以通过仿真统计花费的物流时间，进而计算出物流的成本。

4. 库存控制

库存系统是供应链管理中的重要环节，能起到缓冲、调解和平衡的作用。供应链上各节点企业的库存水平一方面影响产品的成本，另一方面影响客户服务水平和企业对市场波动的适应能力。企业运作时库存处理得好坏直接影响公司的效益，也决定了公司的竞争力。现实库存系统多数属于复杂的离散事件系统，具有诸多不确定因素，而且各部分之间的关系复杂。企业在确定安全库存量、采购订货方式的时候遇到了很大困难，直接表现为没有合适的库存策略、库存积压与库存短缺并存等问题。随机性库存系统中有很多不确定的随机参数，解析方法的应用有很大局限性，很难采用数学规划或启发式算法进行准确分析。因此，常用离散系统仿真技术对库存系统全局或局部变量进行分析和优化，如库存系统规划、库存成本分析、库存控制策略分析等。

1.3.3 物流系统仿真解决的问题

如图1－2中左图所示，在有物流系统仿真软件之前，物流系统方案的设计和物流系统瓶颈的解决一般需要以下几步：首先是技术人员、一线工人、专家和学者等到物流节点（如自动化立体仓库、物流配送中心）的运营现场调研；其次是根据现场的运营情况分析系统的瓶颈并初步给出系统改进方案，然后让现实的物流节点停止业务，配合实施这个方案；最后如果瓶颈没有解决，需要继续现场调研，继续寻找系统瓶颈及解决方案，这样周而复始直到解决问题为止。

从上述过程可见，在有物流系统仿真软件之前，物流系统的优化成本高、时间长，物流节点业务停止的可能性大。

如图1－2中右图所示，物流系统仿真软件出现之后，物流系统的优化一般需要以下几步：首先是物流系统的现场调研，如绘制系统结构布局图、分析物流动线、统计物流设备设施数量和各种运行参数等；其次是在仿真软件上根据上一步骤采集的各种信息建立物流系统仿真模型，输入各种仿真数据（如订单的到达规律、设备的运行速度等），运行模型并分析统计结果；再次根据统计结果分析系统瓶颈，根据系统瓶颈提出解决方案，并在仿真模型中实施解决方案，如果没有解决系统瓶颈，需要周而复始继续寻找较优的解决方案；最后把找到的较优的解决方案在现实的物流系统中实施，解决现实的物流节点问题。

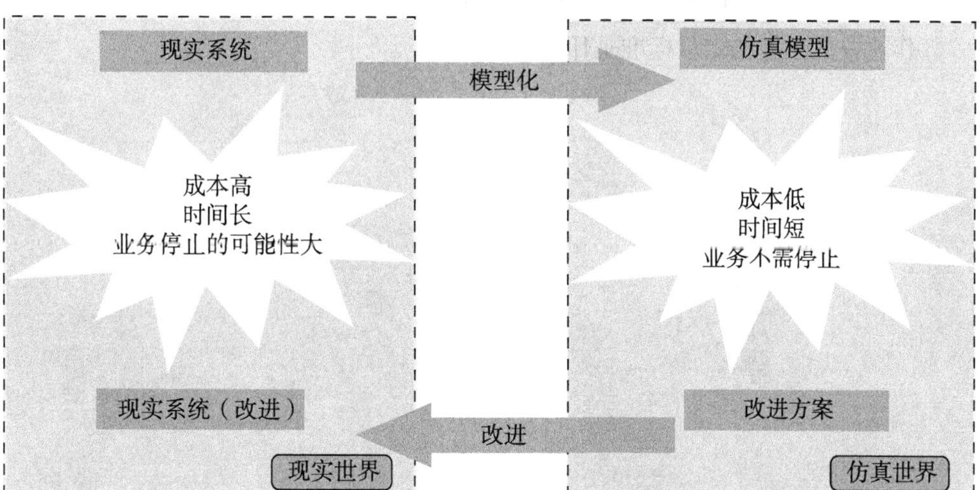

图1－2　物流系统仿真软件出现前后物流系统优化方法比较

从上述过程可见，在有了物流系统仿真软件之后，物流系统的优化成本变低、时间变短，而且物流节点业务不需要停止。

综上，对物流系统进行仿真，可实现在不组装实际系统的前提下，对现有系统进行分析。与直接对现实系统进行实验相比，仿真模型具有许多优点。物流系统仿真能够解决的问题如下。

（1）引进新设备时的事先评价问题以及人员、设备的配置问题。例如：

①引进何种设备？

②引进多大性能的设备？

③引进设备后的场地规划和人员配置怎样才能合理？

④引进设备后，瓶颈能否解消？其他地方是否成为新的瓶颈？

（2）场地布局的评价问题；工厂、仓库的规划设计问题；工厂、仓库的容量/库存问题。例如：

①需要扩建多大面积的仓库？

②如何合理配置新建配送中心的设备和人员？

③怎样比较不同方案？

（3）作业工程计划的改善问题；几乎所有涉及时间、空间和效率的关系问题。例如：

①已有定性的认识，但如何才能进行定量分析？

②如何在定量分析的基础上进行改进、评估？

③作业方式选择的定量标准是什么？

2 Flexsim 仿真软件应用基础

2.1 Flexsim 仿真软件综述

2.1.1 Flexsim 仿真软件介绍

Flexsim 是一款功能强大的仿真工具，通过设计和运行系统，Flexsim 可以帮助用户做出更合理的决策。Flexsim 可以创建实际系统的 3D（三维）计算机模型，与研究实际系统相比，研究计算机模型可以节省更多的时间与成本。Flexsim 作为试验评估工具，在面对众多方案时，可以提供大量的回馈信息，帮助用户快速从中找到最佳方案。通过 Flexsim 3D 虚拟动画以及输出的数据报告，可以轻易地发现问题，并在有限的时间内找到解决方案。

一般来说，模拟软件可分成结构型（Hierarchical）和分散型（Discrete Manufacturing）两大类型，Flexsim 属于分散型模拟软件。它由美国的 Flexsim Software Production 公司出品，是一款商业化离散事件系统仿真软件。Flexsim 采用面向对象技术，同时具有三维显示功能。建模快捷方便和显示能力强大是该软件的重要优点。该软件提供了原始数据拟合、输入建模、图形化模型构建、虚拟现实显示、运行模型进行仿真试验、优化结果、生成 3D 动画影像文件等功能，也提供了与其他工具软件的接口。图 2 - 1 是 Flexsim 功能结构示意。

Flexsim 仿真软件的特点主要体现在采用面向对象技术，突出 3D 显示效果，建模和调试简单、开放、方便，模型的扩展性强，易于和其他软件配合使用等方面。

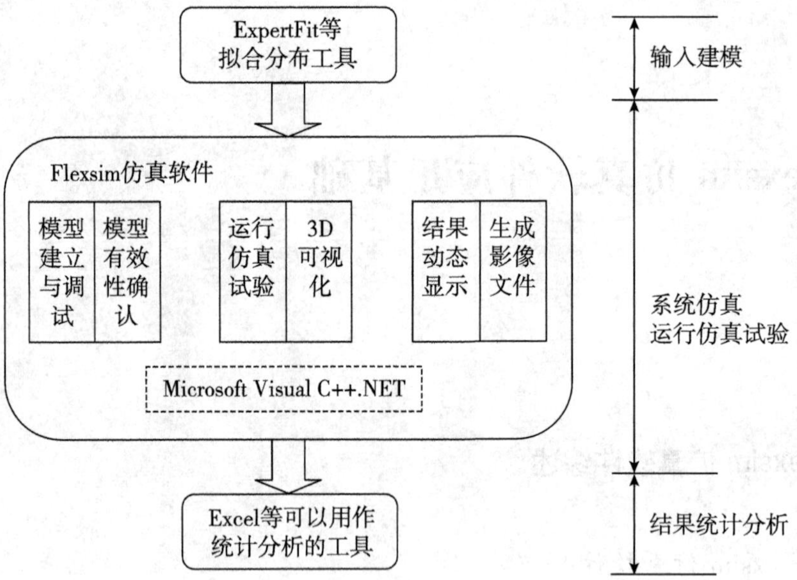

图 2-1　Flexsim 功能结构示意

2.1.2　Flexsim 仿真软件的特点

1. 基于面向对象技术建模

Flexsim 中所有用来建立模型的资源都是对象，包括模型、表格、记录、图形用户界面（GUI）等。同时，用户可以根据自己行业和领域特点来扩展对象，构建自己的实体库。面向对象的建模技术使得 Flexsim 的建模过程生产线化，对象可以被重复利用，从而减少了建模人员的重复劳动。

2. 突出的 3D 图形显示功能

Flexsim 是基于 OpenGL 开发的，也支持 3ds、wrl、dxf 和 stl 等文件格式，三维效果非常好。用户可以建立逼真的模型，从而对模型有一个直观的认识，并方便模型的验证。用户可以很容易地在仿真环境下操控 3D 模型放大或缩小，从不同角度来观测模型。

3. 建模和调试简单方便

Flexsim 向用户提供简洁的编排方式，通过拖拽的方式可轻松地构建出图形化模型。其功能完备，实体库已按树状结构详细分类，通过 2D（二维）图形化模式建立，自动实现 3D 实体化及 VR 虚拟实境模式。建模的工作简单快捷，不需要编写程序。

4. 建模的扩展性强

Flexsim 支持建立用户定制对象，其融合了 C++ 编程，用户完全可以将其当作一个 C++ 的开发平台来开发仿真应用程序。它在图形建模环境中集成了 C++ 集成开发环境（IDE）和编译器的仿真软件。在这个软件环境下，C++ 能够直接用来定义模型，而且不会在编译中出现任何问题。这样，就不再需要传统的动态链接库和用户定义变量的复杂链接。

5. 开放性好

Flexsim 提供了与外部软件的接口，可以通过开放数据库互联（ODBC）与外部数据库相连；其通过 socket 接口与外部硬件设备相连；它与 Excel、Visio 等软件配合使用。

Flexsim 应用包括：①物流行业资产项目评估；②物流行业有规律地运行模型，测试生产计划；③物流行业更改提案评估；④物流行业更改管理。

Flexsim 仿真系统已被广泛应用在交通路线规划，交通流量控制分析，生产能力仿真与分析，港口、机场、物流中心设计等多个领域。自从系统推出以来，已有上千家企业在使用 Flexsim。Flexsim 对物流行业的作用主要体现在以下几个方面：①评估装备与流程设计的多种可能性；②提高物流公司与资源的运行效率；③减少库存；④缩短制造物流行业产品上市时间；⑤提高生产线产量；⑥优化资本投资；⑦在一个小的增长阶段内，模型能被建立和测试，大大简化了模型构造，提供了识别逻辑错误的能力，使模型更可靠；⑧能够引导用户更快速地建立模型，在运行时，模型能随时改变，且更改能被立即合并。

2.2 Flexsim 仿真环境及关键技术

2.2.1 Flexsim 仿真环境

1. Flexsim 主界面

Flexsim 主界面如图 2－2 所示。

Flexsim 软件主界面由菜单栏、工具栏、实体库、模型视图、仿真控制栏五部分构成。

2. Flexsim 实体库

Flexsim 实体可在实体库面板中找到，这些实体被分为几组，默认状态下显示最常用的实体。Flexsim 实体库如图 2－3 所示。

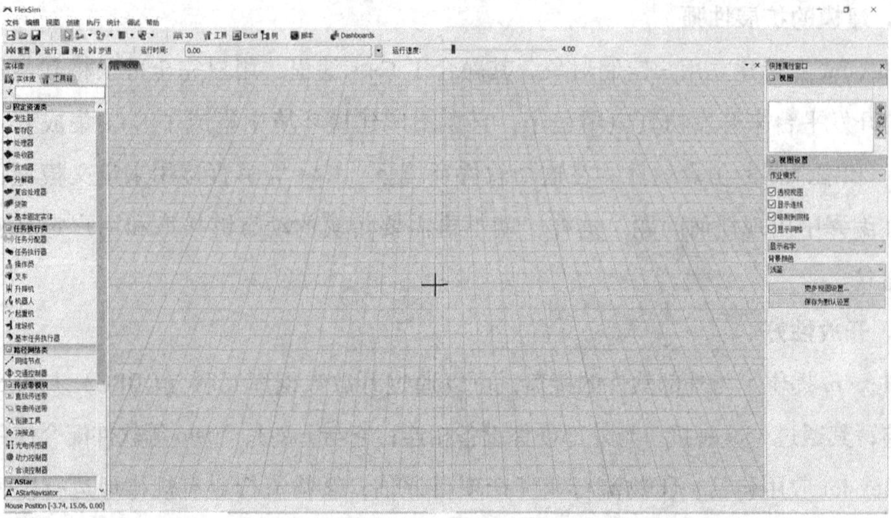

图 2－2　Flexsim 主界面

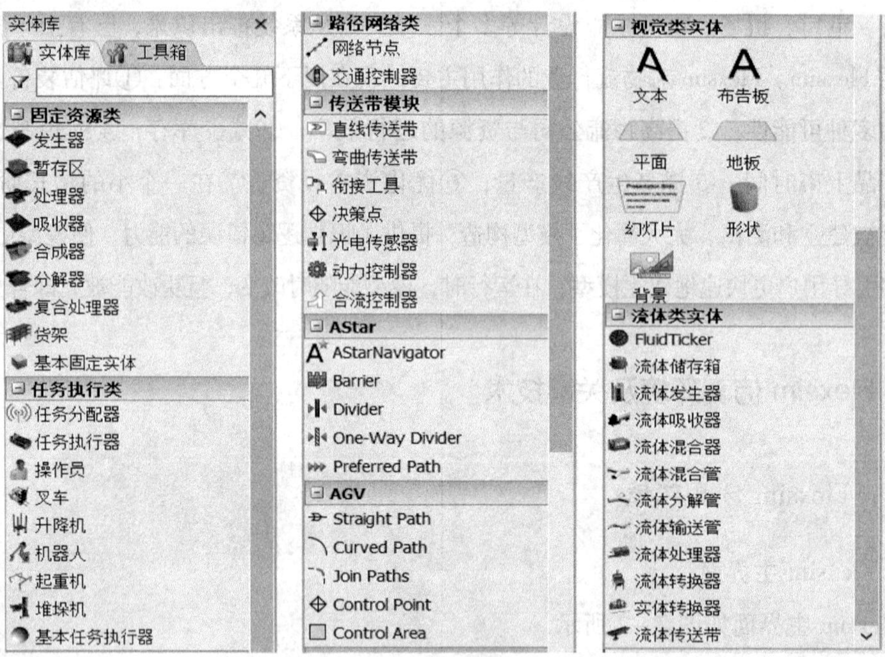

图 2－3　Flexsim 实体库

（1）固定资源类。

发生器：根据零件的生成序列生成零件。

暂存区：临时存放零件的地方。

处理器：根据零件的类型来加工零件。

吸收器：零件加工工序全部完成后吸收工件。

合成器：把部件装配到零件上。

分解器：由一个源零件复制生产多个具有相同性质零件的副本。

复合处理器：加工零件要多个加工工序来完成。

货架：储存零件。

基本固定实体：定义将临时实体拉入到站点并继续发送实体的逻辑。

（2）任务执行类。

任务分配器：将任务序列分配给多个任务执行器。根据调度策略派出操作员，无需求时召回。

任务执行器：模型中共享的、可移动的资源。可用在给定步骤中对临时实体进行加工处理，也可以在两个加工步骤之间运输临时实体。

操作员：表示一个具体的工人。

叉车：当要搬运的物件比较多或者物品比较大时需要使用叉车。

升降机：上下运输移动零件。

机器人：加工零件或搬运距离很近或在暂存区里面工作的时候使用机器人。

起重机：完成输送任务，用来模拟有轨梁导引的起重机，如门式、桥式和悬臂式起重机。

堆垛机：专门设计用来与货架一起工作。

基本任务执行器：进行碰撞检测和执行偏移行进。

（3）路径网络类。

网络节点：定义运输机和操作员遵循的路径网络。

交通控制器：控制一个交通网络上给定区域的交通。

（4）传送带模块。

直线传送带：是可允许临时实体随时随地移进或移出、可根据用户定义的逻辑移动的一种运输机。传送带的类型为直线。

弯曲传送带：可调整弯曲形状和半径的传送带。

衔接工具：使用衔接工具，可以创建一段弯曲的传送带，将两段传送带连接起来。

决策点：可以在传输系统中构建逻辑。

光电传感器：可以建立逻辑到传送系统，也可以连接到合并控制器。

动力控制器：可用来控制输送机系统在给定的时间开启或关闭。

合流控制器：可用来将不同的传送带线路合并到一起。

（5）AStar。

AStarNavigator（AStar导航器）：AStar是一种搜索算法，用于寻找点之间的路径。可以通过创建障碍物来修改节点网格，限制移动对象的位置，甚至影响其路径移动。一个模型只包含一个AStar导航器，但它可以连接任意数量的障碍物或移动对象。

Barrier（矩形障碍物）：建立一个矩形屏障，相当于在界面中移除此区域，防止移动对象进入屏障。

Divider（分隔器）：建立一条路径，断开路径上的节点，防止移动对象穿过此路径。

One-Way Divider（单向分隔器）：允许移动对象单向通过路径，可通过方向用绿色箭头表示。

Preferred Path（首选路径）：不通过移除方向指示器改变节点，而是通过修改节点表来调整首选路径。此路径权重值必须在0~1区间内才能正常工作。

（6）AGV。

Straight Path（直线路径）：为移动工具规划直线型路径。

Curved Path（弯曲路径）：为移动工具规划弯曲型路径。

Join Paths（连接路径）：将两条路径连接起来。

Control Point（控制点）：路径与实体之间的控制点，AGV拾取或丢弃物品的地点。

Control Area（控制区）：控制区可以使AGV在一条或多条路径上实现互斥。

（7）视觉类实体。

文本：可在3D视图中显示文本信息。

布告板：将文本锁定在屏幕上的一个特殊位置。

平面：根据仿真需要，在模型中放置一个平面。

地板：为模型设置其地板属性，包括颜色、纹理及垂直、水平尺寸。

幻灯片：以幻灯片的形式显示结果，在属性中可修改其可视化样式。

形状：在模型中插入一个形状作为支撑物。

背景：打开背景绘制向导，可指定用作背景的文件类型，模型背景是一个可视化的工具对象。

（8）流体类实体。

FluidTicker（时钟）：将时间分成小的、相同间隔的单位“Tick”。建模者可以定义每个 Tick 的长度。

流体储存箱：是一个简单的流体实体，可以同时接收和发送物质，作为流体材料的暂存区。

流体发生器：提供无限制的流体供应。用户可以将流体发生器设置成以固定速率进行填充或者设置成在完全变空之后进行一定时间的填充。

流体吸收器：用来销毁模型中加工过的物质，将没有转换成临时实体的流体物质移出模型。

流体混合器：利用不同的产品合成出一种新产品。

流体混合管：用来根据用户设定的百分比（非固定量），混合来自不同输入端口的物质。流体混合管常用于管内混合，管内混合不需要成批地完成。

流体分解管：根据建模者制定的百分比将物质输送至多个输出端口。

流体输送管：用来模拟物质在两个实体之间移动所花费的时间。

流体处理器：用来模拟连续接收和输出流体物质的加工步骤（如连接蒸煮器）。

流体转换器：是用来在流体实体和离散实体间相互转换的工具之一。它接收临时实体，然后将其转换成流体物质。

实体转换器：是用来在流体实体和离散实体间相互转换的工具之一。它接收流体，然后将其转换成临时实体，输送至下游实体中。

流体传送带：一种可模拟输送散装材料的实体。

3. 菜单栏

（1） 文件菜单。

Flexsim 软件的文件菜单如图 2 -4 所示。

新建：创建一个新的仿真模型。

打开 . . . ：打开一个 Flexsim 模型文件（扩展名为 . fsm）。

最近的模型：点击此处可以看到最近创建的仿真模型。

保存 . . . ：保存当前模型文件（扩展名为 . fsm）。

另存为 . . . ：将仿真模型保存为扩展名为 . fsm 的文件。

新建用户库：在实体栏内新建一个自定义用户库。

Open User Libraries. . . ：打开用户库。

全局设置：此选项可以打开全局设置窗口，通过此窗口进行选择与设置，如配置文本亮度等属性。全局设置窗口如图 2 -5 所示。

图 2－4　文件菜单

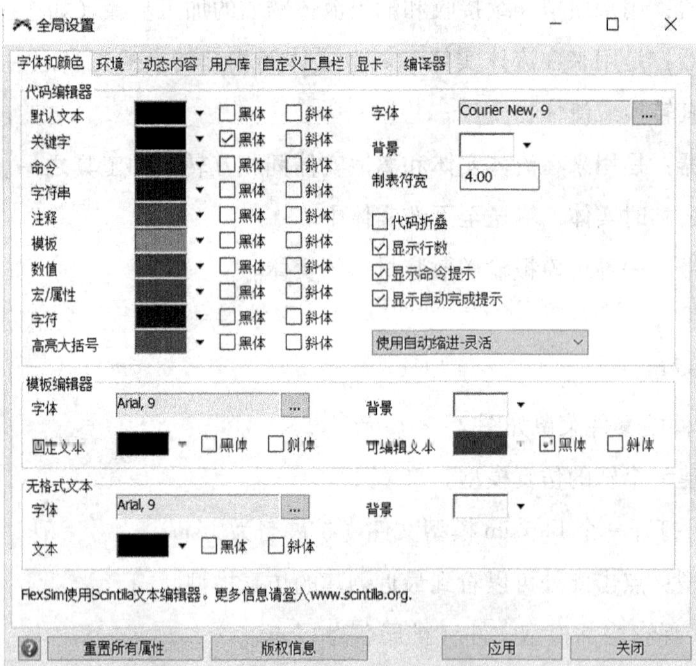

图 2－5　全局设置窗口

模型设置：对数值精度、传送带角度、样条线张力、随机数流及相关单位进行设置。

系统：用于重载媒体、断开 DLLs 链接。DLL：Dynamic Link Library，即动态链接库。这种库包含了可由多个程序同时使用的代码和数据。它是 Microsoft 在 Windows 操作系统中实现共享函数库概念的一种实现方式。

退出：在不进行任何保存的情况下关闭 Flexsim。

（2）编辑菜单。

Flexsim 软件的编辑菜单如图 2－6 所示。

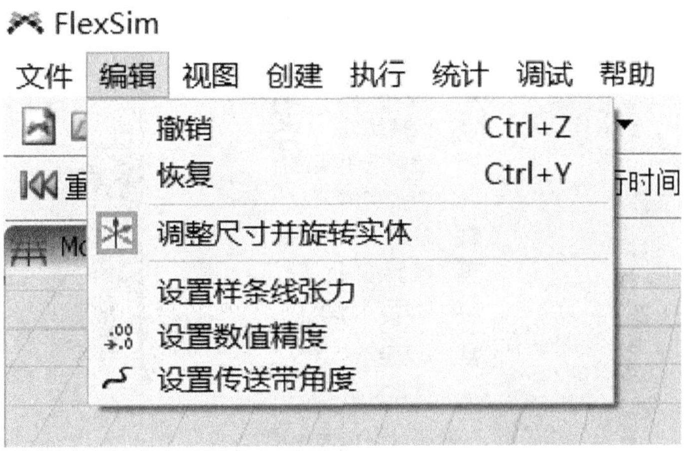

图 2－6 编辑菜单

撤销：撤销对模型做的最后一次改变。

恢复：恢复对模型的上次操作。

调整尺寸并旋转实体：可以使实体轴显示在俯瞰图和透视图中，从而设计实体的尺寸和旋转实体。

设置样条线张力：设定模型中的样条线张力。

设置数值精度：设定数值精确度。

设置传送带角度：设置传送的角度，传送带角度决定了传送带绘制的弯曲程度。

（3）视图菜单。

Flexsim 软件的视图菜单如图 2－7 所示。

模型视图（3D）：模型视图以 3D 方式显示模型。

模型树：可以打开一个显示模型文件夹的树视图。

模型控制 GUI：可用于打开一个创建的图形用户界面。

首页：打开首页。

打开默认模型位置：在界面中快速打开默认模型。

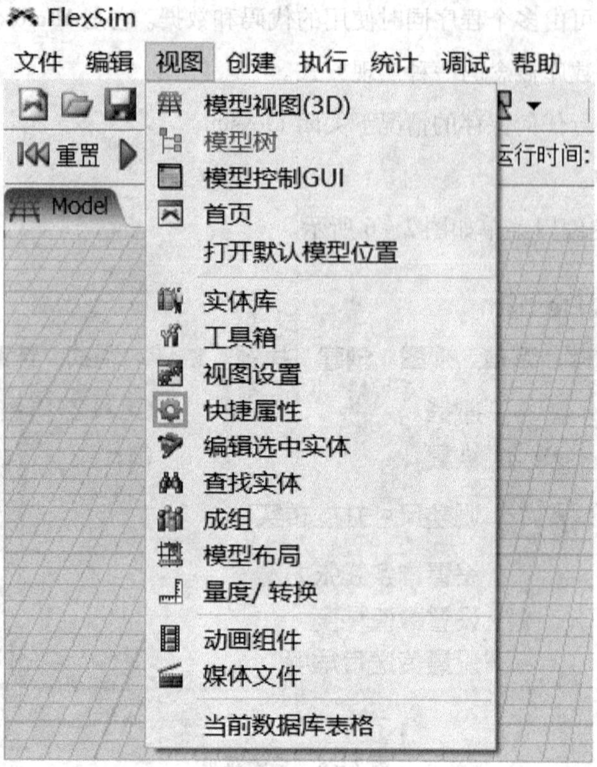

图 2－7　视图菜单

实体库：左侧面板显示实体库。

工具箱：左侧面板显示工具箱。

视图设置：右侧面板显示视图设置。

快捷属性：右侧打开一个显示快捷属性窗口的视窗。

编辑选中实体：右侧打开一个显示编辑选中实体菜单的视窗。

查找实体：右侧打开一个显示查找实体菜单的视窗。

成组：右侧打开一个实体组菜单，新建和编辑一个包含模型中实体的组。

模型布局：左侧面板显示模型布局。

量度/转换：左侧面板显示量度/转换，可用来测量模型中的距离以及转换长度单位。

动画组件：打开一个显示动画与组件栏的视窗。

媒体文件：当模型中存在此项时，可以打开媒体文件菜单。

当前数据库表格：此选项将打开一个窗口，显示当前使用 dbopen（）、dbchangetable（）、dbsqlquery（）命令打开或查询的活动数据库表。

（4）创建菜单。

Flexsim 软件的创建菜单如图 2－8 所示。

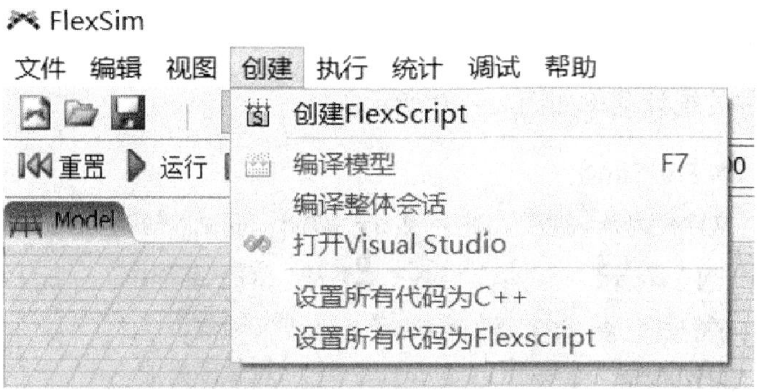

图 2－8 创建菜单

创建 FlexScript：编写所有 Flexsim 脚本代码。

编译模型：编译所有的 C++ 代码。

编译整体会话：在主目录树中编译所有 C++ 代码。

打开 Visual Studio：打开微软 C++。

设置所有代码为 C++/Flexscript：所有代码的路径有两种，C++ 代码或者 Flexscript 代码。

（5）执行菜单。

Flexsim 软件的执行菜单如图 2－9 所示。

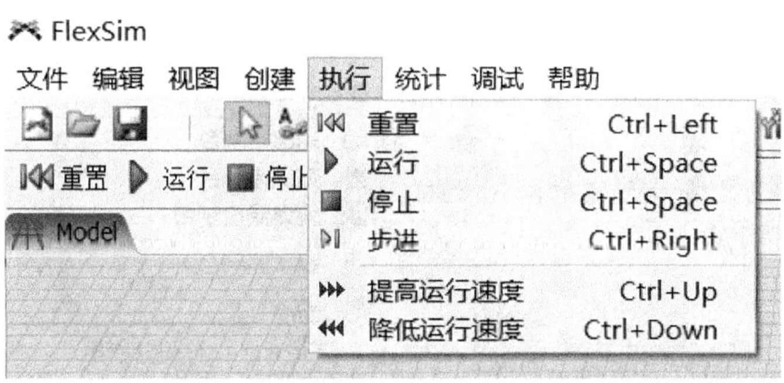

图 2－9 执行菜单

重置：与选择仿真运行控制面板上的“重置”按钮相同。

运行：与选择仿真运行控制面板上的“运行”按钮相同。

停止：与选择仿真运行控制面板上的“停止”按钮相同。

步进：与选择仿真运行控制面板上的“步进”按钮相同。

提高运行速度：提高模型的仿真运行速度。

降低运行速度：降低模型的仿真运行速度。

（6）统计菜单。

Flexsim 软件的统计菜单如图 2－10 所示。

图 2－10　统计菜单

报告与统计：打开报告与统计对话框。

实验器...：打开仿真实验控制输入窗口。

重复随机流：在每次重置和运行模型的时候重复随机流。

ExpertFit：打开由 Averill Law 和 Associates 公司开发的 ExpertFit 软件，ExpertFit 是一个用来确定输入数据的最佳匹配的统计概率分布程序。

（7）调试菜单。

Flexsim 软件的调试菜单如图 2－11 所示。

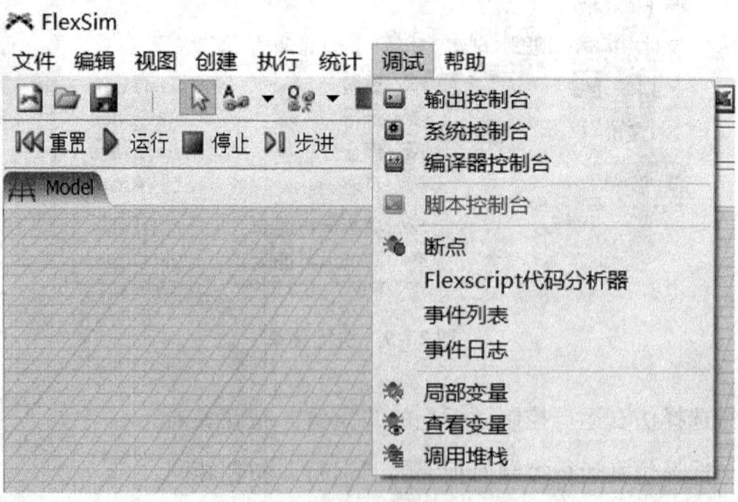

图 2－11　调试菜单

输出控制台：打开一个显示输出信息的视窗，可以使用 pt（）、pr（）、pd（）、pf（）等命令在输出控制台里打印自己的信息。

系统控制台：打开一个视窗，打印出程序引擎状态的相关信息。

编译器控制台：打开一个视窗，模型编译时，相关信息在此视窗里被打印。

脚本控制台：打开一个视窗，用来手动执行 Flexsim 脚本命令多的窗口。

断点：打开断点窗口。

Flexscript 代码分析器：此窗口罗列了模型中定义的所有脚本函数。按照模型运行各函数的时间排序，可用于分析如何能使模型运行更高效。

事件列表：暂挂事件（触发器将要发生的事件）的分类列表。

事件日志：触发器已经发生的事件分类列表。

局部变量：打开局部变量窗口，可以通过此窗口向模型中添加变量，模型中的任何实体均可使用这些变量。

查看变量：打开监测变量窗口。

调用堆栈：打开调用堆栈窗口。

（8）帮助菜单。

Flexsim 软件的帮助菜单如图 2－12 所示。

图 2－12 帮助菜单

User Manual（用户手册）：打开 Flexsim 的用户手册。

命令：打开命令集。

命令帮助：提供每条命令的详细信息、参数和实例。

属性提示：此窗口的列表显示所有的 Flexsim 属性和它们的含义。

在线内容：链接至 Flexsim 网站。

网上技术支持：在浏览器中打开 Flexsim 官方网站。

许可证激活：此选项可以打开许可证激活对话框。

关于 Flexsim：打开一个有关 Flexsim 的信息窗口，显示当前运行的 Flexsim 版本信息、此 Flexsim 的注册用户信息、显卡信息以及联系信息等。

4. 工具栏

Flexsim 的工具栏如图 2－13 所示。

图 2－13　Flexsim 的工具栏

新建：建立一个新的模型。

打开：打开一个先前保存的模型（文件扩展名为 . fsm）。

保存：保存当前模型。

标准模式：视图中的标准鼠标模式，可用来选中和移动实体。

连接实体：A 键连接，连接同类实体。

断开实体连接：Q 键取消，断开同类实体的连接。

选中实体：同时选择多个实体，可使用 Shift 键和 Ctrl 键。

创建实体：进入创建实体模式，鼠标左键选中实体库中的实体后，在视图中点击鼠标左键，即可在视图中创建一个选中的实体。

3D ：打开模型的 3D 视图视窗。

Excel Excel 数据界面：打开 Excel 界面对话框。

树 树视图：打开模型的树视图。

脚本 FlexScript 命令控制台：打开脚本编辑器。

Dashboards Dashboards（商业智能仪表盘）：可观测仿真模型的状态、停留时间、输出等数据。

5. Flexsim 的仿真时间控件

Flexsim 的仿真时间控件如图 2－14 所示。

图 2－14　Flexsim 的仿真时间控件

重置：仿真模型整体复位，如调用各个对象的复位函数、清空缓冲区、设置数据表格（全局表、时间表）参数等。

运行：仿真模型运行。

停止：仿真模型运行停止。

步进：仿真模型步进，它是按事件步进的。

运行时间：仿真模型转换在实际环境中运行的真正时间，可在下拉菜单设定停止时间。

运行速度：仿真模型运行的速度。

2.2.2 Flexsim 的鼠标操作及键盘交互

1. 鼠标操作

移动实体：要在模型中移动实体，则用鼠标左键点住该实体，并拖动至用户需要的位置，还可以点击右键并拖动鼠标来旋转此实体。用户也可以使用鼠标滚轮，或同时按住鼠标左右键点住该实体并拖动鼠标，使该实体沿 z 轴方向上下移动。

移动视窗：要移动模型的视景观察点，可用鼠标左键点击视窗的一个空白区，并拖动鼠标；要旋转模型视点时，用右键点击空白区并拖动鼠标；要放大或缩小视图时，使用鼠标滚轮或同时按住鼠标左右键并拖动鼠标。

连接端口：按住键盘上不同字母，单击第一个实体并拖动至第二个实体。如果在单击和拖动过程中按住 A 键，则将在第一个实体上生成一个输出端口，同时在第二个实体上生成一个输入端口，这两个新的端口将自动连接；如果按住 S 键，则将在这两个实体上各生成一个中间端口，并连接这两个新的端口；如果按住 Q 键或 W 键，输入、输出端口之间或中间端口之间的连接被断开，端口被删除。

2. 键盘交互

在正投影或透视视图中工作时，可以使用若干快捷键来建立、定制和获取模型信息。图 2－15 显示了键盘布局，图中用阴影部分显示的键在与 Flexsim 交互中具有特定的含义。

（1）A、J 键：情景敏感连接。

A 键用来连接某些类型的两个实体。按住 A 键，点击此实体，按住鼠标键不放，拖动到另一个实体，在那个实体上释放鼠标按钮。通常 A 键是将一个实体的输出端口连接到另一实体的输入端口。对于网络节点，A 键可将其连接到作为移动资源的任务

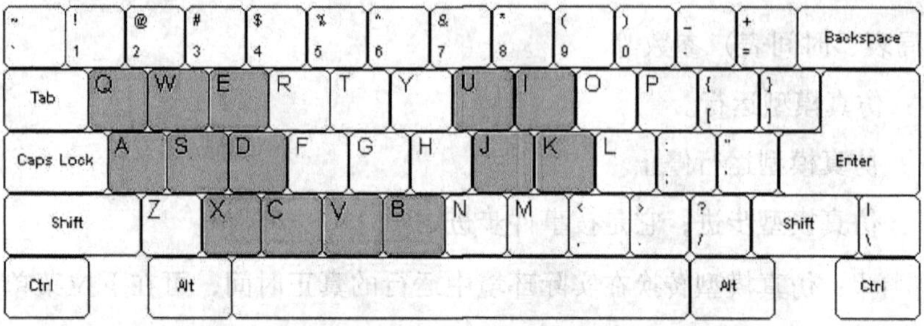

图 2-15　键盘布局

注：必须在正投影或透视视图是激活视窗的情况下，快捷键才能正常工作。在按下任何键之前，应首先点击视窗的标题栏使视窗被激活，否则，快捷键只有在试第二次时才会生效。

执行器，或连接到作为移动路径关口的固定资源，或连接到作为移动路径的其他网络节点上。如果用户习惯使用左手，也可以用 J 键。如果用 A 键连接两个实体，但是没有看见任何变化，首先要去查看视图设定中有没有隐藏连接。如果确认没有隐藏，但仍没有变化，则可能是那些实体不支持 A 键连接。

（2）Q、U 键：断开情景敏感连接。

Q 键用来断开某些类型的两个实体的连接。按住 Q 键，点击实体，按住鼠标左键，拖动到另一个实体，在其上释放鼠标按钮。通常使用 Q 键来断开一个实体的输出端口到另一个实体的输入端口之间的连接。对于网络节点来说，Q 键可以断开一个网络节点与作为移动资源的任务执行器，或者与作为移动网关的固定资源之间的连接，并设定一条移动路径的单行线连接为“无连接”（红色）。如果用户习惯使用左手，也可以用 U 键。

（3）S、K 键：中间端口连接。

S 键用来连接两个实体的中间端口。中间端口的使用是为了达到引用目的，采用 centerobject（）命令可对其进行引用。按下 S 键，点击一个实体，按住鼠标左键不放，拖动到另一个实体，然后释放鼠标按钮。如果用户习惯使用左手，也可以用 K 键。

（4）W、I 键：断开中间端口连接。

W 键用来断开两个实体的中间端口连接。按下 W 键，点击一个实体，按住鼠标左键不放，拖动到另一个实体，然后释放鼠标按钮。如果用户习惯使用左手，也可以用 I 键。

（5）D 键：情景敏感连接。

D 键是第二个用来进行上下文敏感连接的键。网络节点和交通控制器都采用 D 键连接。

（6） E 键：断开情景敏感连接。

E 键是第二个用来断开上下文敏感连接的键。网络节点采用 E 键连接。

（7） X 键：情景敏感点击/切换。

根据实体类型，X 键用来改变一个实体或者实体的视图信息。使用方法：按下 X 键，点击实体。网络节点使整个网络在不同的显示模式间切换。X 键也用来在网络路径上创建新的样条节点。货架也将在不同的显示模式间切换。输送机将重新布置下游输送机位置以使输送机末端齐平。

（8） B 键：情景敏感点击/切换。

B 键是用来根据实体的类型来改变实体或实体视图信息的附加键。使用方法：按住 B 键，点击实体。网络节点将使整个网络在不同的显示模式之间切换。交通控制器也使用 B 键。

（9） V 键：查看输入/输出端口的连接。

V 键用来查看一个实体的输入/输出端口连接。按住 V 键，点击实体，同时按住鼠标左键。如果先释放鼠标按钮，则相关信息消失，但如果先释放 V 键，则会持续显示相关信息。

（10） C 键：查看中间端口连接。

C 键用来查看一个实体的中间端口连接。按住 C 键，点击实体，同时按住鼠标左键。如果先释放鼠标按钮，则相关信息消失，但如果先释放 C 键，则会持续显示相关信息。

2.3　Flexsim 建模的相关概念

Flexsim 是一款在物流领域应用十分广泛的仿真软件。要完全掌握好 Flexsim，并将其运用到工作、学习和科研当中，理解该软件的一些重要概念和思想是很必要的。

2.3.1　面向对象的思想

相对于目前的一些仿真软件（如 Witness、eM – Plant 等），Flexsim 是采用面向对象的思想和技术开发的，其本身更是用 C++ 语言实现的。严格地说，该仿真软件包括了两部分：仿真软件和后台支持环境 VC++. NET。由于 C++ 是一种面向对象的语言，所以使用 Flexsim 软件进行系统建模，或做一些二次开发时，这些工作都有面向对象思想的体现。可以这样说，若没有领会面向对象的思想，就不能完全发挥 Flexsim 软件本身的特点，也就不能用其实现用户的目标。使用 Flexsim 软件的用户需要对 C++ 语言有一定程度的理解。本节主要解释 Flexsim 中所特有的一些面向对象思想，而不涉及面向对象语言（关于 C++ 语言的知识请查看相关书籍）。

对象的概念在 Flexsim 软件中无处不在，我们先直观地感受一下。软件的运行界面左边是一个常用的实体库。库中的各种部件就是有特定功能的对象，这些对象是软件本身自带的，利用这些基本的部件对象，用户可以完成大多数的仿真工作。我们使用处理器来解释一下对象的概念：日常所见的任何具体事物都可看作对象，处理器就是一种设备，它的作用就是对经过它的物件进行一些加工，即改变物件的状态。这里可以将其当作现实中的设备，如机床等。

借用 C++ 程序设计语言中对象的概念，对象是类的实例，类是对现实对象的抽象。类中包含了对象的数据（相当于现实对象的状态）及对象的方法（相当于现实对象用来处理外界所给信息的方法）。对象封装了属性和方法，进一步到 Flexsim 中，对于软件中可用的对象，它们本身有自己的属性（如颜色、尺寸、位置等），还有处理物件的方法。在使用软件的过程中，我们完全可以用人们平时的思维方式来思考，而无须过多抽象化，这就是面向对象方法的优点。

2.3.2 Flexsim 的对象层次结构

Flexsim 中，对象层次结构的面向对象方法的一个优点是类与类之间可以有继承关系，对象的继承性给我们提供了更大的柔性来扩展对象，即衍生出新的对象。在 Flexsim 中我们可以充分利用继承性来开发对象，而软件本身也给用户提供了这样的机制。Flexsim 本身的库对象是高度抽象化的，具有很强的通用性，几乎涵盖了仿真中可能遇到的所有对象。这些对象之间有一定的继承关系，它们之间存在着逻辑关系。图 2 - 16 是 Flexsim 的对象层次结构。

在类的派生关系图中，Flexsim 各种对象的逻辑关系一目了然。实体库中的对象分为两种：一种是从固定实体中派生下来的；另一种是从任务执行器中派生下来的。通过分析我们不难发现，从固定实体中派生来的对象有一个共同的特点——其本身是不会运动的，它们的作用只是产生或消除物件、存储物件、加工物件等；从任务执行器中派生来的对象，其本身是可以运动的，其作用是将物件从一个地点运送到另一个地点。

当现有的库对象不能满足用户的需要时，用户就需要创建自己的对象。Flexsim 为

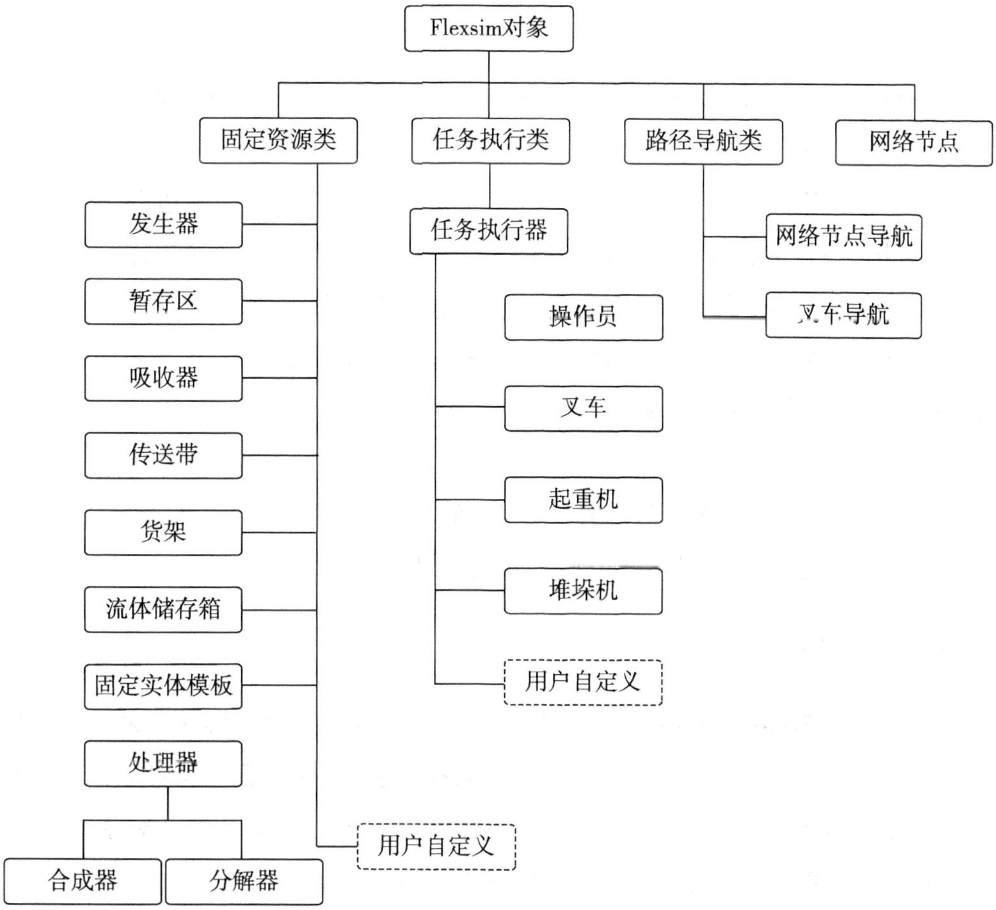

图 2－16　Flexsim 的对象层次结构

注：虚线框内为用户自定义实体。在 Flexsim 中，用户可自由插入自定义实体类型。

用户提供了这样一种机制——用户可以定制自己的库对象。在 Flexsim 的对象层次结构（图 2－16）中有两个虚线框，这表示用户可以从固定实体和任务执行器中派生出自己的对象。在 Flexsim 的早期版本中，从这两个类中派生出新的对象比较复杂，而最新的版本中增加了 BasicFR 和 BasicTE 类，这使用户的开发工作变得更容易。后面的章节将具体介绍怎样实现一个新对象的定制。

2.3.3　节点和树

在介绍树结构之前，我们先来了解 Flexsim 中节点的概念。节点是树结构最基本的组成单元，它们组成了链接的层次。所有的节点都有一个文本缓冲区，用来保存节点的名字。节点可以是其他节点的容器，可以是用来定义一个对象属性的关键字，或可以拥有一个数据项。属于一个节点的数据项类型可能是数值、字符串（String）、对象或指针。

用户可以在对象的树结构中任意地操作节点，如增加节点、删除节点、改变节点所包含的值等。含有对象数据的节点可能包含节点的子列表。含有对象数据的节点称之为对象节点。当用户单击一个对象节点时，就会看到在节点的左边有一个大于号“ > ”。单击“ > ”将打开对象数据的树分支。如果一个节点包含子节点，可以按下“ + ”按钮来展开；如果一个节点包含对象数据，可以按下“ > ”来展开。

树结构是一种很常用的数据结构。Flexsim 仿真模型中的对象，或对象中的属性和方法节点等都是树结构；用户甚至可以直接在树结构中操作对象。在 Flexsim 中有两个主要的对象类型：模型或仿真对象和视图对象。两种类型都有对象数据树，包含了属性和行为控件。一个对象节点的对象数据树中的节点可以作为属性、变量或成员函数，也有可能只是作为简单的容器来包含节点以达到组织的目的。

2.3.4　任务序列

任务序列是 Flexsim 仿真软件中的核心机制。各种复杂仿真的实现很大程度取决于怎样实现任务序列。前面介绍了 Flexsim 中有两种对象，一种是派生自固定实体的静态对象（对象本身不运动）；另一种是派生自任务执行器的动态对象（对象本身可运动）。如果用户建立的系统模型全部使用了静态对象，那么就不需要任务序列的机制，但是这种情况几乎不存在。使用动态对象搬运物件时，对象怎样运动、实现什么样的功能等，都需要任务序列来控制。

任务序列是由任务执行器执行的一组命令序列。这里任务执行器涵盖了所有派生自它的动态对象，如操作员、叉车、起重机、堆垛机、机器人、升降机以及其他可运动的对象。图 2 -17 表示一个任务序列，该任务序列由多个任务组成。

Simulation Time →

P1	P2	Task1	Task2	Task3	Task4	…

图 2 -17　任务序列

注：P1—Priority Value（优先级）；P2—Preempt Value（抢占级）；Simulation Time—仿真时间；Task—任务序列中包含的各任务。

Flexsim 为用户提供了功能齐备的任务类型。常用的任务序列有：TASKTYPE_TRAVEL、

TASKTYPE_LOAD、TASKTYPE_UNLOAD、TASKTYPE_TRAVELTOLOC 等。不同的任务序列有不同的参数设置，用户可以根据需要在使用的时候查询帮助文档。

1. 默认任务序列

固定实体类为了将物件移至下一个站点，有一个创建任务序列的默认机制。固定实体对象的参数设置对话框中有一个通用的“临时实体流”选项页，选择其中的“使用运输工具”复选框，就可创建默认的任务序列。对于处理器对象，还可以自动创建预置时间、加工时间、故障维修的任务序列。

当仿真模型运行时，这些自动创建的任务序列就会传递给与其中心端口相连的动态对象来执行。这里给个简单的例子说明。假设用户选择了“暂存区”参数设置对话框的“临时实体流”选项页中的“使用运输工具”复选框，当系统运行时，就会产生如下默认任务序列，详见图 2 - 18。

P1	P2	Travel	Load	Break	Travel	Unload

图 2 - 18　默认任务序列

注：Travel—实体移动；Load—装载；Break—实体运行中断；Unload—卸货。

当操作员收到该任务序列时，顺序地执行任务序列中的每个任务，执行过程大致如下：操作员先移动到暂存区处（Travel）；接着拿起物件（Load）；然后移动到下一个站点处（Travel）；最后放下物件（Unload）。

在仿真模型运行时，一个任务执行器只能执行一个任务序列，而此时固定实体可能创建了许多任务序列，这些未执行的任务序列被放置在缓存队列中等待执行。

2. 协同作业的任务序列

协同作业的情况有很多，比如叉车作业需要一个操作员来操控，或者一件物品需要两个人来同时搬运等。在 Flexsim 中叉车、操作员都是可运动对象，要实现协同作业的任务序列相较于只对一个对象创建任务序列要复杂许多。接下来以叉车和操作员的协同工作为例来说明怎样实现协同作业的任务序列。

我们先来分解任务的执行过程：①操作员运动到叉车上（Travel to forklift）；②操作员进入驾驶室（Load），这里是叉车的动作；③叉车运动到指定地点（Travel）；④叉车装载物件（Load）；⑤叉车运动到卸载点（Travel）；⑥卸载物件（Unload）。图 2 - 19 是叉车和操作员的协同任务序列。

从图 2 - 19 中可以看出，叉车在操作员到达之后才执行任务，操作员进入叉车之

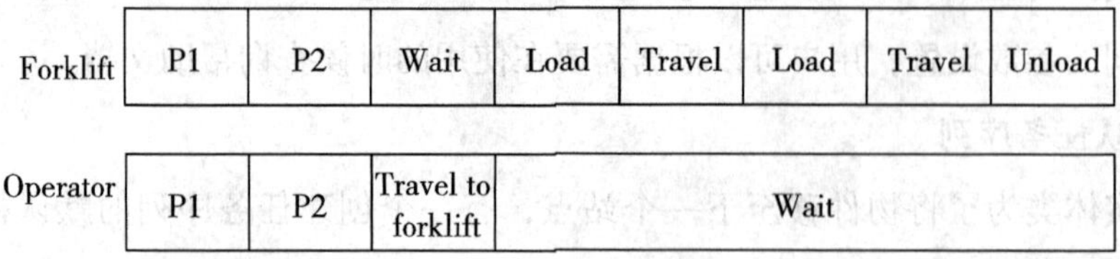

图 2－19　叉车和操作员的协同任务序列

注：Forklift—叉车；Operator—操作员；Wait—等待。

后就随着叉车一起完成叉车的任务。操作员的任务序列中只有一个任务，其他时间不做任何事情。

3. 对象任务分配器及任务序列的分配规则

现在考虑一种较为复杂的情况：有两个暂存区对象用于存放物件，三个操作员对象用于搬运物件；三个操作员是自由的，没有被分配给固定的暂存区，那么怎样来有效地调用这三个操作员呢？此时就要用到任务分配器对象。

任务分配器用来控制一组叉车或操作员。任务序列从一个静态对象发送到任务执行类，然后任务执行类来调配这些任务序列并分配给与其输出端口相连的动态对象。动态对象接收到任务序列后执行相应的命令序列。

任务执行类对象的功能就是进行任务序列的队列存储和发送。根据用户建模的逻辑，任务序列可以排队等待或立即被传送到一个相应的对象。任务执行类的参数设置对话框只有两项，当接收到一个任务序列时，调用“传递给”函数。顾名思义，该函数将任务序列发送给接收对象；如果该函数返回值是 0，即该任务序列不能被立即分配，则根据“排队策略”定义的规则将任务序列放入队列中等候。排队策略函数返回任务序列的相关值，然后根据优先级来确定任务序列在队列中的位置。高优先级的任务序列放在队列的前面，低优先级的放在队列的后面。如果优先级相同，则根据队列的“先进先出”原则来处理。用户可以根据需要，动态地改变任务序列的优先级。

当将队列中的任务序列进行排序时，任务执行类执行队列策略函数，遍历已取得的所有任务序列的优先级值，与最新任务序列的优先级值比较，根据比较的结果重新进行队列排序。

在 Flexsim 的对象层次结构中，我们发现任务执行类是所有任务执行器的父类，也就是说，所有的任务执行器也是任务执行类。这就意味着操作员或叉车也可以担当任务执行类的角色来分配任务序列，或者自己执行任务序列。

实训练习

1. 总结 Flexsim 仿真软件的特点。

2. Flexsim 中的实体分为几大类型？了解每种实体的功能。

3. 练习灵活运用 Flexsim 菜单栏并调出不同的快捷窗口。

4. Flexsim 使用的快捷键有哪些？每个快捷键相应的作用是什么？

5. 使用 Flexsim 工具栏建立一个新模型，尝试连接几个实体，点击运行，调节运行时间和速度，观察模型的运行情况。

3 Flexsim 仿真模型建立

3.1 Flexsim 仿真模型的基本组成

1. 对象

Flexsim 采用对象对实际过程中的各元素建模。Flexsim 采用面向对象的技术，大部分对象都是固定实体或者任务执行器对象的子对象。子对象拥有其父对象所有的接口和相应的功能。Flexsim 有丰富的实体库，其中实体也是灵活便利，可以满足客户的个性需求，且可以自定义保存，方便以后调用。Flexsim 对象分为离散类对象和连续类对象两类。

（1）离散类对象包括固定资源类、任务执行类、路径网络类、传送带模块、AStar、AGV、视觉类实体。

固定资源类对象一般是离散仿真模型中的主干对象，此类对象决定了模型的流程，主要包括发生器、暂存区、处理器、吸收器、合成器、分解器；任务执行类对象主要包括任务分配器、任务执行器、操作员、叉车等；路径网络类对象主要包括网络节点、交通控制器；传送带模块对象主要包括直线传送带、弯曲传送带、衔接工具、光电传感器等；AStar 对象主要包括 AStar 导航器、矩形障碍物、分隔器、单向分隔器、首选路径；AGV 对象主要包括直线路径、弯曲路径、连接路径、控制点、控制区；视觉类实体对象主要包括布告板、地板、幻灯片、背景等。

（2）连续类对象主要用于设计具有流体类的系统仿真，但它又不仅仅局限于流体，事实上它能够仿真具有连续属性的事件。

2. 连接

Flexsim 通过对象之间的连接定义模型的流程。Flexsim 模型中的对象是通过端口来相互连接的。其分为三种类型的端口：输入端口、输出端口和中心端口。

3. 方法

对象中的方法定义了模型中各对象所需要完成的作业。方法是用来完成一项任务的一系列规则集，其中好的方法应该是可以重复使用的。Flexsim 建模方法主要包括：到达方法、触发方法、实体流方法、导航方法、任务执行器移动方法等。

3.2 Flexsim 建模的基本步骤

（1）构建模型布局：将仿真所需要的对象模型从实体库中拖拽到仿真视图窗口中的适当位置，如图 3－1 所示。

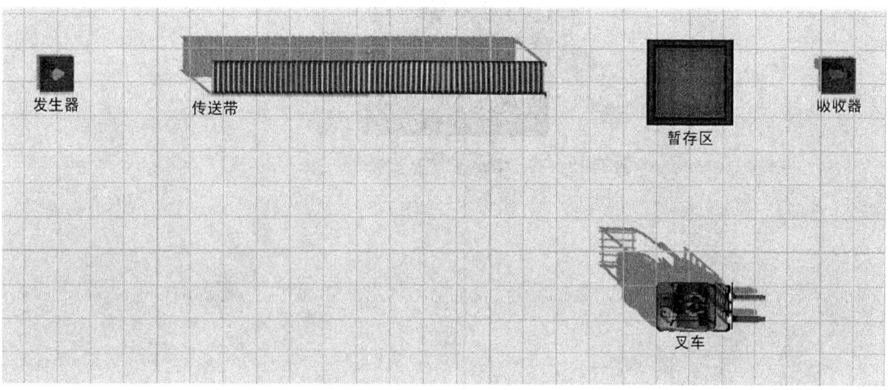

图 3－1 构建模型布局

（2）定义物流流程：根据连接类型，按下 A 键或 S 键的同时，用鼠标从一个对象拖拉到另一个对象上以连接二者，如图 3－2 所示。

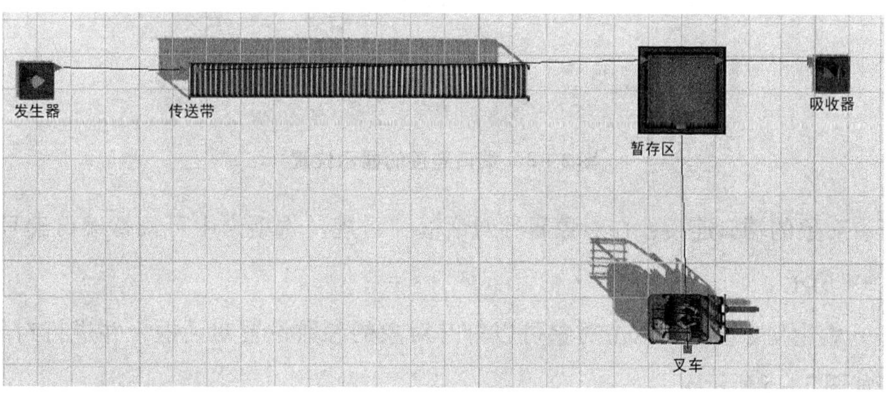

图 3－2 定义物流流程

连接两个对象端口所需按键如下。

· A 键：用来将对象 1 的输出端口连接到对象 2 的输入端口上。

· Q 键：用来取消对象 1 的输出端口与对象 2 的输入端口之间的连接。

· S 键：用来连接对象 1 与对象 2 的中心端口。

· W 键：用来取消对象 1 与对象 2 的中心端口的连接。

各类端口连接的显示位置：输出端口显示在对象的右上角、输入端口显示在对象的左上角、中心端口显示在对象底部中心，如图 3-3 所示。

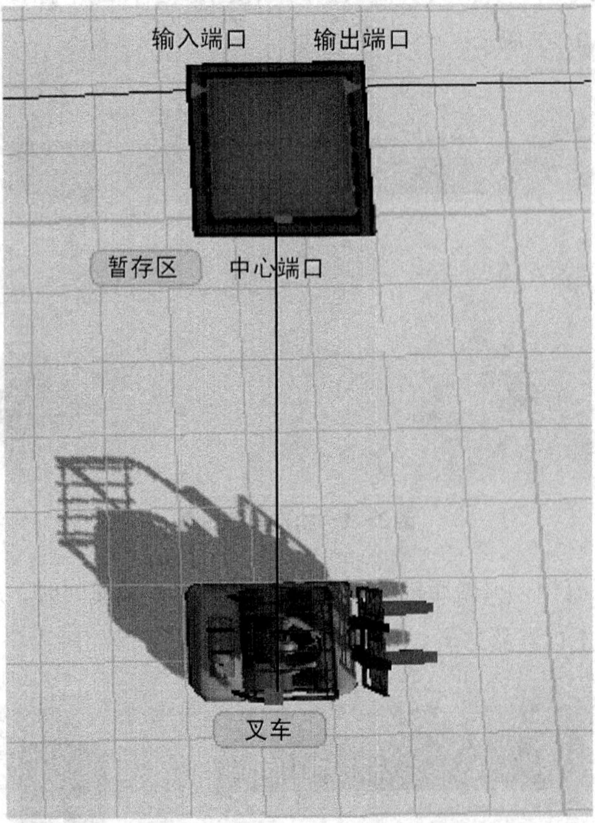

图 3-3 端口连接的显示位置

查看对象的端口连接：在对象属性对话框“常规”选项卡中可调整端口编号顺序，如图 3-4 所示。

（3）编辑对象参数：双击对象可以打开对象的参数设置对话框，并进行对象参数设置，如图 3-5 所示。

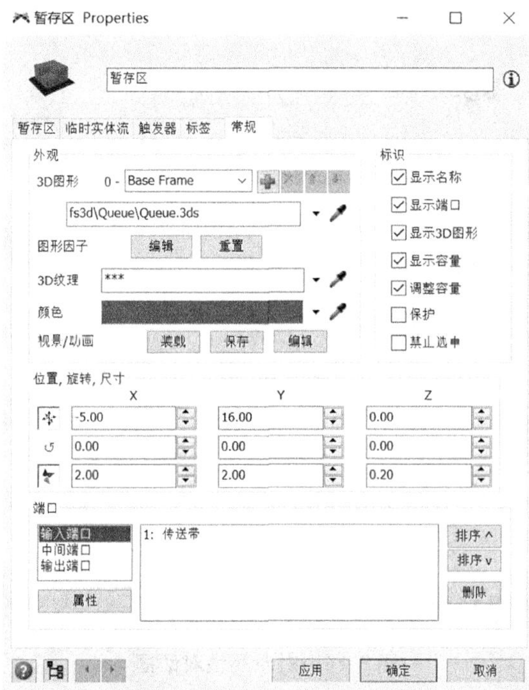

图 3-4　调整端口编号顺序

图 3-5　参数设置对话框

对象属性对话框中包括暂存区、临时实体流、触发器、标签、常规五个设置选项卡，如图 3-6 所示（以暂存区为例）。

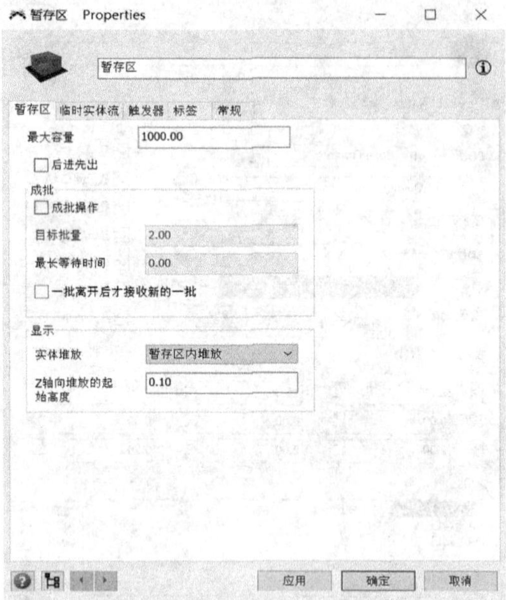

图 3－6 对象属性对话框

（4）编译运行仿真：编译运行仿真栏如图 3－7 所示。

图 3－7 编译运行仿真栏

：重置模型。

：控制动画速度。

：运行仿真。

3.3 Flexsim 统计与分析

1. 概述

Flexsim 建立模型的资源是对象（Objects），对象可以是产品、模型、图表、记录、库、图形用户界面，甚至是应用程序本身。Flexsim 的对象都可以向用户公开，建模人员可以自由地操作部件、图形用户界面、菜单、选择列表和部件参数，可以在部件里增加自定义的逻辑、改变或删掉既存的编码。Flexsim 在仿真过程中，能根据仿真进度动态显示报表数据。

Flexsim 在仿真模型运行过程中记录了所有设备的所有状态（工作、等待、阻塞、故障等）的时间数值，以及设备加工产品的个数，用户可以自由组合和输出由这些数据组成的报表。Flexsim 还提供包括设备利用率、单条模型生产线的加工总能力、单个设备的加工能力、设备状态的时长及时间比例、模型瓶颈分析等数据的统计分析功能。

2. 查看统计图

在 Flexsim 2018 中，我们可以先选中一个目标对象，在软件右上角会出现快捷属性窗口，第一行就会有一个“统计”选项，如图3-8所示。

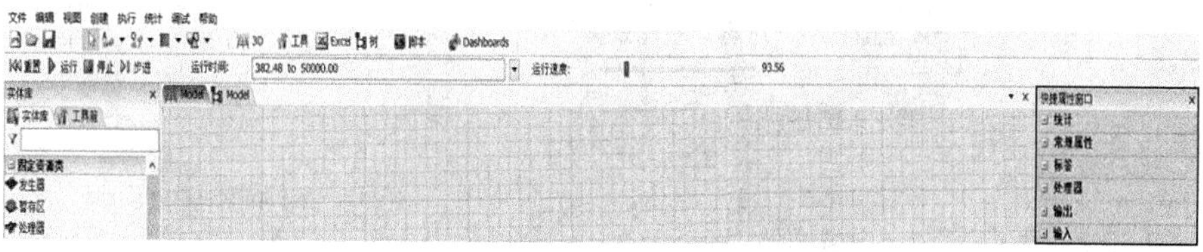

图 3-8 Flexsim 快捷属性窗口

点击“统计”选项前的“+”号，会出现状态栏，其中包括状态、输入输出量、等待队长和等待时间等统计项，如图 3-9 所示。

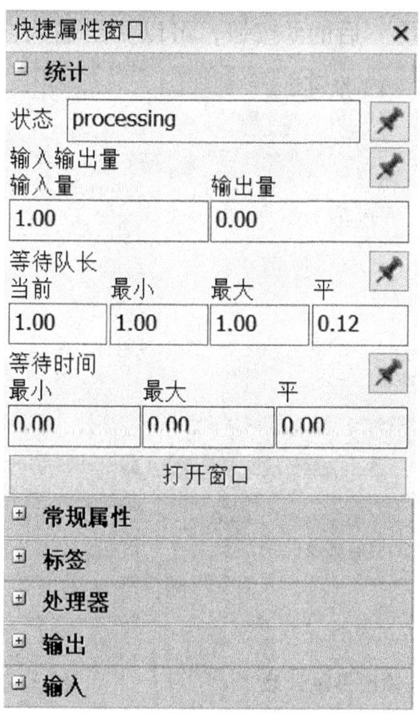

图 3-9 快捷属性窗口中的统计选项卡

（1）点击状态栏后的按钮，选择想要的统计图形，就会在 Dashboard 中展示出当前选中实体的状态以及实体效率的状态，如图 3－10、图 3－11 所示。

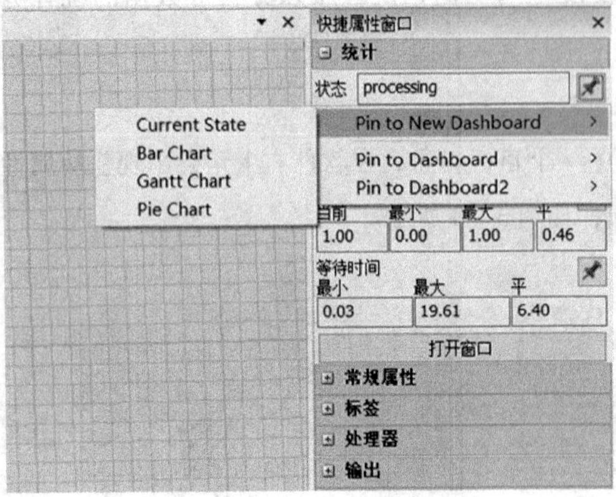

图 3－10　调出当前选中实体的状态

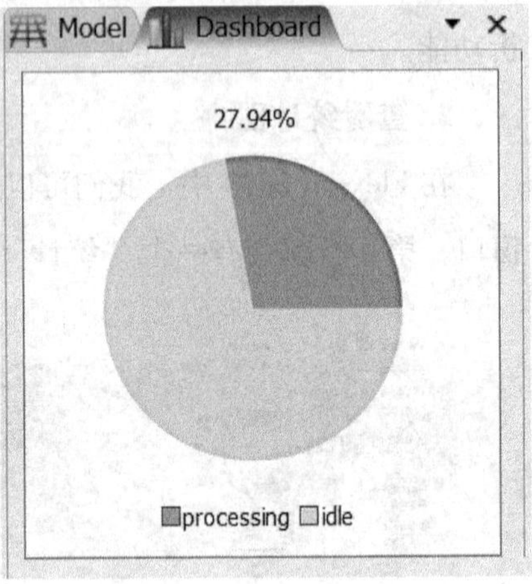

图 3－11　实体效率的状态

在状态饼状图中，“idle” 表示实体空闲的情况，“processing” 表示实体运行的情况，“27.94%” 是实体效率的值。

（2）点击“输入输出量”后的按钮，可以调出输入输出量统计表及输入输出时间序列，如图 3－12、图 3－13 所示。

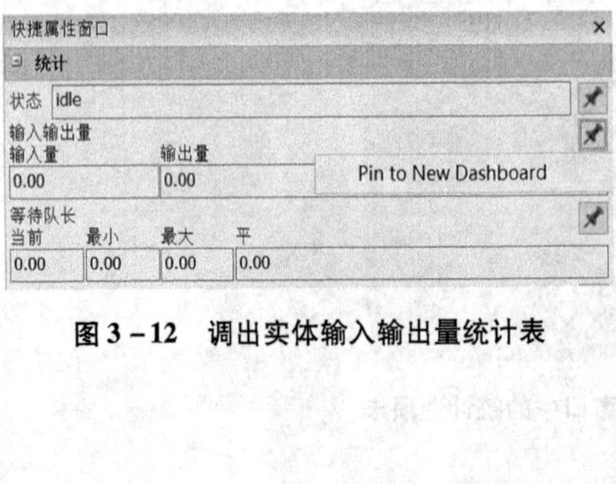

图 3－12　调出实体输入输出量统计表

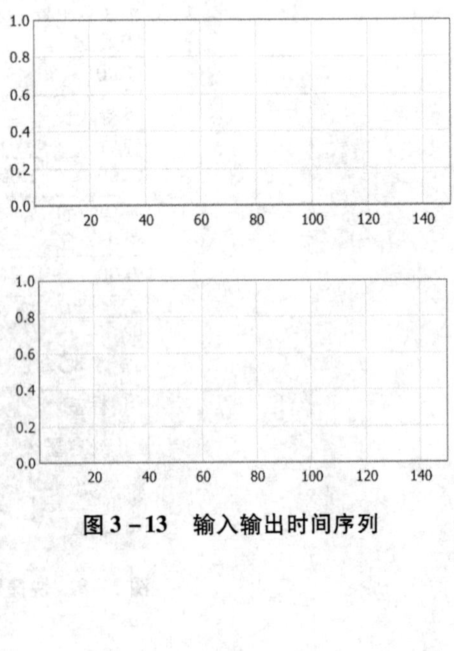

图 3－13　输入输出时间序列

（3）点击“等待队长”后的按钮，可以调出等待队长统计表和等待队长时间序列，如图 3－14、图 3－15 所示。

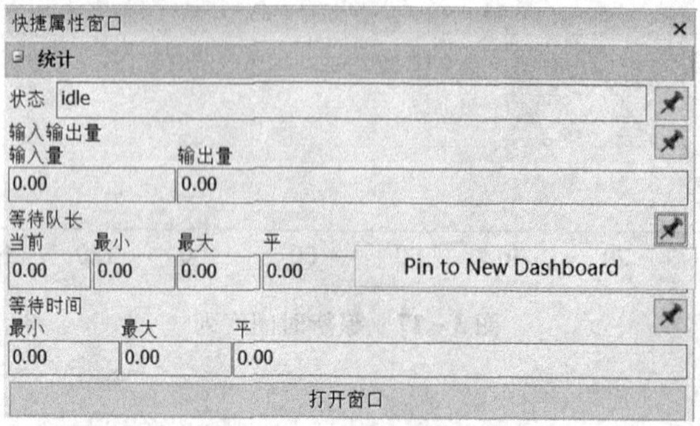

图 3－14　调出等待队长统计表

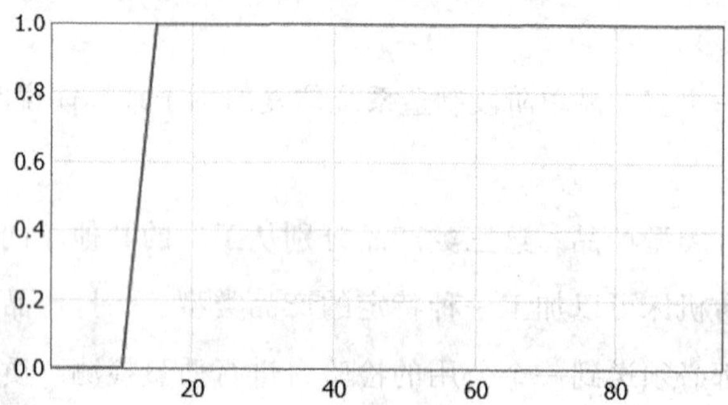

图 3－15　等待队长时间序列

（4）点击“等待时间”后的按钮，可以调出等待时间统计表和等待时间序列，可以显示出货物在实体中的最小等待时间、最大等待时间以及平均等待时间，如图 3－16、图 3－17 所示。

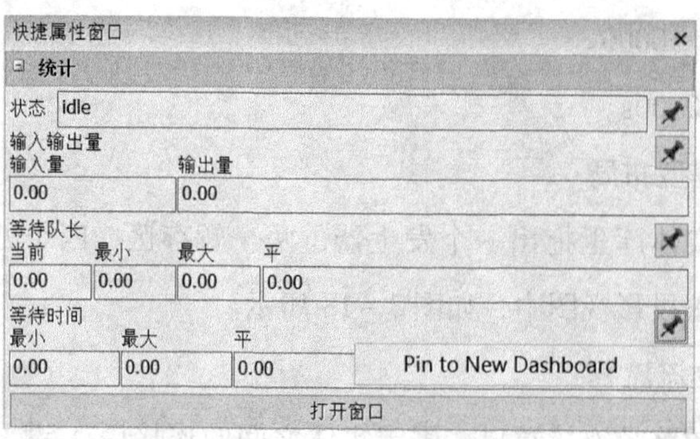

图 3－16　调出等待时间统计表

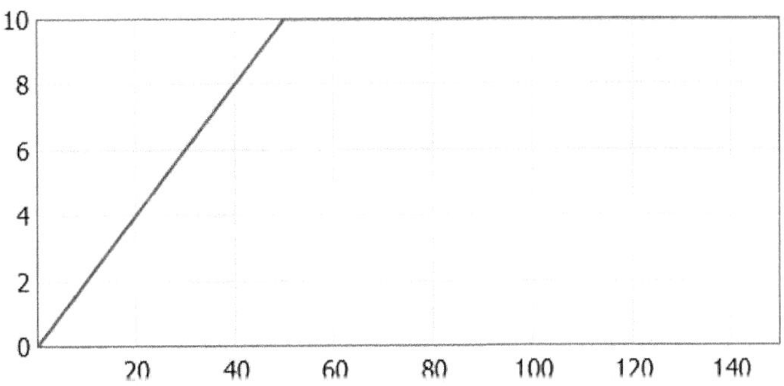

图 3－17　等待时间序列

3.4　建模步骤示例

下面我们通过一个多产品单阶段制造系统仿真的例子来具体说明 Flexsim 仿真建模的基本步骤。

某工厂加工三种类型产品，这三类产品分别从工厂的其他车间到达该车间。该车间有三台机床，每台机床可以加工一种特定的产品类型。一旦产品在相应的机床上完成加工，所有产品都必须送到一个公用的检验台进行质量检测。质量合格的产品就会被送到下一个车间；质量不合格的产品则必须被送回相应的机床进行再加工。

· 产品到达：平均每 5s 到达一个产品，到达时间间隔服从指数分布。

· 产品加工：平均加工时间 10s，加工时间服从指数分布。

· 产品检测：每个产品检测时间为 4s。

· 产品合格率：80%。

· 暂存区容量：10000。

· 仿真时间：50000s。

步骤 1：构建模型布局

根据要求，从实体库里拖出一个发生器、两个暂存区、四个处理器、一条传送带和一个吸收器放到正投影视图中，如图 3－18 所示。

步骤 2：定义物流流程

根据临时实体的路径连接端口，固定实体之间的连接用 A 键，移动实体与固定实体的连接用 S 键。本实验都是 A 键连接，连接过程是：按住 A 键，然后用鼠标左键点

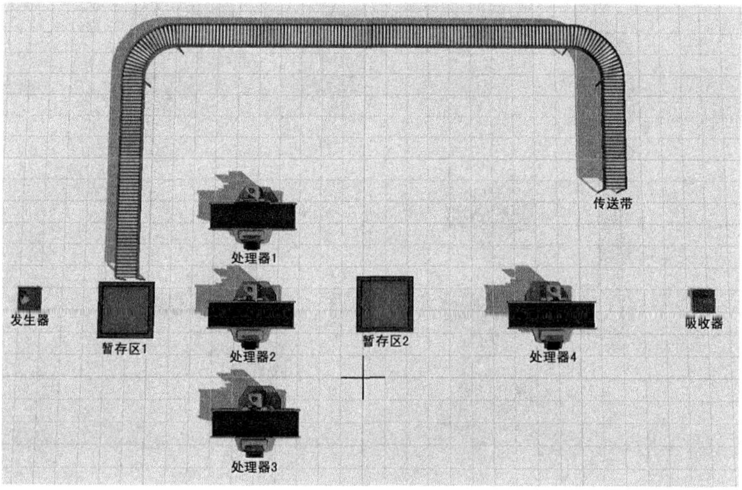

图 3－18　构建模型布局

击发生器并拖到暂存区 1，再释放鼠标键。拖动时将看到一条黄线，释放时变为黑线，如图 3－19 所示。

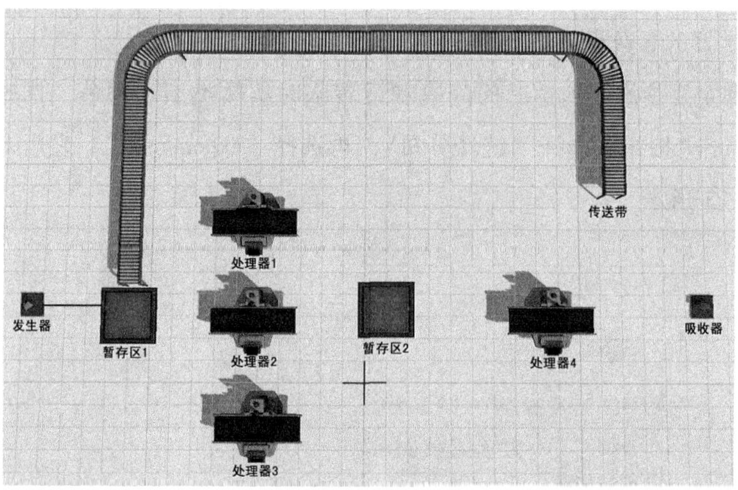

图 3－19　定义发生器与暂存区 1 的流程

连接发生器到暂存区 1，连接暂存区 1 到处理器 1、2 和 3，连接处理器 1、2 和 3 到暂存区 2，连接暂存区 2 到处理器 4，连接处理器 4 到传送带和吸收器，连接传送带到暂存区 1，这样就完成了连接过程。完成连接后，所得到的仿真模型的物流流程如图 3－20 所示。

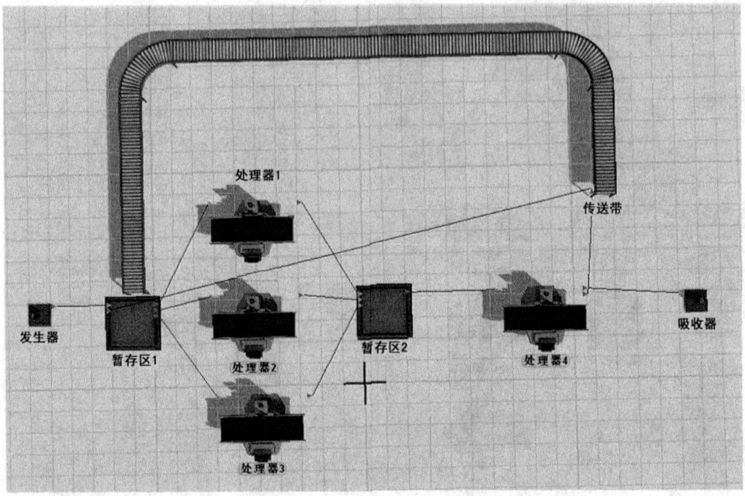

图 3-20　仿真模型的物流流程

步骤 3：编辑对象参数

根据对实体行为特性的要求改变不同实体的参数。设置时，我们首先从发生器开始，最后到吸收器结束。

（1）发生器的参数设置。

这一步骤主要是修改到达时间间隔和设置临时实体类型和颜色。首先是设置到达时间间隔，点击▾按钮，选择“统计分布”，再选择“exponential”，之后对参数进行设置，如图 3-21 所示。

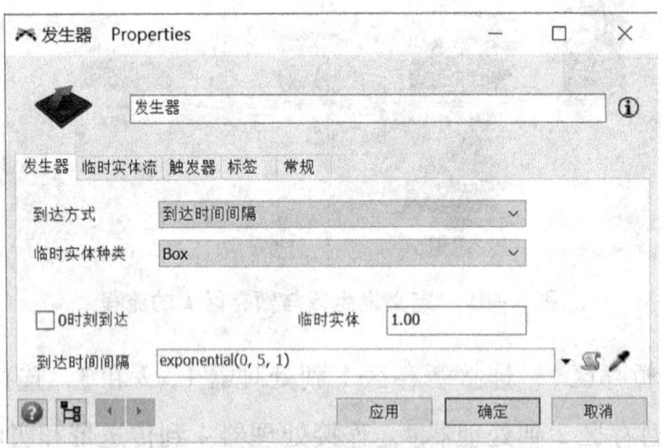

图 3-21　发生器的发生器选项卡

其次是设置临时实体类型和颜色，选中“触发器”，点击“+”号，选择“OnExit”选项，再点击选项框右侧的“+”号，在“数据设置”选项中选中“设置临时实体类型和颜色”，如图 3－22 所示。

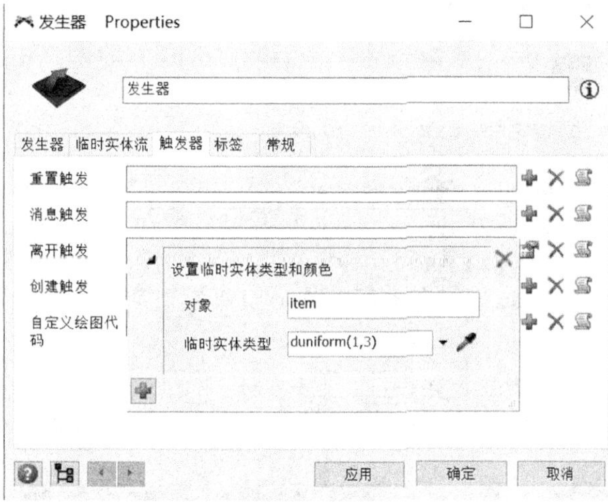

图 3－22　发生器的触发器选项卡

（2）暂存区 1 的参数设置。

打开“暂存区 1”，在“暂存区”界面将“最大容量”改为“10000”，如图 3－23 所示。

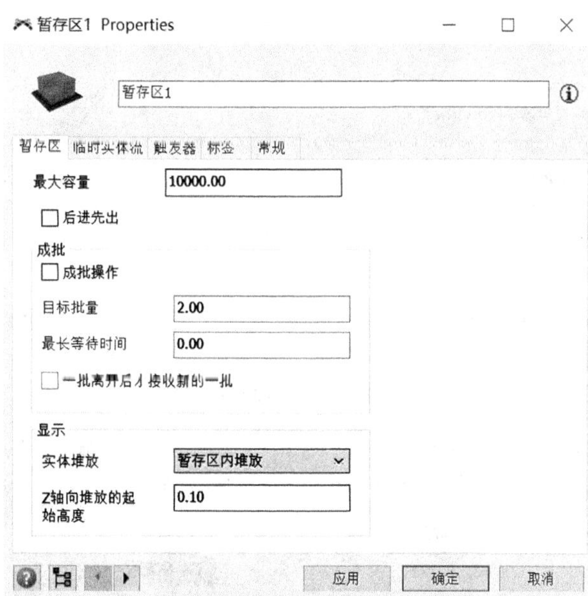

图 3－23　暂存区 1 的暂存区选项卡

打开“临时实体流”界面，点击“发送至端口”选项卡后的▾按钮，选中“根据返回值选择输出端口”，再点击“预置 Cases”后的“+”号添加 Case 数，如图 3－24 所示。

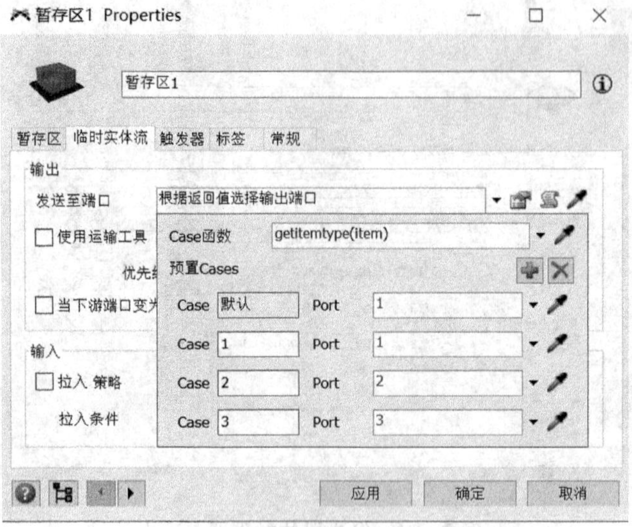

图 3－24　暂存区 1 的临时实体流选项卡

（3）处理器 1、2、3 的参数设置。

打开“处理器 1”，在“处理器”界面设置“加工时间”，点击▾按钮选择“统计分布”，再选择“exponential”，之后对参数进行设置，如图 3－25 所示。处理器 2、3 同样设置。

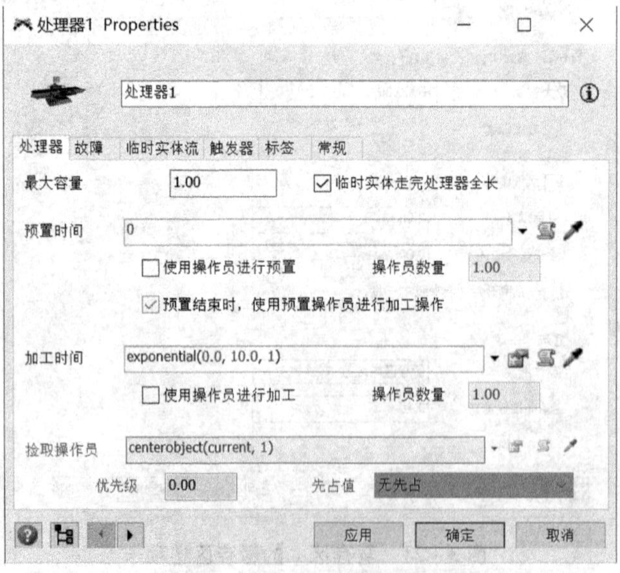

图 3－25　处理器 1 的参数设置

（4）暂存区 2 的参数设置。

打开“暂存区 2”，在“暂存区”界面将“最大容量”设置为“10000”，如图 3－26 所示。

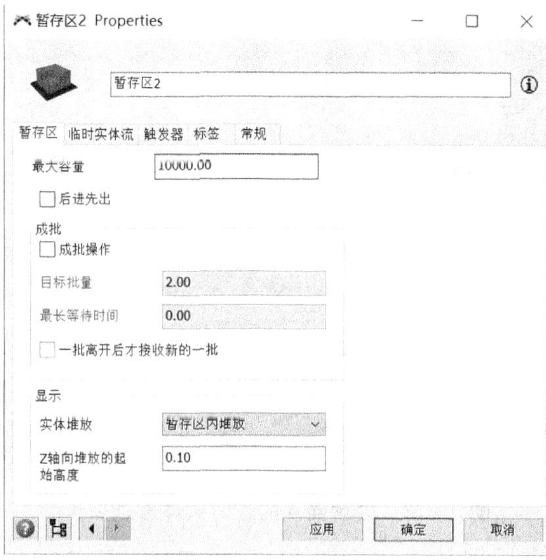

图 3－26　暂存区 2 的参数设置

（5）处理器 4 的参数设置。

打开“处理器 4”，在“处理器”界面设置“加工时间”，将“加工时间”直接改为“4”，如图 3－27 所示。

图 3－27　处理器 4 的参数设置

打开“临时实体流”界面，点击“发送至端口”选项卡后的▾按钮，在选项中选择“按百分比”，再点击“+”号添加一栏，按照“80：20”的比例设置，如图3－28所示。

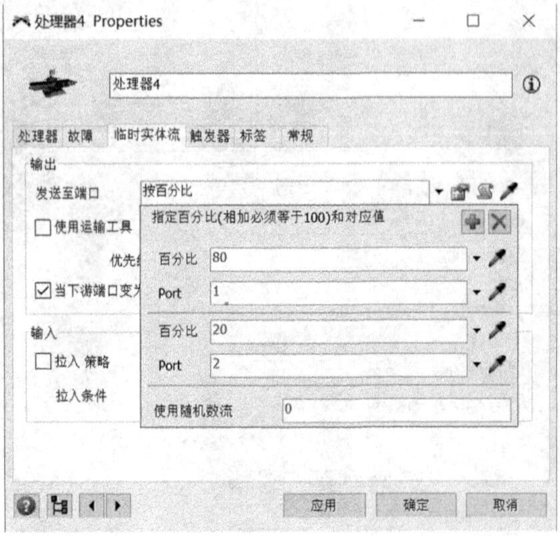

图3－28　处理器4的临时实体流选项卡

（6）传送带的参数设置。

双击打开“传送带”，选择“布局”选项卡，在“传送带节段编辑器”里点击“+”号，增加传送带节段，达到模型图示效果，如图3－29所示。

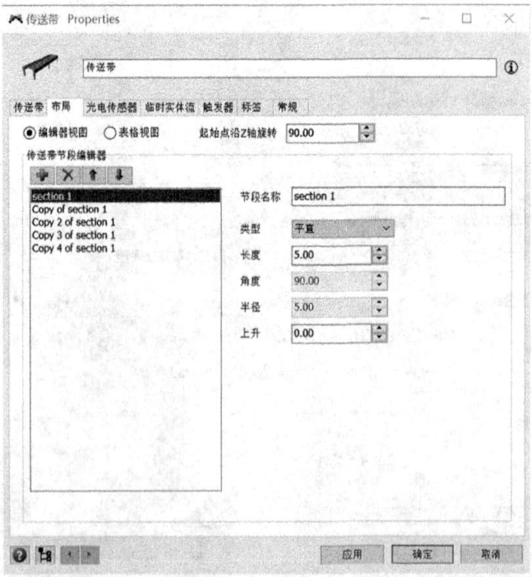

图3－29　传送带的布局选项卡

在“传送带”界面设置中点击“触发器”，选择“进入触发”选项，再点击选项框右侧的“+”号，选中“设置实体颜色”。在“设置实体颜色”界面中的“颜色”选项框右侧点击▾按钮，点击“coloryellow (object)”，用黄色展示进入传送带的不合格产品，以区别合格产品，如图 3－30 所示。

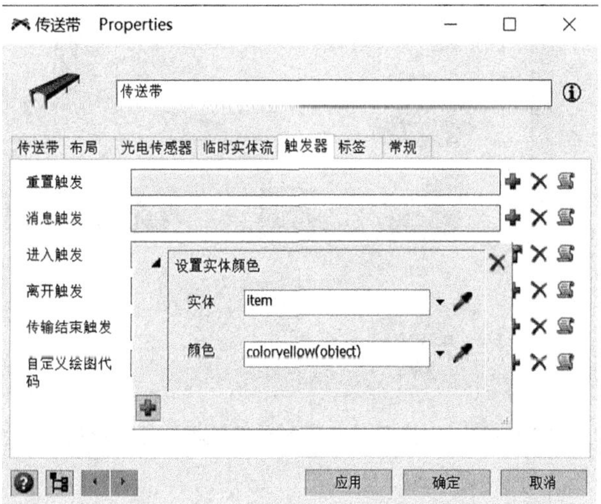

图 3－30 传送带的触发器选项卡

(7) 设置仿真时间。

点击“运行时间”后的图标▾，在出现的列表中勾选“停止时间”，然后在下方框内点击“指定停止时间”，并输入指定停止的时间，如图 3－31 所示。

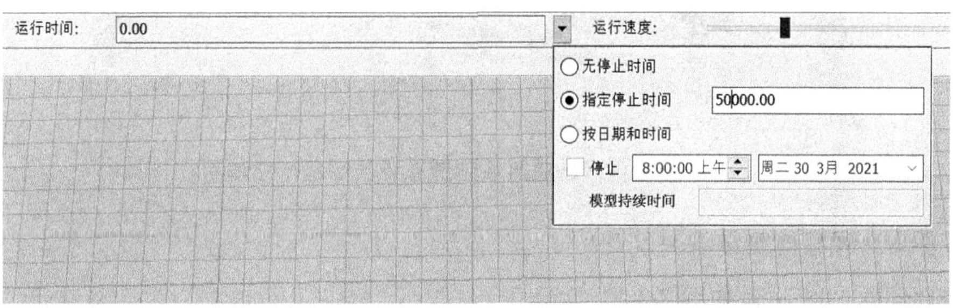

图 3－31 仿真时间设置

步骤 4：运行仿真

为了在运行仿真模型前设置系统和模型参数的初始状态，要先点击主视窗顶部的 重置 键。接着按 ▶ 运行 按钮使模型运行起来。从图 3－32 中可以看到临时实体进入暂存区 1，移动到处理器 1、2 或 3，然后进入下一个暂存区（暂存区 2），再移动到处理器 4，最后合格产品进入吸收器，不合格产品通过传送带返回暂存区 1。多产品单阶段制造系统模型运行的平面图和立体图分别如图 3－32、图 3－33 所示。

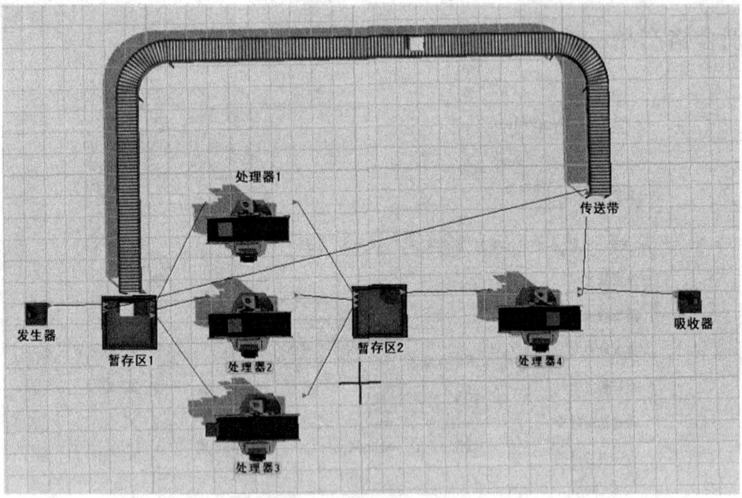

图 3－32　多产品单阶段制造系统模型运行平面图

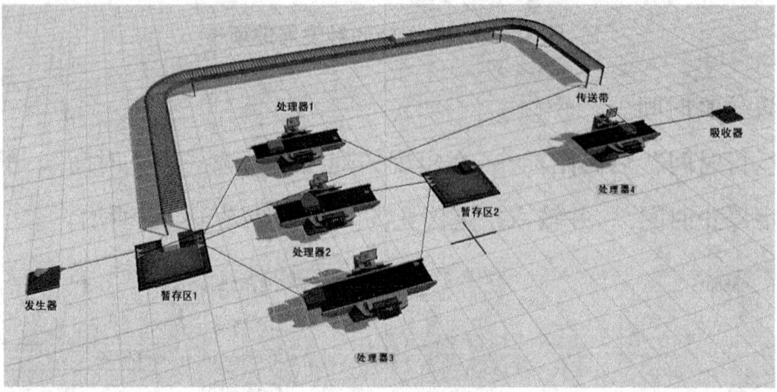

图 3－33　多产品单阶段制造系统模型运行立体图

步骤 5：观察仿真结果并优化

处理器 4 的统计表如图 3－34 所示。

由上述结果可以看出，处理器 4（产品检验设备）处于高负荷运转状态，一刻不停地在运转，利用率非常高。由此，我们可以考虑增加一个同样设置的处理器，分担产品检验作业，如图 3－35 所示。

优化后的处理器 4、处理器 5 统计表如图 3－36 所示。

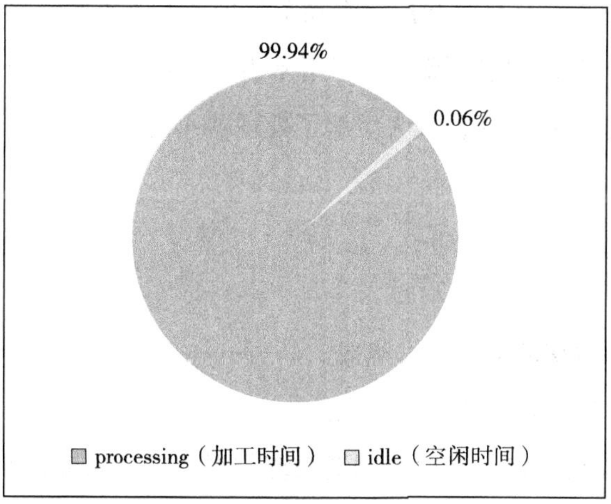

图 3－34 处理器 4 的统计表

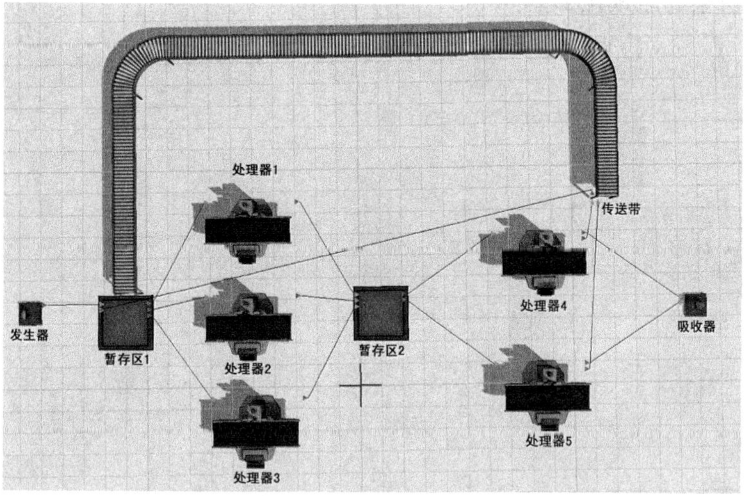

图 3－35 多产品单阶段制造系统模型优化

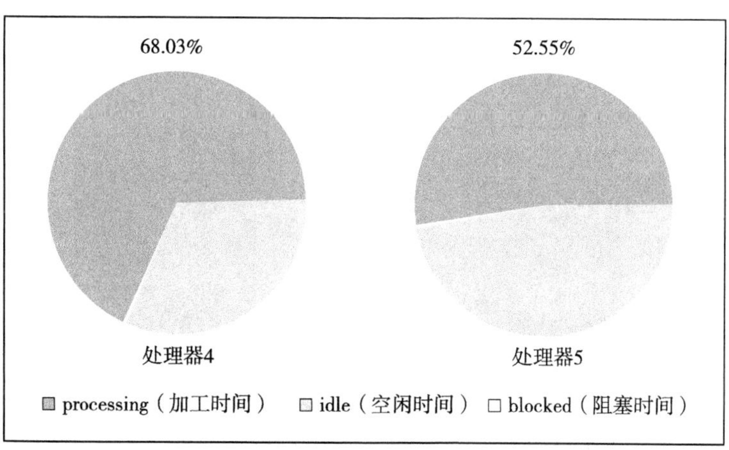

图 3－36 优化后的处理器 4、处理器 5 统计表

由图 3 - 34 和图 3 - 36 可以看出，在加了处理器 5（产品检验设备）后，处理器 5 的利用率达到了 52.55%。处理器 4 的利用率由原来的 99.94% 降为 68.03%，添加一台处理器（产品检验设备）后，大大缓解了处理器 4 的运作强度。

实训练习

1. 简述 Flexsim 仿真模型的基本组成。
2. 简述 Flexsim 仿真建模的基本步骤。
3. 根据 3.4 节中的多产品单阶段制造系统仿真案例，回答以下问题：

（1）如何让返修产品类型与原来不同?

（2）分析系统瓶颈在哪里?

4 基于 RFID 的入库作业流程仿真案例

目前，我国仓储管理基本处于人工管理或半自动化管理状态，在产品入库管理过程中，最核心的问题是入库产品信息的获取和识别。虽然传统的条码技术得到了一定应用，但是入库管理在自动化和智能化方面的发展水平还是很低，入库流程主要存在产品识别困难、产品信息难以实时获取、自动化程度不高和人工依赖性较强等诸多问题。为降低物流成本，提高入库效率，本章结合某第三方物流企业仓储管理实践，针对其入库流程的特点，分析了引入 RFID（射频识别技术）前后的入库作业流程，并运用 Flexsim 建模与仿真进行对比分析。仿真结果表明，将 RFID 应用于入库作业流程是可行的，效率有比较明显的改善。

4.1 入库作业流程分析

4.1.1 传统入库作业流程分析

入库一般是指仓库根据货物入库凭证接收货物入库储存而进行验货、卸货等一系列操作的总称。以前企业仓储管理的作业效果完全取决于仓管员的个人能力和经验，其入库流程还是很传统的业务流程，只能对业务单据进行简单的管理。传统入库作业流程如图 4 - 1 所示。

4.1.2 基于 RFID 的入库作业流程分析

与传统入库作业流程相比，引入 RFID 之后，在验货阶段，只需要利用 RFID 读写器快速读取货物的数据信息，因此验货员在验收货物时速度会明显加快。在信息输入阶段，信息输入员只需要对货物的信息进行核准，而不需要手工输入数据。企业上游

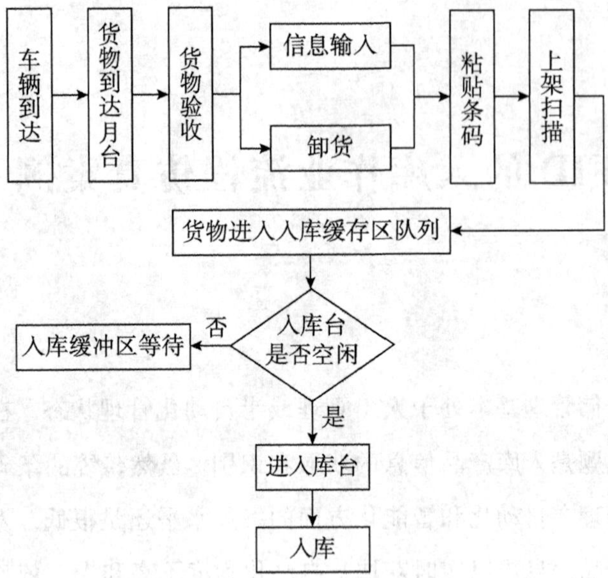

图 4-1　传统入库作业流程

供应商发货时在货物上粘贴 RFID 电子标签，因此不需要再打印和粘贴条码。另外，在扫描阶段，RFID 读写器扫描时间也会缩短。因此，在传统入库流程上引入 RFID 后，得到如下基于 RFID 的入库作业流程，如图 4-2 所示。

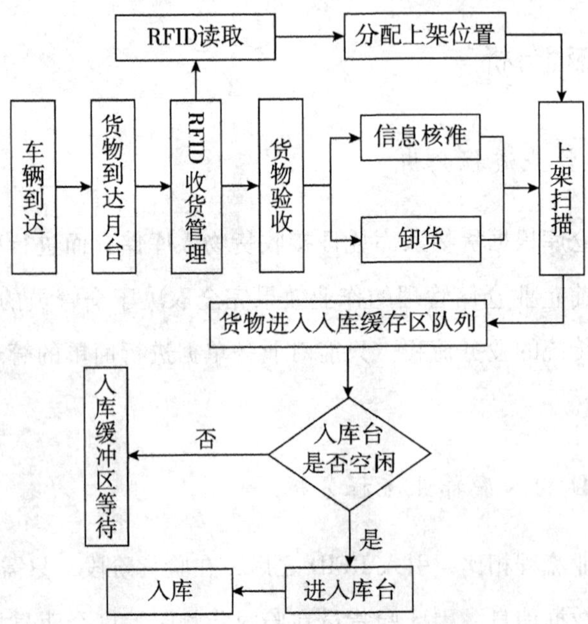

图 4-2　基于 RFID 的入库作业流程

4.2 入库作业流程的建模与仿真分析

4.2.1 传统入库作业流程建模与仿真

1. 问题描述与系统参数

根据该企业入库作业流程的功能需求，对图 4－1 所示的传统入库作业流程的各个动作进行 Flexsim 实体对象定义，如表 4－1 所示。

表 4－1　传统入库作业流程的 Flexsim 实体对象

入库动作	仿真实体	数量	主要含义与作用
货物到达	发生器	1	设置到货时间分布
	暂存区 1	1	记录验货等待时间
货物验收	复合处理器中的 Process1	1	设定验收员验货的时间分布
信息输入及条码打印	复合处理器中的 Process2	1	设定输入信息和打印条码的总时间分布
	操作员 1	1	信息输入员
卸货	暂存区 2、3	2	卸货前后货物的暂时存储
	叉车 1	1	卸货叉车
贴标签	处理器 1	1	设定理货员贴标签的时间分布
	操作员 2	1	入库理货员
上架扫描	处理器 2	1	设定扫描货物服从的时间分布
其他	暂存区 4	1	货物扫描后的暂时存储
	叉车 2	1	运货叉车
	传送带	1	用于不合格货物的返回传输
	货架	1	货物的存储货架

依据企业传统入库作业流程的实际情况，货物条码扫描的正确率为 95%。通过对入库实际作业的观察与分析，入库作业流程的各个动作符合排队模型，依据实际数据拟合得到相应分布形式，传统入库作业流程仿真模型的输入数据如表 4－2 所示。

表 4－2　传统入库作业流程仿真模型的输入数据　　单位：sec（s）

入库动作时间	分布形式
货物到达时间	normal（100，5，0）
货物验收时间	normal（120，10，0）

续 表

入库动作时间	分布形式
信息输入及条码打印时间	normal（60，6，0）
贴标签时间	normal（4，1，1）
上架扫描时间	normal（2，0.1，1）

2. 模型布局

1）构建模型布局。

根据问题描述，从实体库里拖出一个发生器、四个暂存区、两个处理器、一个复合处理器、两台叉车、两个操作员、一个货架、一条传送带。按照问题描述进行布局，如图 4－3 所示。

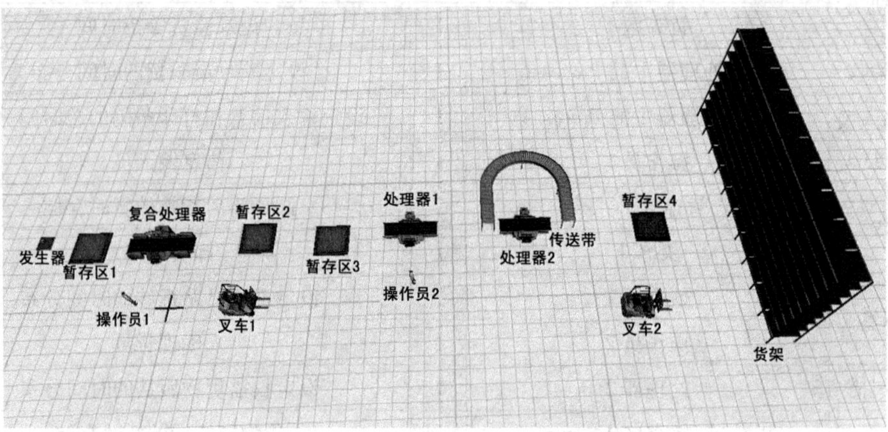

图 4－3　传统入库作业流程仿真模型布局

2）定义物流流程。

根据临时实体的路径连接端口，固定实体之间点击 A 键连接，移动实体与固定实体之间点击 S 键连接。本仿真模型中，复合处理器与操作员 1 之间用 S 键连接，暂存区 2 与叉车 1 之间用 S 键连接，处理器 1 与操作员 2 之间用 S 键连接，暂存区 4 与叉车 2 之间用 S 键连接，其余实体之间均以 A 键连接。连接方法：按住 A/S 键并用鼠标左键分别先后点击所要连接的两个实体，看到连接线由黄色变为黑色，即为连接成功，如图 4－4 所示。

3. 参数设置

1）货物到达时间设置。

双击“发生器”打开参数设置编辑框，按下“到达时间间隔”编辑框右側的▾按

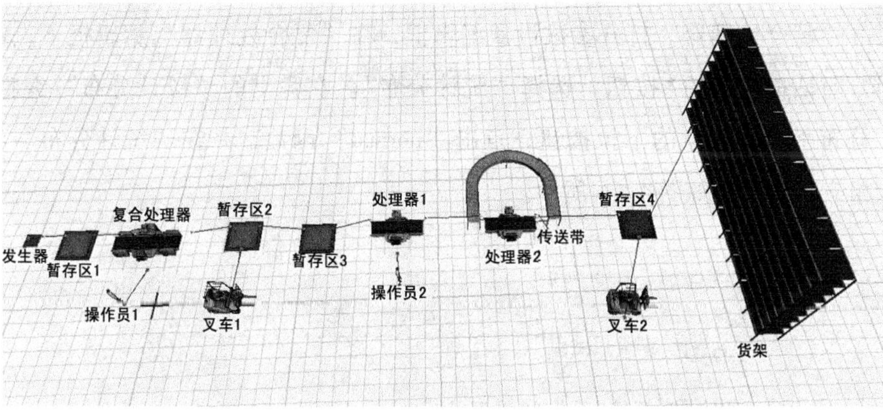

图 4－4 传统入库作业流程仿真模型物流流程

钮，选择“统计分布”进行点击，弹出“统计分布”的编辑框。在“分布函数”编辑框的右侧点击▾按钮，选择“normal”函数，并在“统计分布”编辑框内分别设置“均值”为“100”、“标准差”为“5”、“随机数流”为“0”的分布数据，点击确定，如图 4－5 所示。

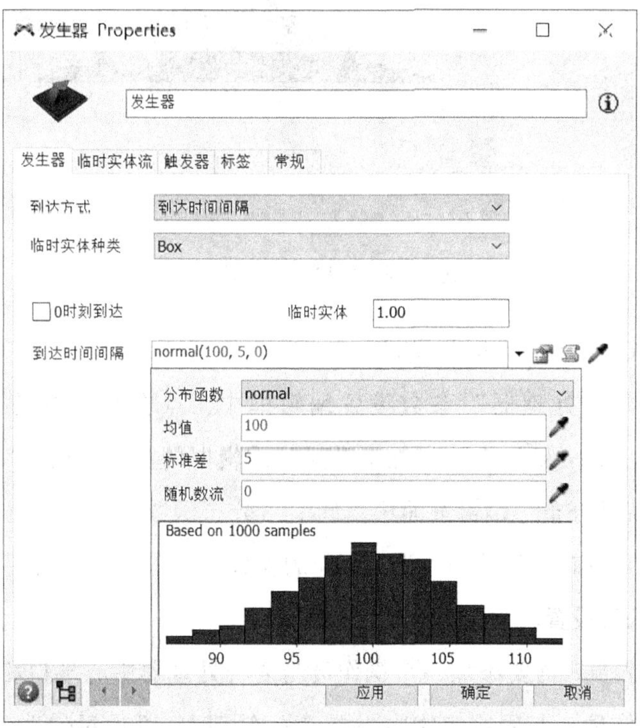

图 4－5 货物到达时间设置

2）货物验收时间设置。

双击“复合处理器”打开参数设置编辑框，在“复合处理器”编辑框下点击“加工时间”对话框右侧的▾按钮，选择“统计分布”。在弹出的“统计分布”编辑框中，选择“分布函数”右侧的下拉按钮，点击“normal”函数，并在“统计分布”编辑框内设置相应的参数，如图4－6所示。

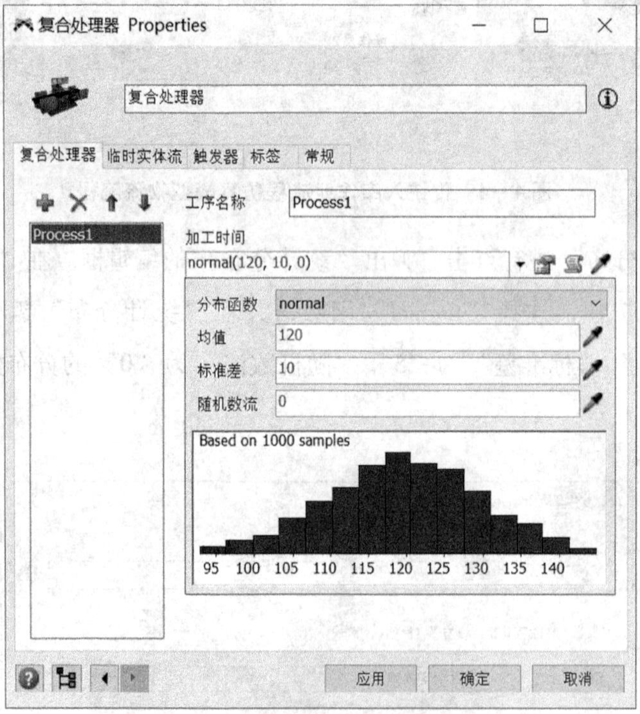

图4－6　货物验收时间设置

3）信息输入及条码打印时间设置。

在打开的“复合处理器”参数设置编辑框中，点击左上方的“＋”号，添加“Process2”，在“Process2”中的“加工时间”编辑框的右侧，点击▾按钮，选择“统计分布”。在“统计分布”编辑页面中，选中“分布函数”的▾按钮，点击“normal”函数，并在“统计分布”编辑框内设置相应的参数，如图4－7所示。

4）信息输入员设置。

添加信息输入员，需要添加一个操作员与复合处理器中心端口相连接。任务执行类实体（包括操作员）与固定实体中心端口相连接时，都通过勾选“使用运输工具”选项来控制。调用操作员，通过“使用运输工具”按钮设置。在打开的“复合处理器”参数设置编辑框中，点击“临时实体流”，在页面中勾选“使用运输工具”前面的小方框，点击确定，如图4-8所示。

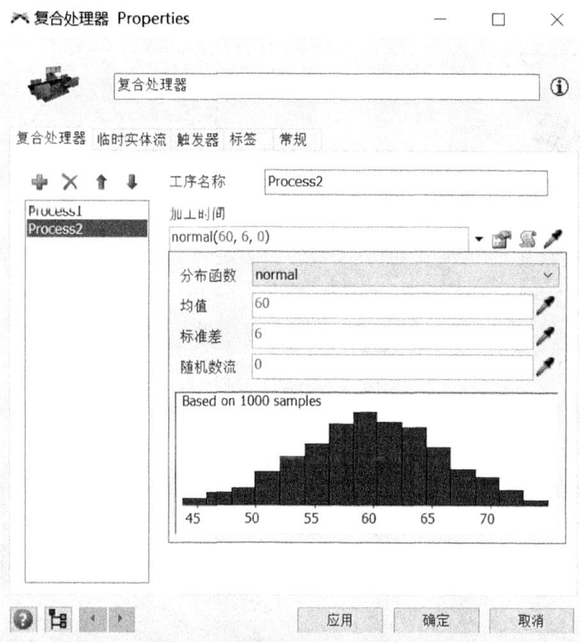

图4-7 信息输入及条码打印时间设置

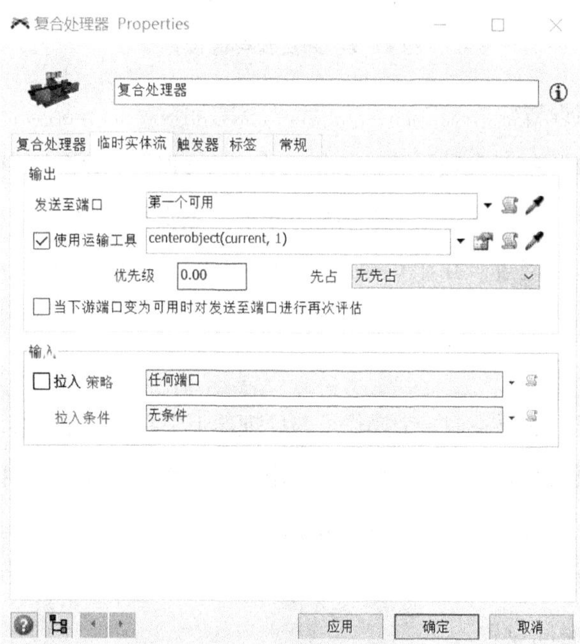

图4-8 信息输入员设置

5）卸货暂存区设置。

双击“暂存区 2”，在打开的参数设置编辑框中，点击“临时实体流”，在“临时实体流”页面中勾选“使用运输工具”前面的小方框，点击确定，如图 4－9 所示。

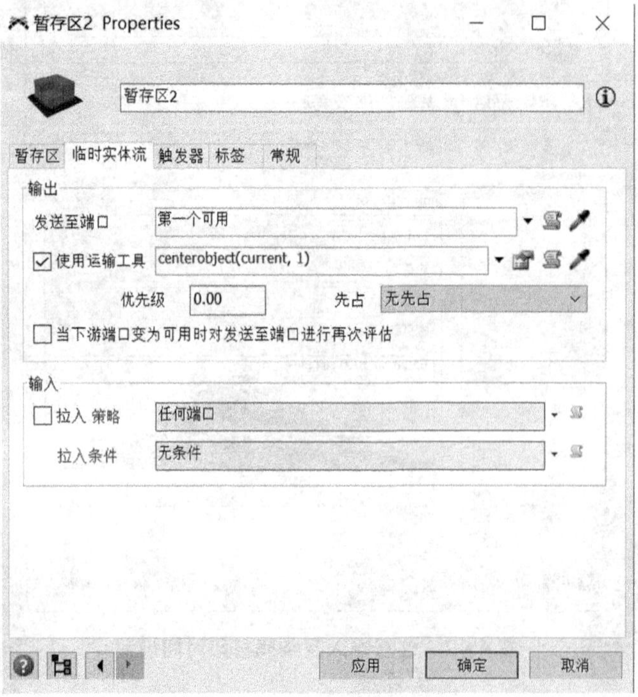

图 4－9　卸货暂存区设置

6）贴标签时间设置。

双击“处理器 1”打开参数设置编辑框，在“处理器”对话框中的“加工时间”右侧点击▾按钮，选择“统计分布”，在“统计分布”编辑页面中选中“分布函数”的下拉箭头，点击“normal”函数，并在“统计分布”编辑框内设置相应的参数，如图 4－10 所示。

7）入库理货员设置。

添加入库理货员，需要添加一个操作员与处理器 1 中心端口相连接。调用操作员，通过“使用运输工具”按钮设置。在打开的“处理器 1”参数设置编辑框中，点击“临时实体流”，在页面中勾选“使用运输工具”前面的小方框，点击确定，如图 4－11 所示。

8）上架扫描设置。

（1）上架扫描时间设置。

双击“处理器 2”打开参数设置编辑框，在“处理器”对话框中的“加工时间”右侧

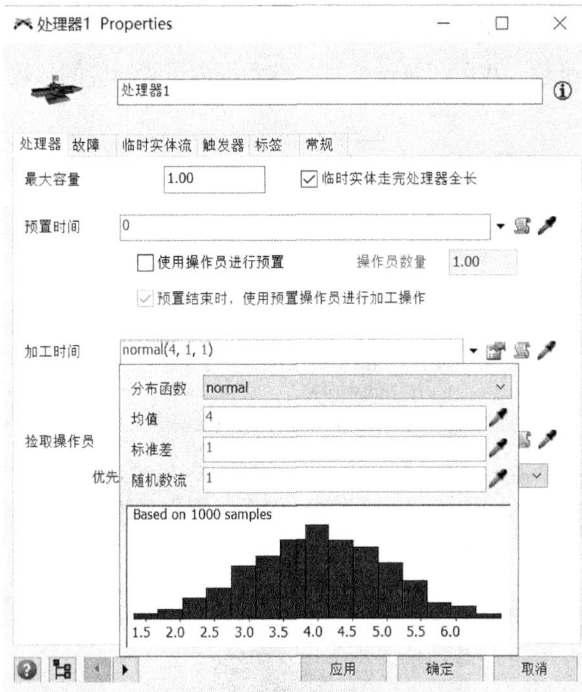

图 4－10　贴标签时间设置

图 4－11　入库理货员设置

点击▾按钮，选择“统计分布”，在“统计分布”编辑页面中选中“分布函数”的下拉箭头，点击“normal”函数，并在“统计分布”编辑框内设置相应的参数，如图4－12所示。

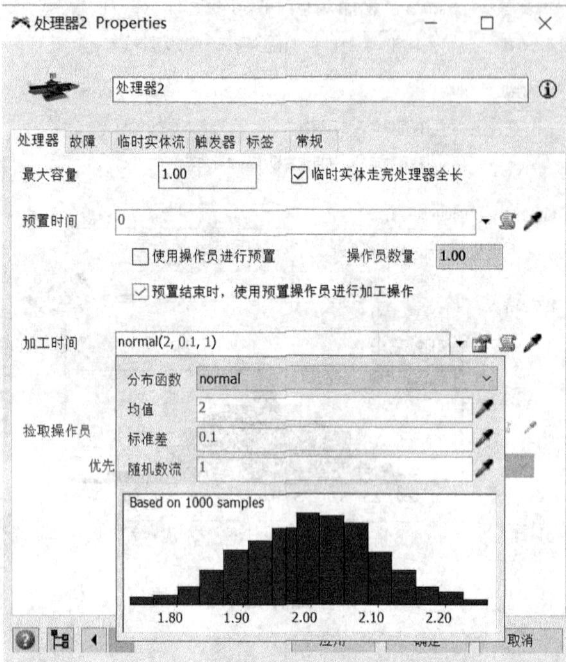

图4－12　上架扫描时间设置

（2）货物条码扫描正确率设置。

在“处理器2”参数设置编辑框中点击“临时实体流”，选择“发送至端口”编辑框右侧的▾按钮，点击“按百分比”。在弹出的“百分比”编辑框中，点击“+”号，并根据“95∶5”的比例进行设置，如图4－13所示。

9）不合格货物传输设置。

（1）直线传送带设置。

双击“传送带”，打开“传送带”参数设置编辑框，点击“布局”，在“布局”编辑框中，点击左侧编辑框的“section1”，然后在右侧的“长度”编辑栏中填入“3”，如图4－14所示。

（2）弯曲传送带设置。

在“布局”编辑框下，点击左上方的“+”号，并点击“Copy of section 1”，在右侧的“类型”编辑栏中，点击下拉箭头，选择“弯曲”，在“角度”编辑栏中填入“90”，在“半径”编辑栏中填入“3”，如图4－15所示。

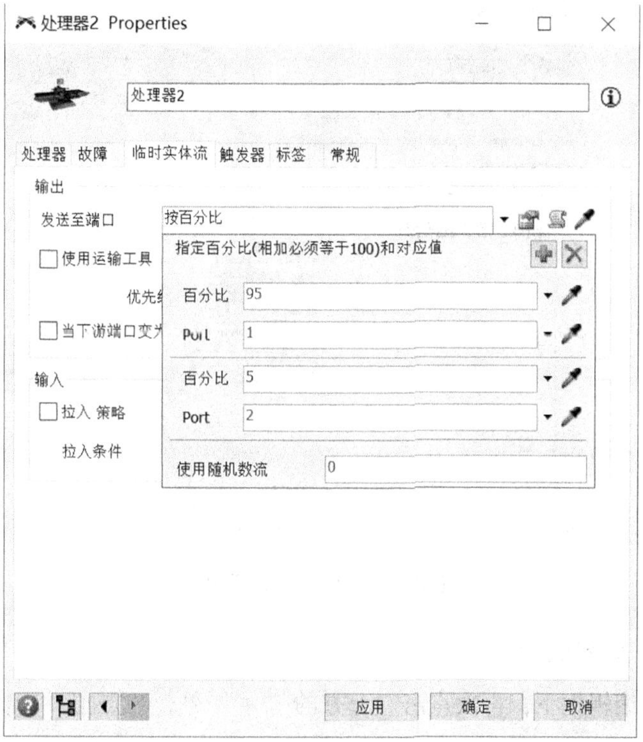

图 4－13 货物条码扫描正确率设置

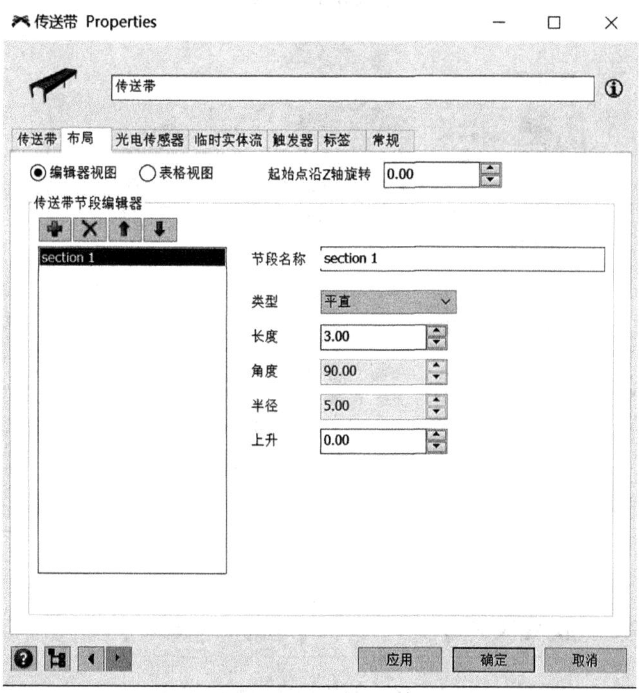

图 4－14 直线传送带设置

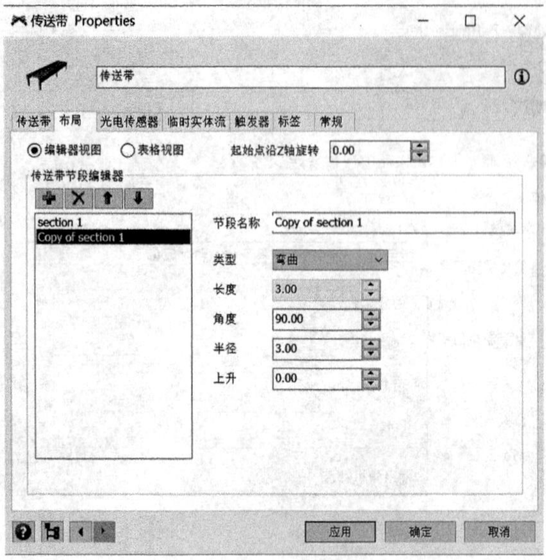

图 4－15　弯曲传送带设置

（3）弯曲传送带加长设置。

在“布局”编辑框下，再次点击左上方的“＋”号，并点击“Copy 2 of section 1”，在右侧的“类型”编辑栏中，点击下拉箭头，选择“弯曲”，在“角度”编辑栏中填入“90”，在“半径”编辑栏中填入“3”，如图 4－16 所示。

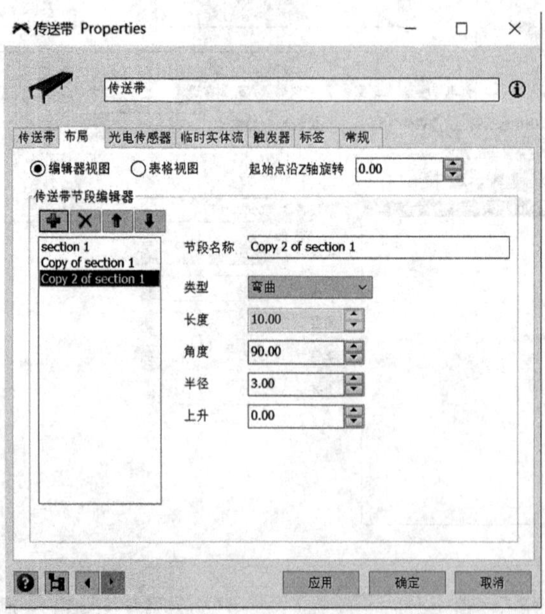

图 4－16　弯曲传送带加长设置

（4）直线传送带加长设置。

在“布局”编辑框下，再次点击左上方的“＋”号，并点击“Copy 3 of section 1”，在右侧的“类型”编辑栏中，点击下拉箭头，选择“平直”，在“长度”编辑栏中填入“3”，如图 4－17 所示。

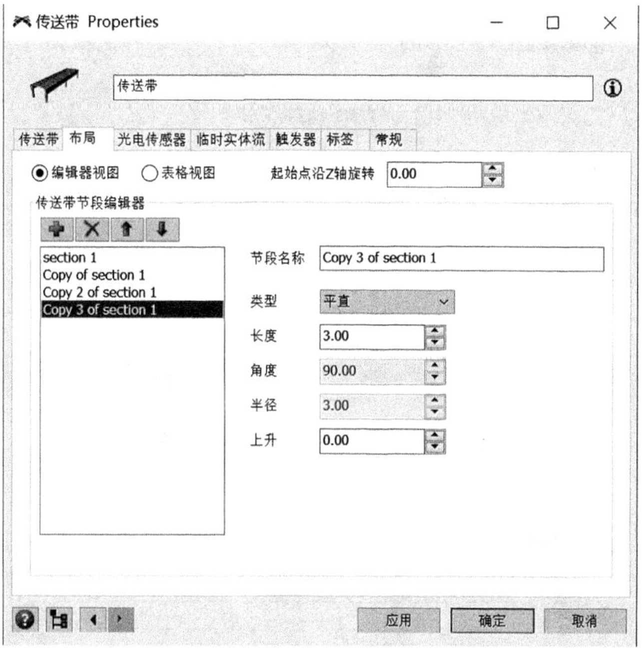

图 4－17　直线传送带加长设置

10）货物扫描后暂存区设置。

双击“暂存区 4”，打开“暂存区 4”的参数设置编辑框，点击“临时实体流”，并勾选“使用运输工具”前面的小方框，点击确定，如图 4－18 所示。

11）货物的存储货架设置。

（1）货架列设置。

双击“货架”，打开“货架”参数设置编辑框，在“货架”编辑页面中，点击“放置到列”编辑栏右侧的▾按钮，选择“第一个可用列”，并在弹出的编辑框中将“货格容量”一栏修改为“3”，如图 4－19 所示。

（2）货架层设置。

在“货架”编辑页面上，点击“放置到层”编辑栏右侧的▾按钮，选择“第一个可用层”，并在弹出的编辑框中将“货格容量”一栏修改为“3”，如图 4－20 所示。

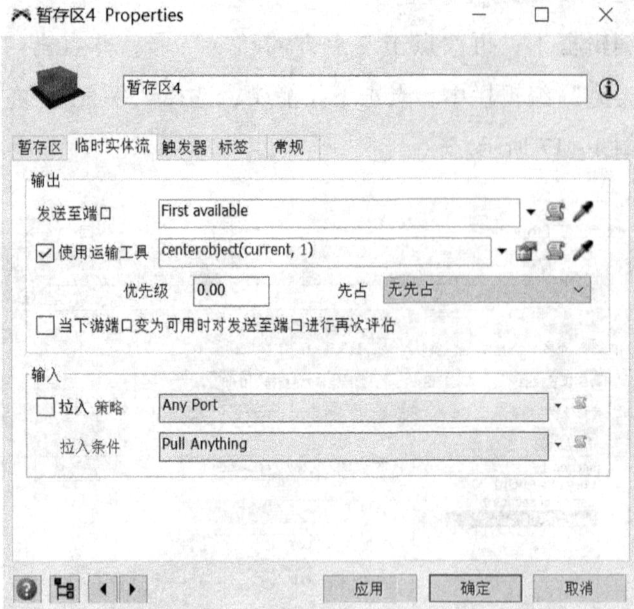

图 4－18　货物扫描后暂存区设置

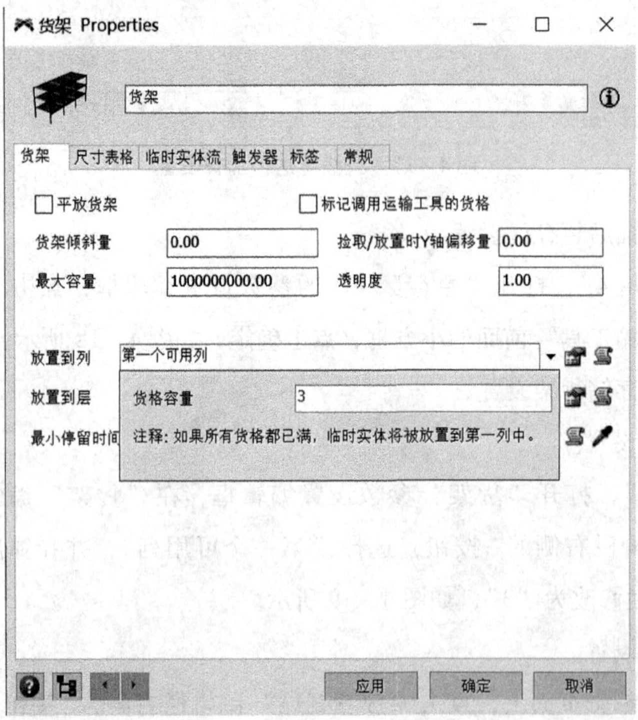

图 4－19　货架列设置

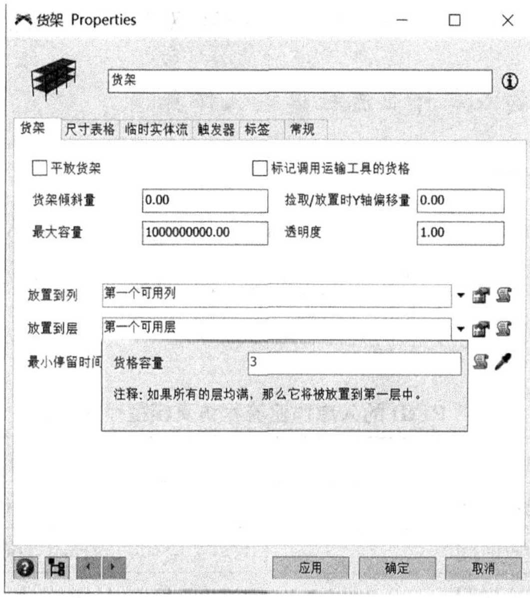

图 4-20　货架层设置

（3）最小停留时间设置。

在“货架”编辑页上，点击“最小停留时间”右侧的▾按钮，并点击“指定”，然后选择确定，如图 4-21 所示。

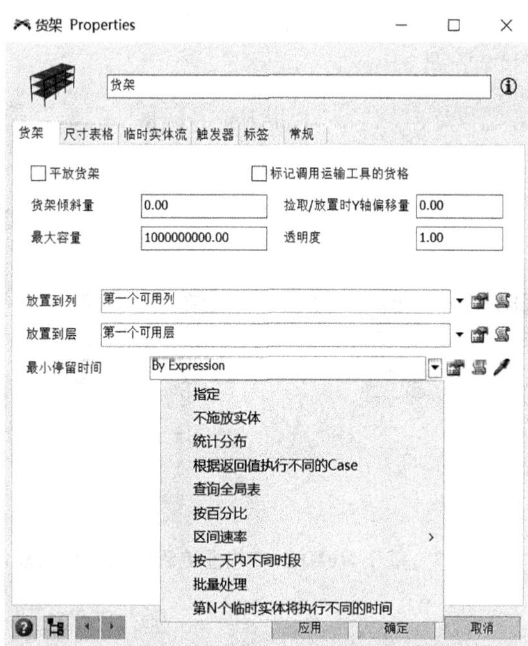

图 4-21　最小停留时间设置

以上是传统入库作业流程仿真模型中全部实体对象的参数设置情况。

4.2.2 基于 RFID 的入库作业流程建模及仿真

1. 问题描述与系统参数

依据该企业入库流程引入 RFID 后发生的变化分析，通过对入库实际作业流程的观察及对数据进行的分析，拟合得到相应分布形式，即基于 RFID 的入库作业流程仿真模型输入数据如表 4－3 所示。

表 4－3　基于 RFID 的入库作业流程仿真模型输入数据　单位：sec（s）

入库动作时间	分布形式
货物到达时间	normal（100，5，0）
货物验收时间	normal（60，10，0）
信息核准时间	normal（30，5，0）
上架扫描时间	normal（0.1，0.1，1）

2. 模型布局

1）模型布局设置。

从实体库里拖出一个发生器、四个暂存区、一个复合处理器、一个处理器、两台叉车、两个操作员、一个货架。按照问题描述进行布局，如图 4－22 所示。

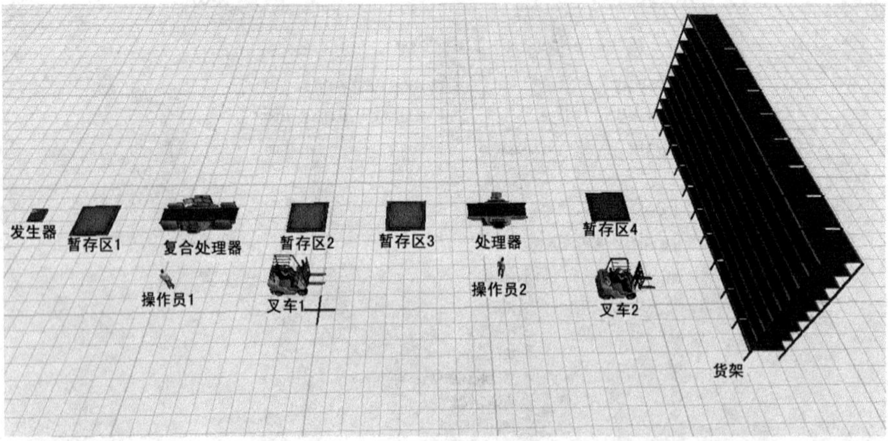

图 4－22　基于 RFID 入库作业流程仿真模型布局

2）定义物流流程。

与定义传统入库作业流程相同。根据临时实体的路径连接端口，固定实体之间点击 A 键连接，移动实体与固定实体之间点击 S 键连接。本实验模型中，复合处理器与操作员 1 之间用 S 键连接，暂存区 2 与叉车 1 之间用 S 键连接，处理器与操作员 2 之间用 S 键连接，暂存区 4 与叉车 2 之间用 S 键连接，其余实体之间均以 A 键连接。连接方法：按住 A/S 键并用鼠标左键分别先后点击所要连接的两个实体，若看到连接线由黄色变为黑色，即为连接成功，如图 4 – 23 所示。

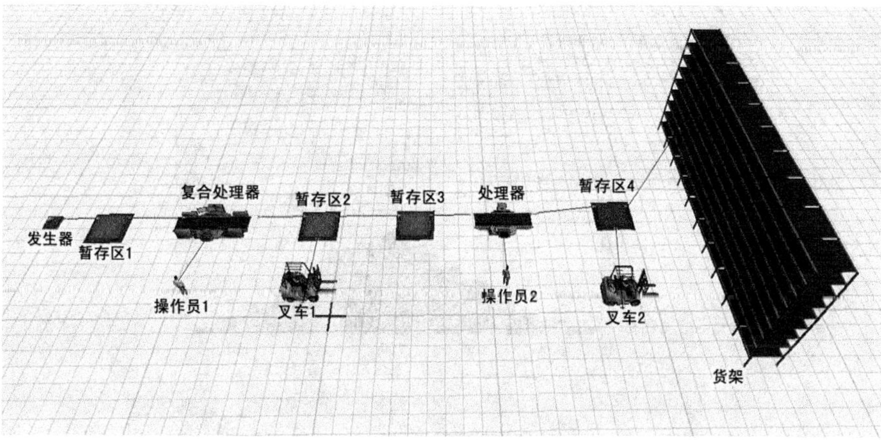

图 4 – 23　基于 RFID 入库作业流程仿真模型物流流程设置

3. 参数设置

1）货物到达时间设置。

双击“发生器”打开参数设置编辑框，按下“到达时间间隔”编辑框右侧的▾按钮，选择“统计分布”，弹出“统计分布”的编辑框。在“分布函数”编辑框的右侧点击▾按钮，选择“normal”函数，并在“统计分布”编辑框内分别设置“均值”为“100”、“标准差”为“5”、“随机数流”为“0”的分布数据，点击确定，如图 4 – 24 所示。

2）货物验收时间设置。

双击“复合处理器”打开参数设置编辑框，在“复合处理器”编辑框下先点击左侧编辑框中的“Process1”，再点击“加工时间”对话框右侧的▾按钮，选择“统计分布”。在弹出的“统计分布”编辑框中，选择“分布函数”右侧的下拉按钮，点击“normal”函数，并在“统计分布”编辑框内设置相应的参数，如图 4 – 25 所示。

图 4－24　货物到达时间设置

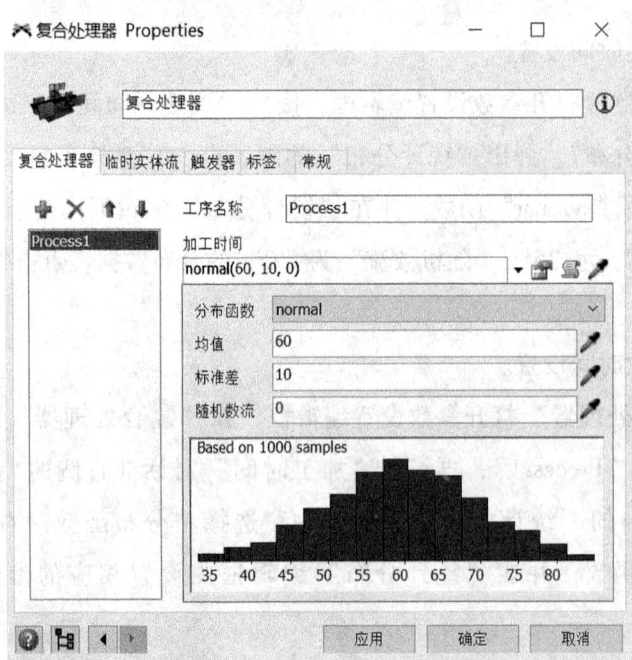

图 4－25　货物验收时间设置

3）信息核准时间设置。

在打开的“复合处理器”参数设置编辑框中，点击左上方的“+”号，添加“Process2”，在“Process2”中的“加工时间”编辑框的右侧，点击▾按钮，选择“统计分布”。在“统计分布”编辑页面中，选中“分布函数”的▾按钮，点击“normal”函数，并在“统计分布”编辑框内设置相应的参数，如图 4－26 所示。

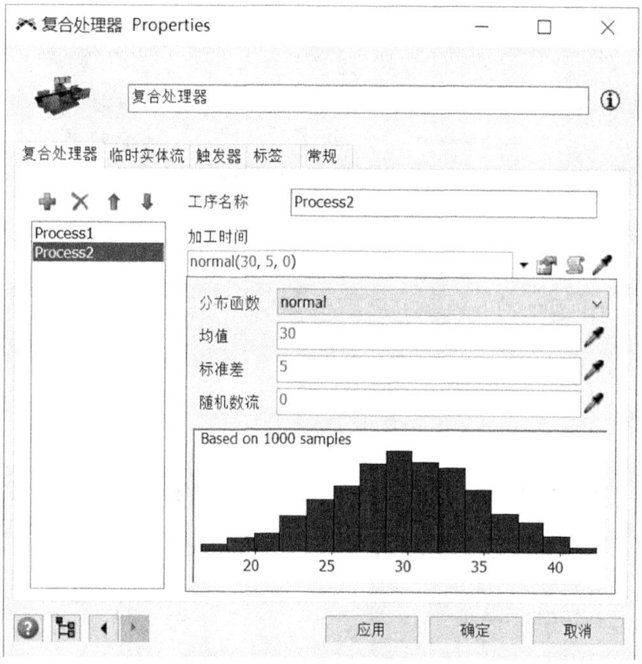

图 4－26　信息核准时间设置

4）信息核准员设置。

添加信息核准员，需要添加一个操作员与复合处理器中心端口相连接。调用操作员，通过“使用运输工具”按钮设置。在打开的“复合处理器”参数设置编辑框中，点击“临时实体流”，在页面中勾选“使用运输工具”前面的小方框，点击确定，如图 4－27 所示。

5）卸货暂存区设置。

双击“暂存区 2”，在打开的“暂存区”参数设置编辑框中，点击“临时实体流”，在“临时实体流”页面中勾选“使用运输工具”前面的小方框，点击确定，如图 4－28 所示。

6）上架扫描时间设置。

双击“处理器”打开参数设置编辑框，在“处理器”编辑框中的“加工时间”右侧点击▾按钮，选择“统计分布”。在“统计分布”编辑页面中选中“分布函数”的下拉箭头，点击“normal”函数，并在“统计分布”编辑框内设置相应的参数，如图4－29所示。

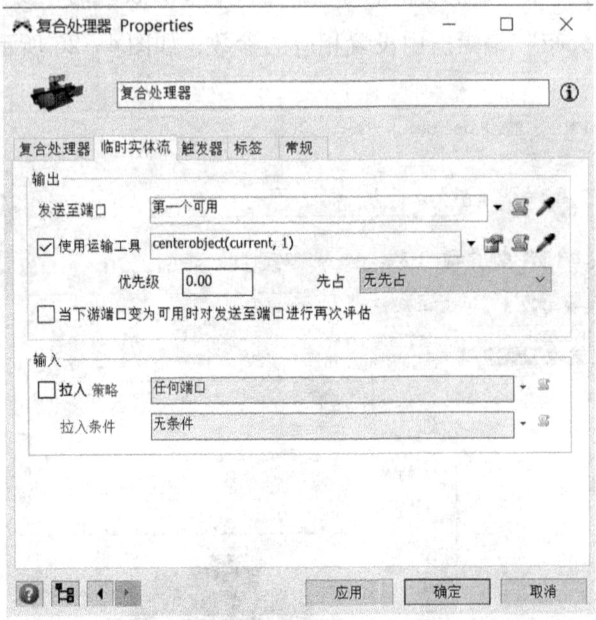

图4－27　信息核准员设置

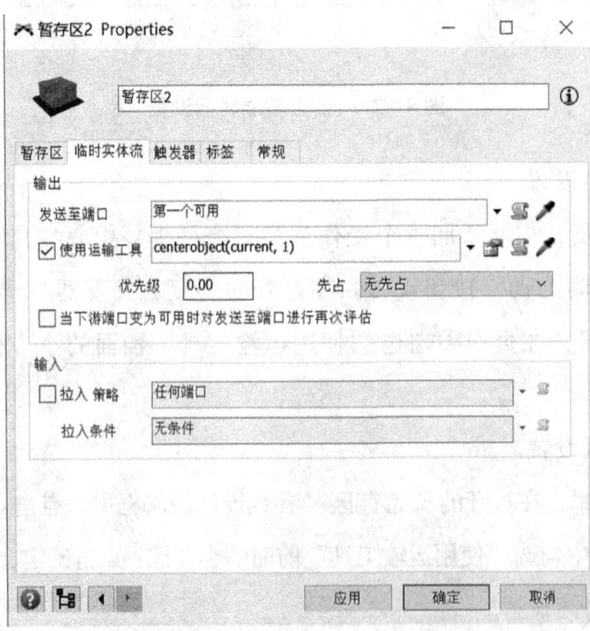

图4－28　卸货暂存区设置

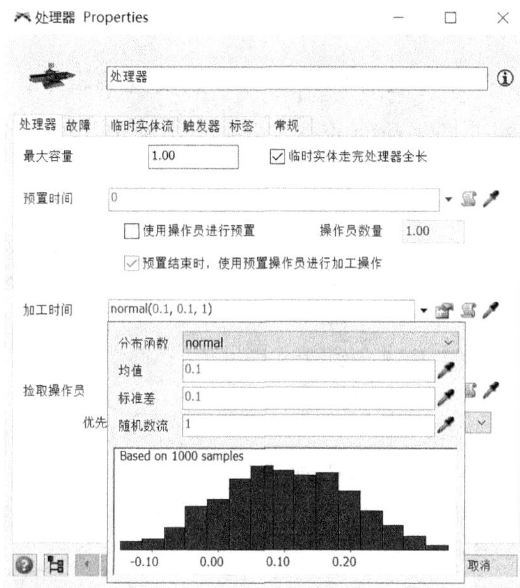

图 4－29　上架扫描时间设置

7）扫描员设置。

打开“处理器”参数设置编辑框，在“处理器”页面下的“加工时间”编辑框下面勾选“使用操作员进行加工”，点击确定，如图 4－30 所示。

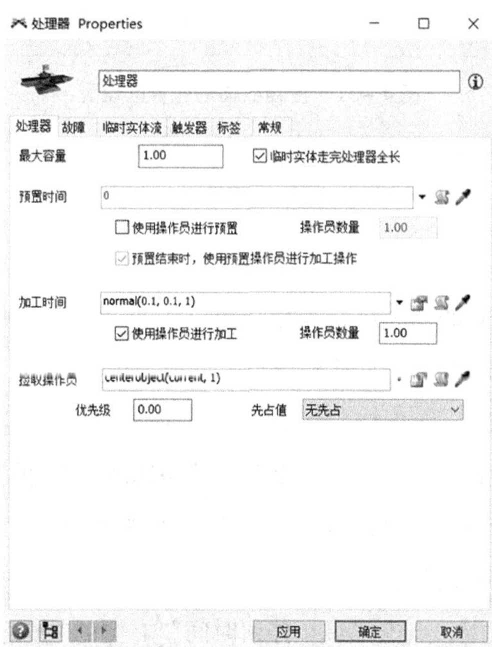

图 4－30　扫描员设置

8）货物扫描后暂存区设置。

双击“暂存区 4”，打开“暂存区 4”的参数设置编辑框，选择点击“临时实体流”，并勾选“使用运输工具”前面的小方框，点击确定，如图 4 – 31 所示。

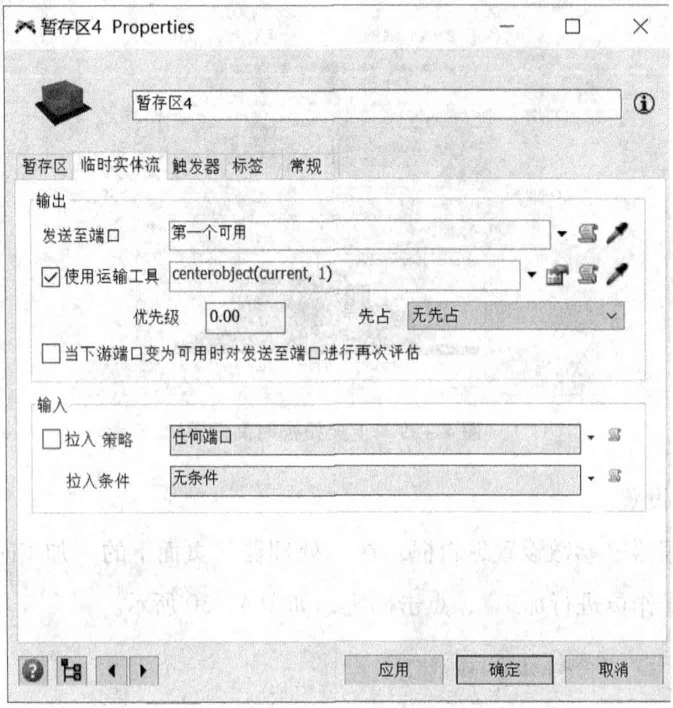

图 4 – 31　货物扫描后暂存区设置

9）货物的存储货架设置。

（1）货架列设置。

双击“货架”，打开“货架”参数设置编辑框，在“货架”编辑页面中，点击“放置到列”编辑栏右侧的▾按钮，选择“第一个可用列”，并在弹出的编辑框中将“货格容量”一栏修改为“3”，如图 4 – 32 所示。

（2）货架层设置。

在“货架”编辑页面上，点击“放置到层”编辑栏右侧的▾按钮，选择“第一个可用层”，并在弹出的编辑框中将“货格容量”一栏修改为“3”，如图 4 – 33 所示。

（3）货架最小停留时间设置。

在“货架”编辑页上，点击“最小停留时间”右侧的▾按钮，并点击“指定”，然后选择确定，如图 4 – 34 所示。

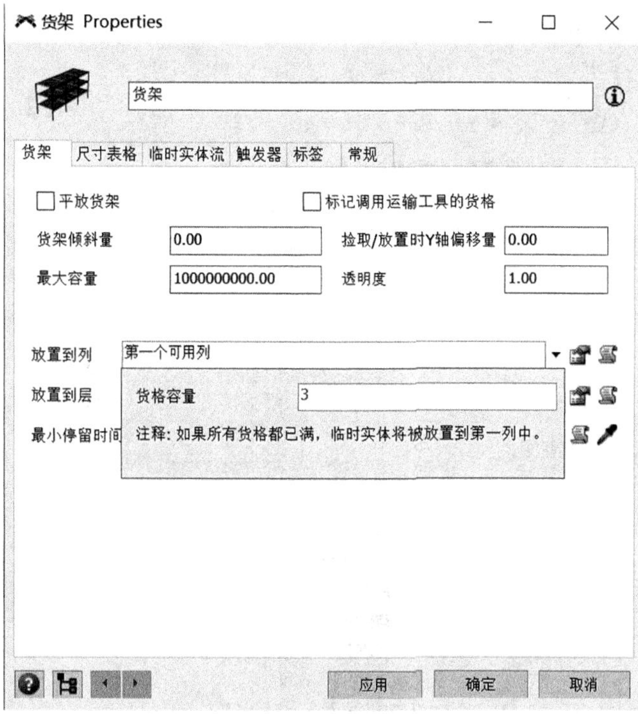

图 4－32　货架列设置

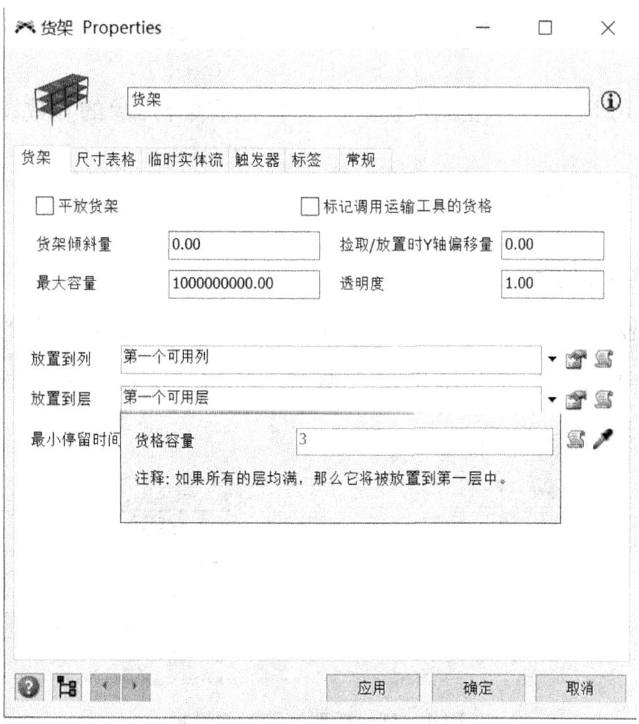

图 4－33　货架层设置

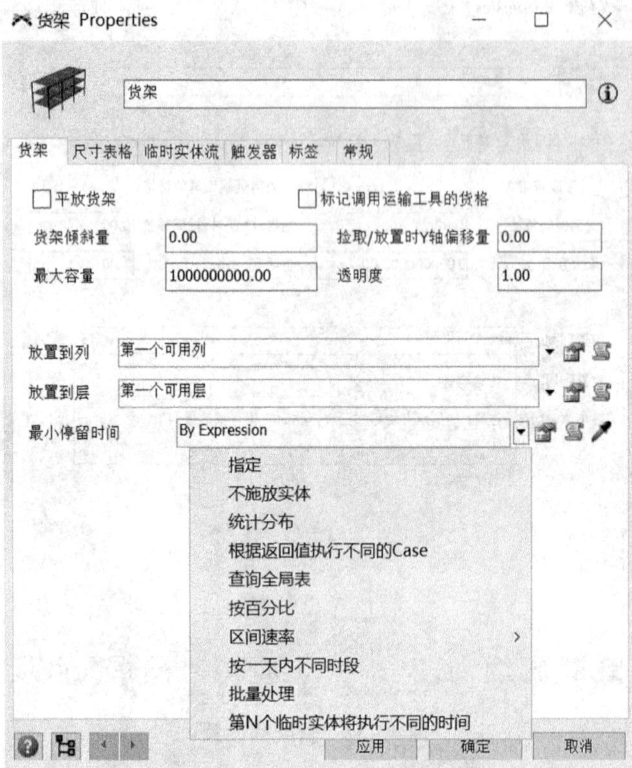

图 4-34　货架最小停留时间设置

以上是基于 RFID 入库作业流程仿真模型中全部实体对象的参数设置情况。

4.2.3　仿真结果分析

1. 设置模型仿真时间

传统入库作业流程仿真模型与基于 RFID 入库作业流程仿真模型的仿真时间均设置为 28800s。点击“运行时间”编辑框右侧的▾按钮，选择“指定停止时间”，填入“28800”即可，如图 4-35 所示。

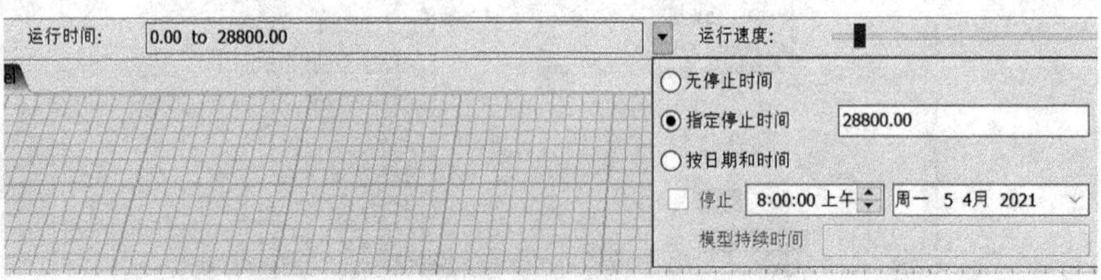

图 4-35　模型仿真时间设置

2. 运行仿真模型

在运行模型前，需要先点击主视窗顶部的重置按钮，使所有模型参数保持初始状态，之后再按运行按钮使模型运行起来。在运行结束后，得到的传统入库作业流程与基于 RFID 入库作业流程仿真结果如图 4 - 36、图 4 - 37 所示。

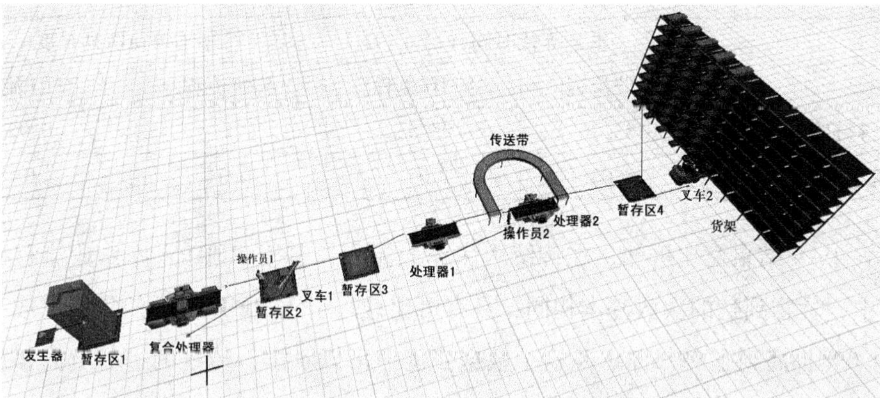

图 4 - 36　传统入库作业流程仿真结果

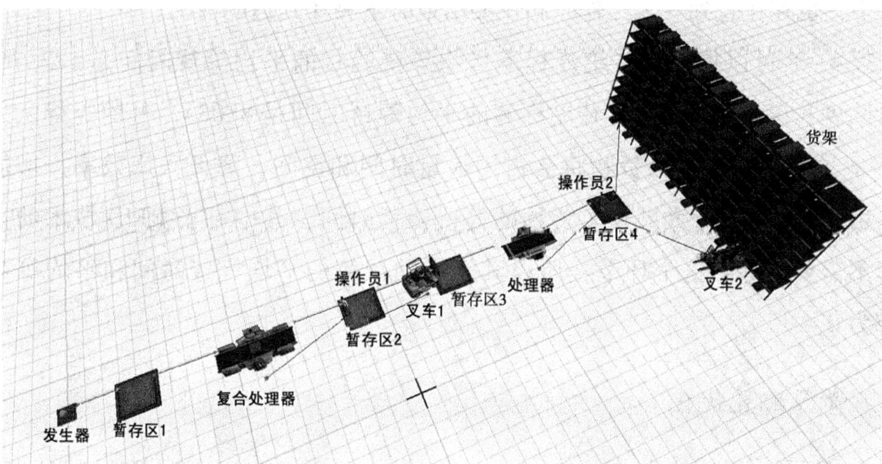

图 4 - 37　基于 RFID 入库作业流程仿真结果

对两种仿真模型分别进行仿真实验，仿真次数均为 10 次，得到仿真结果，取平均数记录。入库作业流程中到达货物完成情况统计和货物等待情况统计分别如表 4 - 4、表 4 - 5 所示。

表 4－4　入库作业流程中到达货物完成情况统计

		到货次数	处理次数	完成率（%）
货物到达	传统流程	287	155	54.0
	RFID 流程	288	286	99.3

表 4－5　入库作业流程中货物等待情况统计

	平均等待时间（s）		平均等待队列长度	
	传统流程	RFID 流程	传统流程	RFID 流程
等待验货	183.76	95.53	1	0.95
等待贴标签	8.03	0	0.04	0

从表 4－4 结果对比可知，在传统入库作业流程与基于 RFID 入库作业流程两种仿真模型中，货物到达的次数基本相同，具有可比性。引入 RFID 之后的货物完成率从传统的 54.0% 提高到了 99.3%，从这个数据变化中可以看出，传统的进货员需要加班才能完成当天的进货作业；而在基于 RFID 入库作业流程下货物完成率也没有达到 100%，这是因为受到模型中到货时间的随机性和其他一些不可控因素的影响，例如，在实际的作业中，也存在直到一天工作时间快要结束时货物才到达的情况。

从表 4－5 可以得知，传统流程下货物等待验货的平均等待时间是 183.76s，平均等待队列长度为 1；货物等待贴标签的平均等待时间是 8.03s，平均等待队列长度为 0.04。这些等待验货的货物将会占用大量时间和空间，降低入库效率，增加物流成本。引入 RFID 后大大减少了货物的等待验货时间，其中基于 RFID 技术的入库作业流程不需要贴标签这个环节，所以其等待贴标签的平均等待时间和平均等待队列长度都为 0。

4.2.4　资源配置优化

通过上述分析，对入库作业流程进行进一步的优化。以企业基于 RFID 入库作业流程为例，通过分析每个参数的改变对 RFID 入库作业流程的影响，找出参数改变与作业效率之间的变化规律；通过调整实体参数，使系统配置得到优化。例如：将 RFID 入库流程中验货时间的均值由 60s 调整为 30s，通过仿真分析，验货平均等待时间从 95.53s 减少到了 65.17s，平均等待队列长度从 0.95 减少到了 0.65，进一步优化了入库过程中的资源配置。优化前和优化后验货等待统计分别如图 4－38、图 4－39 所示。

图 4－38　优化前验货等待统计

图 4－39　优化后验货等待统计

实训练习

1. 总结上述传统入库作业流程与基于 RFID 入库作业流程。

2. 分析并比较传统入库作业流程与基于 RFID 入库作业流程中各个设备使用率情况。

3. 结合实际，试着对基于 RFID 入库作业流程进行优化，讨论是否有进一步优化的空间。

5 生产物流系统仿真案例

生产物流是指从企业的原材料采购、车间生产、半成品与成品的周转直至成品发送的全过程中的物流活动。生产物流系统是一个复杂的综合性系统，提高其效益是至关重要的。对企业生产物流系统的仿真研究，有助于找出生产系统潜在的作业“瓶颈”和关键路径，优化企业生产运营方案，能够为改善生产提供决策依据，并最终实现提高设备利用率、降低成本以及提高企业竞争力的目标。

5.1 生产物流系统

5.1.1 生产物流

生产物流是与生产工艺相关的活动。生产首先需要有原材料、零部件的储存，然后根据部门需求进行下料，发送到生产部门，之后对在制品进行加工与暂存。整个生产过程都离不开实体物品的流转，只是物品展示的形态根据生产要求有所区别。企业根据工艺对生产实行可控化管理，而生产物流的缺陷在于一旦开始生产活动，也就基本确定了设施布置，要实现改进就要对工艺流程有一个详尽的规划。

生产物流的发展日趋成熟，生产制造企业的机械化、自动化已经达到普及状态，但是随着对生产制造的要求越来越严苛，人们不再满足于通过管理软件的方式走向智能化阶段。因此，在采购、生产、销售、仓储等环节应用条码以及智能优化方式，对于制造行业来说，在生产管理以及物流流转方面都存在重要的意义。

目前，生产制造管理面临着越来越严峻的挑战，对于公司而言，不能只关注局部改善而忽略整体优化，不同部门之间得此失彼的情况很多，不能仅仅改进一个而牺牲其他方面。减少采购成本可能导致仓储成本的增加，生产中的各类成本都是共同存在的，因此要协同考虑，避免效益背反。企业为了更好地做出正确决策，在考量供应过程、生产计划、设施布置、分销、管理等方面时，就要加强合作并采取相对综合的方法。生产需求将这些独立的模块整体化，生产和物流更加强调协调与合作。

5.1.2 生产物流系统

生产制造业同样有内部生产物流系统，服装行业亦是如此。生产物流系统同时包含了采购、生产、仓储、财务、销售等子系统，它们之间紧密联系，构成了完整的生产物流系统。对于现代生产物流而言，所有的活动都要依赖物品流转作为各系统之间的纽带，同时这也是整个生产活动延续的基础。服装企业要根据生产的服装进行原材料以及零部件的采购，然后储存，紧接着生产部门完成一系列加工制造操作，检验部门验收服装后，再进行装配包装操作，完工后的成品要进行简单的储存，最终完成销售订单并运送到客户的手中。

生产物流系统有别于其他系统，主要有以下几点作用：第一，采购部门所购入的原料、零部件等按照生产时间顺序安排入库，做好清点管理的工作；第二，厂内所有的产品转送到流水线或者对应的暂存区上都包含了搬运、储存以及产品流动，产品要根据流水线的进程，按照所有串联以及并联的工序流程完成加工工作，同时将随之产生的废料处理掉，产成品转入成品仓库。

之前的研究大都习惯研讨一个产品在加工过程中的优化问题，没有建立在内部整体流程上的考量。整个流水线上的产品在不同工序之间传递，会出现上下搬运以及停滞不前等各种活动的不合理性以及成本占用问题。在成熟的物流系统研究中，市场周期时间不仅包含了流通加工时间，同样还包括了必要的物流运转时间。合理的生产设施布局能够合理分配物流活动时间与加工时间。伴随销售活动所形成的销售物流就是将产品从物流中心运输到终端客户手中，同时包含了整个过程中的运输与配送。生产物流系统构成如图 5 – 1 所示。

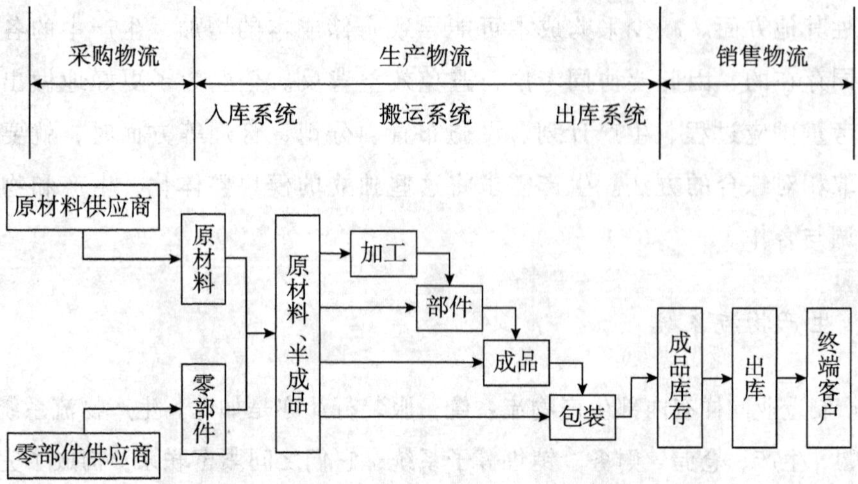

图 5-1 生产物流系统构成

5.2 生产物流系统仿真

5.2.1 生产物流系统仿真模型构建

某企业生产车间要加工相同的 8 个零件，经过 8 道工序，分别为 A、B、C、D、E、F、G、H。每道工序加工的时间分别为 12min、5min、15min、7min、9min、11min、22min、5min。

1. 顺序移动方式

按照顺序移动方式，8 个相同的零件在 A 道工序加工完成后，再整批转移到 B 道工序加工，依此类推，直至加工到 H 道工序为止。具体的顺序移动工序图如图 5-2 所示。

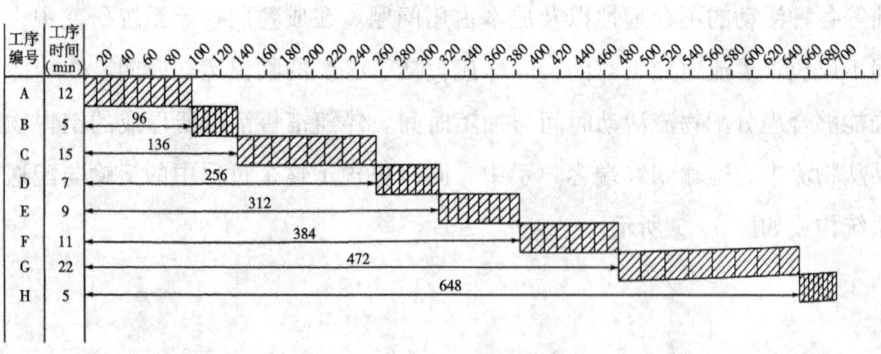

图 5-2 顺序移动工序图

由顺序移动工序图可得：

$$总加工时间 = 688\text{min}$$

$$设备的总等待时间 = 0\text{min}$$

$$设备的总闲置时间 = 96 + 136 + 256 + 312 + 384 + 472 + 648 = 2304\text{min}$$

2. 平行移动方式

按照平行移动方式，第 1 个零件在 A 道工序完成以后，立即转移到 B 道工序继续加工；同时第 2 个零件开始在 A 道工序加工。依此类推，直到第 8 个零件完成最后一道工序。具体的平行移动工序图如图 5－3 所示。

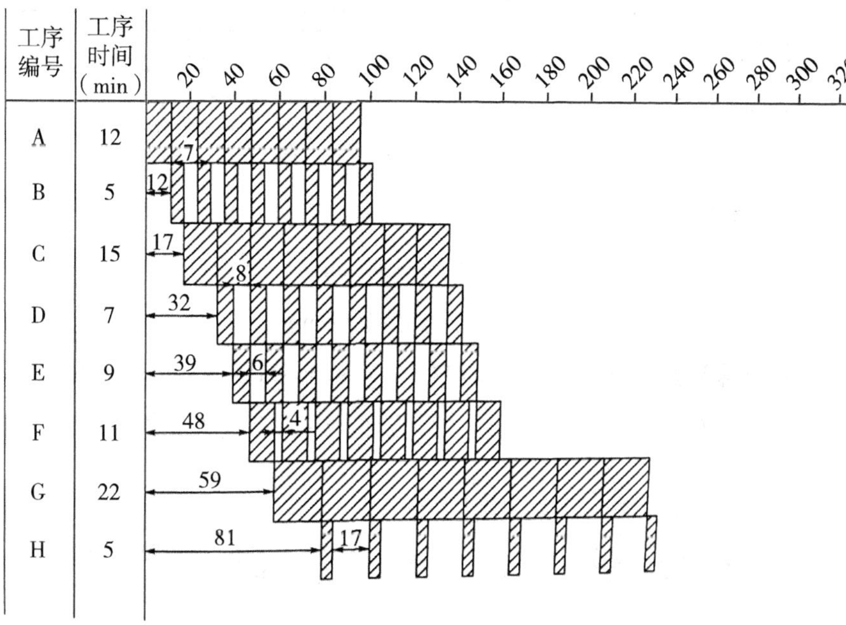

图 5－3　平行移动工序图

由平行移动工序图可得：

$$总加工时间 = 240\text{min}$$

$$设备的总等待时间 = 7 \times 7 + 8 \times 7 + 6 \times 7 + 4 \times 7 + 17 \times 7 = 294\text{min}$$

$$设备的总闲置时间 = 12 + 17 + 32 + 39 + 48 + 59 + 81 = 288\text{min}$$

3. 平行顺序移动方式

平行顺序移动方式是把顺序移动方式和平行移动方式综合运用的方式，即在整批零件尚未全部完成前道工序的加工时，就先将其中部分已经完成的零件转入下道工序加工。往下道工序转移的提前时间以能维持下道工序对该零件的连续加工为准。具体的平行顺序移动工序图如图 5－4 所示。

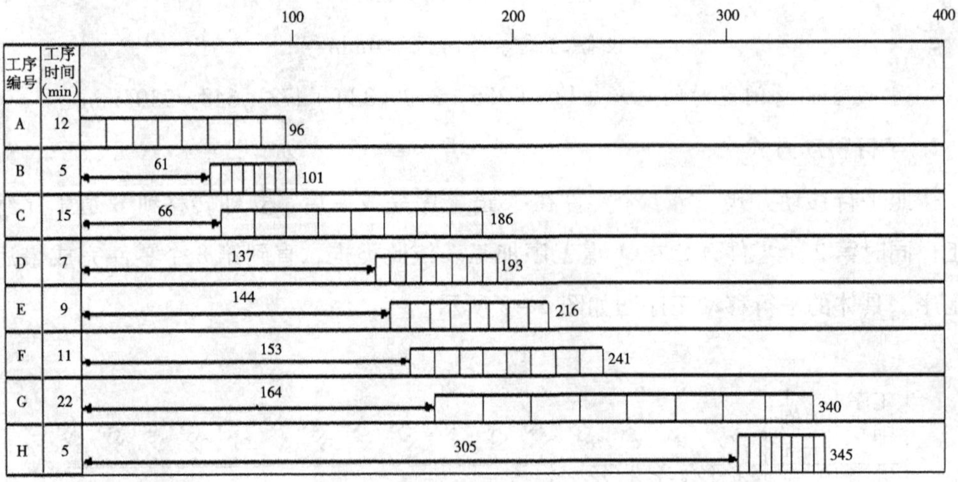

图 5－4　平行顺序移动工序图

由平行顺序移动工序图可得：

$$总加工时间 = 345\text{min}$$

$$设备的总等待时间 = 0\text{min}$$

$$设备的总闲置时间 = 61 + 66 + 137 + 144 + 153 + 164 + 305 = 1030\text{min}$$

利用 Flexsim 软件对该零件加工问题进行仿真，生产线整体概念图如图 5－5 所示。

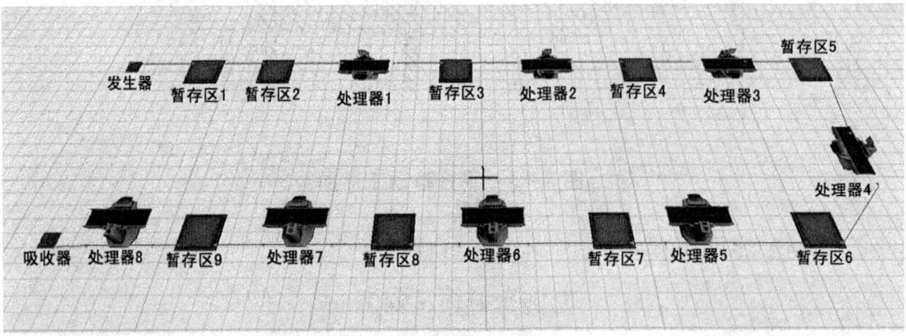

图 5－5　生产线整体概念图

5.2.2　参数设定

三种组织方式的参数设定有所不同，其中共同部分如下。

（1）零件：按到达序列的方式到达，数量为 8；零件颜色默认为灰色（可随意设置颜色）。

（2）暂存区1：目标批量为8，进入触发 content（current）==8，然后执行 closeinput。

（3）处理器的加工时间：依次设为 12min、5min、15min、7min、9min、11min、22min、5min。

三种组织方式对暂存区的参数设定分别如下。

（1）顺序移动方式：暂存区的目标批量全部为8，零件按垂直堆放。

（2）平行移动方式：暂存区不设置批量就可以基本上满足平行移动方式。

（3）平行顺序移动方式：对于上道工序加工时间比下道工序加工时间短的情况，按平行移动方式的原则设计，即暂存区的设置方法与平行移动方式相同，通过观察各道工序加工时间可知，暂存区 2、4、6、7、8 的设置同平行移动方式一致。对于上道工序加工时间比下道工序加工时间长的情况，先按照平行移动方式去设计，在有等待时间的工序里面，把所有的等待时间都加到本道工序的闲置时间里面，把这个总时间设置成一个触发时间，这道工序必须到了这个触发时间，才能开始工作，这样就能保证上道工序的最后一个零件刚加工完，这道工序正好开始加工最后一个零件，但此时暂存区就需要分不同情况设置，暂存区 3 设批量为 4，最长等待时间为 36min；暂存区 5 设批量为 4，最长等待时间为 45min；暂存区 9 设批量为 4，最长等待时间为 41min。

5.2.3　Flexsim 仿真建模

1. 生产区参数设置

生产区参数设置如下。双击“发生器”打开参数设置页面，单击“发生器”选项卡，在“到达方式”的下拉菜单中选择“到达序列”，零件按到达序列的方式到达，然后在下面出现的表格中，将数量“Quantity”改为“8”，点击确定，如图 5 -6 所示。

2. 暂存区参数设置

1）暂存区 1 的设置比较特殊，它主要是约束发生器产生临时实体的数量，具体设置如下。

（1）双击“暂存区 1”打开参数设置页面，单击“暂存区”选项卡，勾选“成批操作”，将“目标批量”设置为“8”，在“实体堆放”的下拉菜单中选择“垂直堆放”，如图 5 -7 所示。

（2）单击“触发器”，在“进入触发”的下拉菜单中，选择“关闭或打开端口”，将“条件”设置为“content（current）==8”（当前容量=8），点击确定，如图5-8所示。

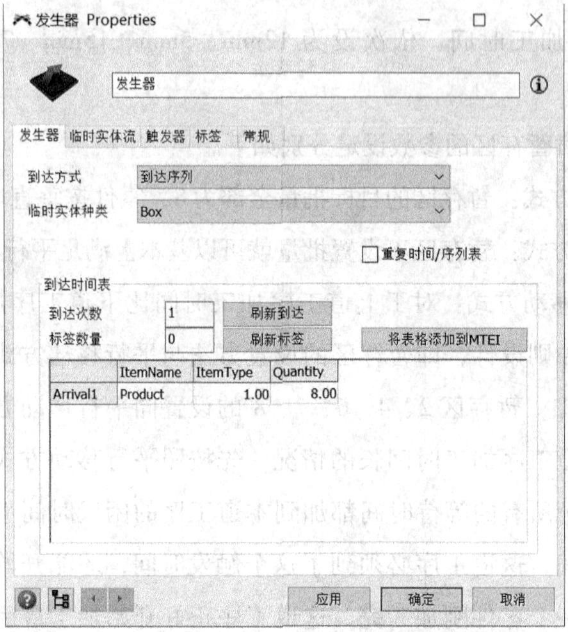

图5-6　生产区参数设置

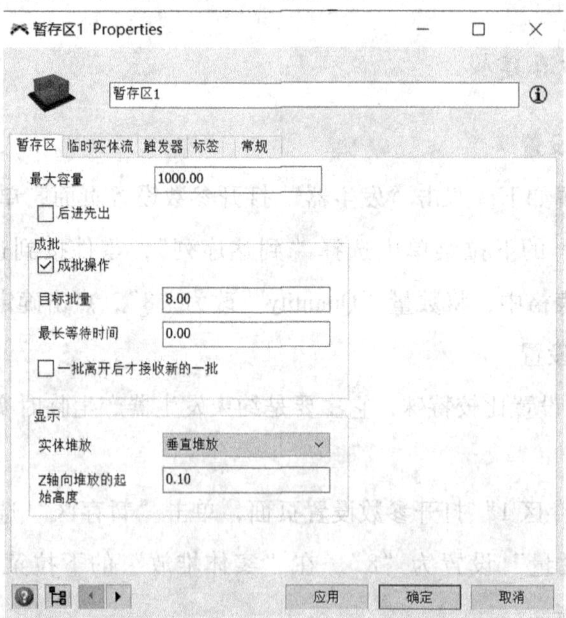

图5-7　暂存区1目标批量参数设置

图 5－8　暂存区 1 触发设置

2）根据三种不同的组织方式，设置其余的暂存区。

（1）顺序移动方式。

暂存区 2、3、4、5、6、7、8、9 的参数设置相同，下图以暂存区 2 为例，进行参数设置。具体设置为：双击“暂存区 2”打开参数设置页面，单击“暂存区”选项卡，勾选“成批操作”，将“目标批量”设置为“8”，在“实体堆放”的下拉菜单中选择“垂直堆放”，点击确定，如图 5－9 所示。对暂存区 3、4、5、6、7、8、9 进行相同的参数设置。

（2）平行移动方式。

暂存区 2、3、4、5、6、7、8、9 的参数设置相同，暂存区不需设置批量就可以基本上满足平行移动方式。同样以暂存区 2 为例进行设置，具体设置为：双击“暂存区 2”打开参数设置页面，单击“暂存区”选项卡，在“实体堆放”的下拉菜单中选择“垂直堆放”，点击确定，如图 5－10 所示。对暂存区 3、4、5、6、7、8、9 进行相同的参数设置。

（3）平行顺序移动方式。

暂存区的设置大不相同，下面依次介绍。

①暂存区 2、4、6、7、8 不需设置批量就可以满足条件要求。同样以暂存区 2 为例

进行设置，具体设置为：双击“暂存区 2”打开参数设置页面，单击“暂存区”选项卡，在“实体堆放”的下拉菜单中选择“垂直堆放”，如图 5－11 所示。对暂存区 4、6、7、8 进行与暂存区 2 相同的参数设置。

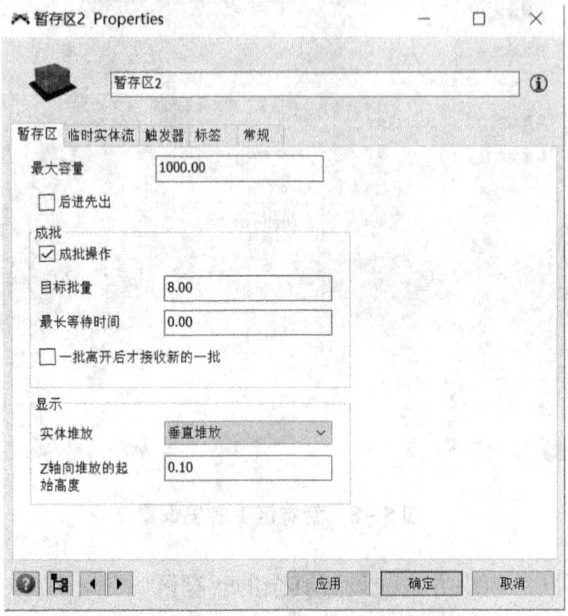

图 5－9　顺序移动方式下的暂存区 2 参数设置

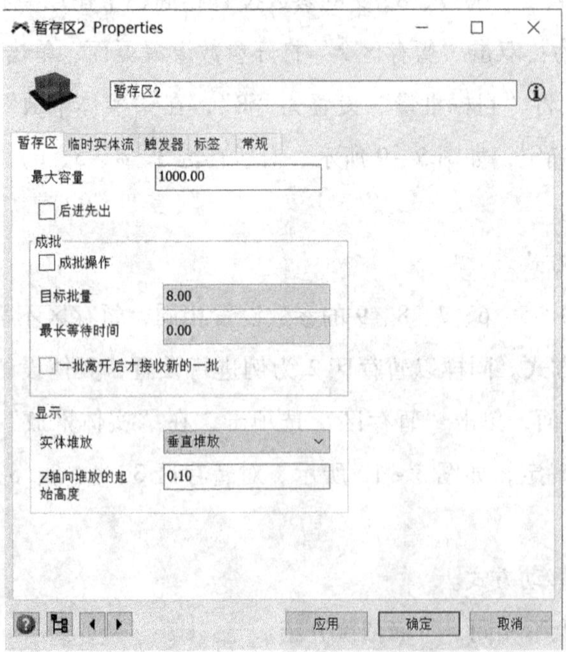

图 5－10　平行移动方式下的暂存区 2 参数设置

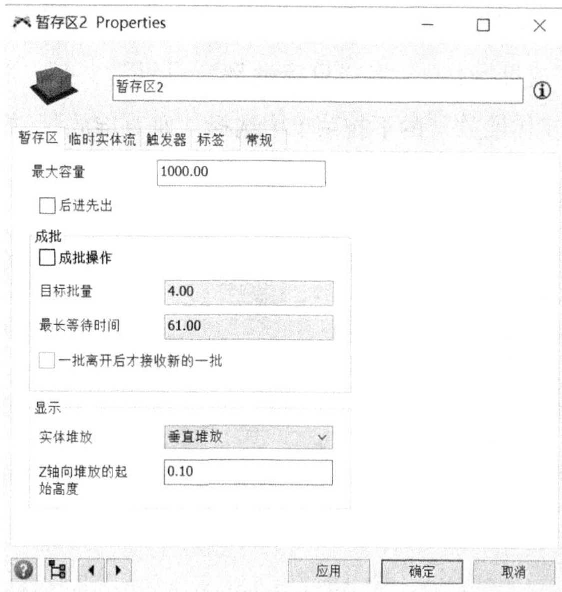

图 5－11　平行顺序移动方式下的暂存区 2 参数设置

②暂存区 3 的设置如下。双击“暂存区 3”打开参数设置页面，单击“暂存区”选项卡，选中“成批操作”，将“目标批量”设置为“4”，将“最长等待时间”设置为“36”，在“实体堆放”的下拉菜单中选择“垂直堆放”，如图 5－12 所示。

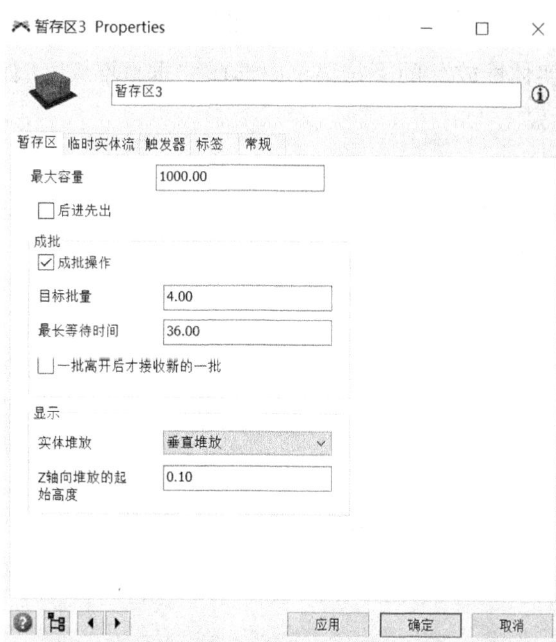

图 5－12　平行顺序移动方式下的暂存区 3 参数设置

③暂存区 5 的参数设置如下。双击“暂存区 5”打开参数设置页面，单击“暂存区”选项卡，勾选“成批操作”，将“目标批量”设置为“4”，将“最长等待时间”设置为“45”，在“实体堆放”的下拉菜单中选择“垂直堆放”，如图 5－13 所示。

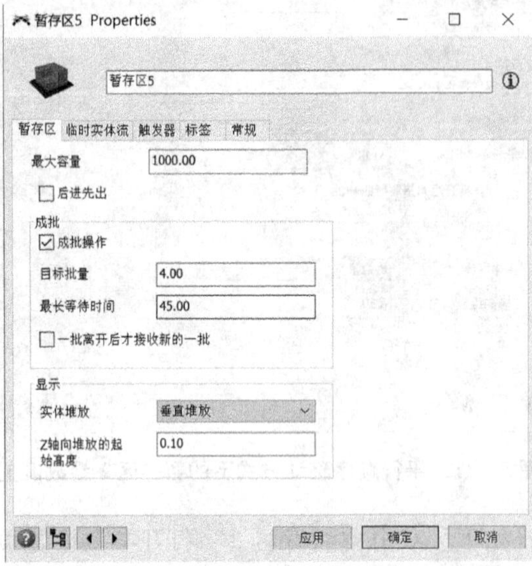

图 5－13　平行顺序移动方式下的暂存区 5 参数设置

④暂存区 9 的参数设置如下。双击“暂存区 9”打开参数设置页面，单击“暂存区”选项卡，勾选“成批操作”，将“目标批量”设置为“4”，将“最长等待时间”设置为“41”，在“实体堆放”的下拉菜单中选择“垂直堆放”，如图 5－14 所示。

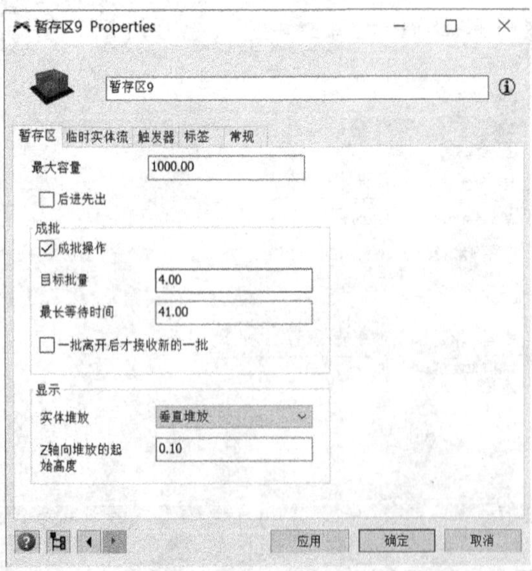

图 5－14　平行顺序移动方式下的暂存区 9 参数设置

3. 处理器的设置

三种组织方式中，对处理器的设置也是相同的。把处理器的加工时间依次设为12min、5min、15min、7min、9min、11min、22min、5min。下面对处理器 1 进行说明，具体设置如下：双击“处理器 1”打开参数设置页面，单击“处理器”选项卡，将“加工时间”设置为“12”，如图 5 - 15 所示。其余处理器的参数设置方法同上，将“处理器”选项卡下的“加工时间”依次修改为 5、15、7、9、11、22、5 即可。

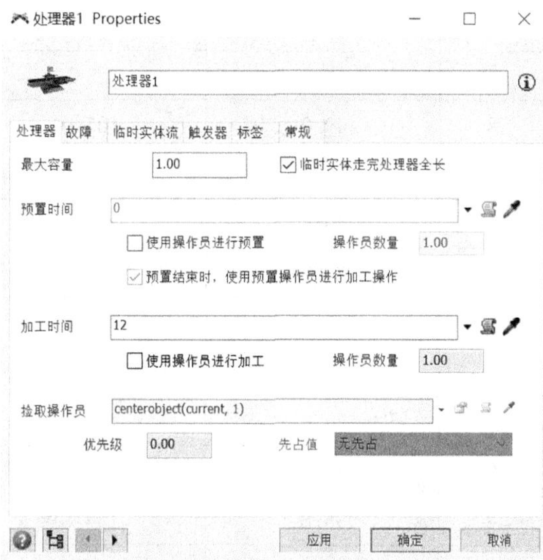

图 5 - 15　处理器 1 的参数设置

5.2.4　仿真结果分析与改进

1. 仿真数据统计

(1) 顺序移动方式。

运行后，查看它们的工作强度和标准信息，将所有实体的运行结果全部整理出来，汇总可得顺序移动方式标准报告表，如表 5 - 1 所示。

表 5 - 1　**顺序移动方式标准报告表**　仿真时间：688min

对象	吞吐量（件）		停留时间（min）		
	输入	输出	最小停留时间	最大停留时间	平均停留时间
发生器	0	8	0.0	0.0	0.0
暂存区 1	8	8	0.0	0.0	0.0

续 表

对象	吞吐量（件）		停留时间（min）		
	输入	输出	最小停留时间	最大停留时间	平均停留时间
暂存区 2	8	8	0.0	84.0	42.0
处理器 1	8	8	12.0	12.0	12.0
暂存区 3	8	8	35.0	84.0	59.5
处理器 2	8	8	5.0	5.0	5.0
暂存区 4	8	8	35.0	105.0	70.0
处理器 3	8	8	15.0	15.0	15.0
暂存区 5	8	8	49.0	105.0	77.0
处理器 4	8	8	7.0	7.0	7.0
暂存区 6	8	8	49.0	63.0	56.0
处理器 5	8	8	9.0	9.0	9.0
暂存区 7	8	8	63.0	77.0	70.0
处理器 6	8	8	11.0	11.0	11.0
暂存区 8	8	8	77.0	154.0	115.5
处理器 7	8	8	22.0	22.0	22.0
暂存区 9	8	8	35.0	154.0	94.5
处理器 8	8	8	5.0	5.0	5.0
吸收器	8	0	0.0	0.0	0.0

将所有实体的工作强度整理出来，可得到所有实体的状态报告表，如表 5－2 所示。

表 5－2　　顺序移动方式的状态报告表　　单位：%

对象	闲置	工作	空载	收集
发生器	0	0	0	0
暂存区 1	0	0	100.00	0
暂存区 2	0	0	0	100.00
处理器 1	0	100.00	0	0
暂存区 3	0	0	9.16	90.84
处理器 2	70.59	29.41	0	0
暂存区 4	0	0	41.91	58.09

续 表

对象	闲置	工作	空载	收集
处理器 3	53.13	46.88	0	0
暂存区 5	0	0	49.51	50.49
处理器 4	82.05	17.95	0	0
暂存区 6	0	0	70.13	29.87
处理器 5	81.25	18.75	0	0
暂存区 7	0	0	69.63	30.37
处理器 6	81.36	18.64	0	0
暂存区 8	0	0	63.10	36.90
处理器 7	72.84	27.16	0	0
暂存区 9	0	0	72.33	27.67
处理器 8	94.19	5.81	0	0
吸收器	0	0	0	0

注：此数据来源于 Flexsim 内置统计数据，因内部导出时进行四舍五入统计，故显示有误差。

从表 5－1、表 5－2 中分析顺序移动方式所带来的优缺点。缺点：①设备生产周期较长；②设备空闲时间长，延长了加工周期。优点：①零件按顺序加工，有规律可循，同时机床的布置和连接较为简单；②加工过程中运输次数少。

（2）平行移动方式。

运行结束后，得到相应的仿真结果，将所有实体的运行结果全部整理出来，汇总可得平行移动方式标准报告表，如表 5－3 所示。

表 5－3　　平行移动方式标准报告表　　仿真时间：240min

对象	吞吐量（件）		停留时间（min）		
	输入	输出	最小停留时间	最大停留时间	平均停留时间
发生器	0	8	0.0	0.0	0.0
暂存区 1	8	8	0.0	0.0	0.0
暂存区 2	8	8	0.0	84.0	42.0
处理器 1	8	8	12.0	12.0	12.0
暂存区 3	8	8	0.0	0.0	0.0
处理器 2	8	8	5.0	5.0	5.0
暂存区 4	8	8	0.0	21.0	10.5
处理器 3	8	8	15.0	15.0	15.0

续 表

对象	吞吐量（件）		停留时间（min）		
	输入	输出	最小停留时间	最大停留时间	平均停留时间
暂存区 5	8	8	0.0	0.0	0.0
处理器 4	8	8	7.0	7.0	7.0
暂存区 6	8	8	0.0	0.0	0.0
处理器 5	8	8	9.0	9.0	9.0
暂存区 7	8	8	0.0	0.0	0.0
处理器 6	8	8	11.0	11.0	11.0
暂存区 8	8	8	0.0	49.0	24.5
处理器 7	8	8	22.0	22.0	22.0
暂存区 9	8	8	0.0	0.0	0.0
处理器 8	8	8	5.0	5.0	5.0
吸收器	8	0	0.0	0.0	0.0

将所有实体的工作强度整理出来，可得到所有实体的状态报告表，如表 5－4 所示。

表 5－4　　平行移动方式的状态报告表　　单位:%

对象	空闲时间	加工时间	生成时间	实体空载时间	收集临时实体时间	释放时间
发生器	0	0	100.00	0	0	0
暂存区 1	0	0	0	100.00	0	0
暂存区 2	0	0	0	65.00	0	35.00
处理器 1	60.00	40.00	0	0	0	0
暂存区 3	0	0	0	100.00	0	0
处理器 2	83.33	16.67	0	0	0	0
暂存区 4	0	0	0	68.75	0	31.25
处理器 3	50.00	50.00	0	0	0	0
暂存区 5	0	0	0	100.00	0	0
处理器 4	76.67	23.33	0	0	0	0
暂存区 6	0	0	0	100.00	0	0
处理器 5	70.00	30.00	0	0	0	0
暂存区 7	0	0	0	100.00	0	0
处理器 6	63.33	36.67	0	0	0	0

续 表

对象	空闲时间	加工时间	生成时间	实体空载时间	收集临时实体时间	释放时间
暂存区 8	0	0	0	45. 83	0	54. 17
处理器 7	26. 67	73. 33	0	0	0	0
暂存区 9	0	0	0	100. 00	0	0
处理器 8	83. 33	16. 67	0	0	0	0
吸收器	0	0	0	0	100. 00	0

从表 5 -3、表 5 -4 中分析平行移动方式所带来的优缺点。缺点：①容易出现设备等待或零件等待的情况；②加工过程中搬运次数较多。优点：①加工的在制品减到最少；②设备空闲时间减少，缩短了加工周期。

（3）平行顺序移动方式。

运行结束后，得到相应的仿真结果，将所有实体的运行结果全部整理出来，汇总可得平行顺序移动方式标准报告表，如表 5 -5 所示。

表 5 -5　　平行顺序移动方式标准报告表　　仿真时间：345min

对象	吞吐量（件）		停留时间（min）		
	输入	输出	最小停留时间	最大停留时间	平均停留时间
发生器	0	8	0	0	0
暂存区 1	8	8	0	0	0
暂存区 2	8	8	0	84	42
处理器 1	8	8	12	12	12
暂存区 3	8	8	22	36	29. 88
处理器 2	8	8	5	5	5
暂存区 4	8	8	0	29	16. 63
处理器 3	8	8	15	15	15
暂存区 5	8	8	29	45	38
处理器 4	8	8	7	7	7
暂存区 6	8	8	0	4	1. 75
处理器 5	8	8	9	9	9
暂存区 7	8	8	0	4	1. 75
处理器 6	8	8	11	11	11

续 表

对象	吞吐量（件）		停留时间（min）		
	输入	输出	最小停留时间	最大停留时间	平均停留时间
暂存区 8	8	8	0	53	28
处理器 7	8	8	22	22	22
暂存区 9	8	8	24	41	32.5
处理器 8	8	8	5	5	5
吸收器	8	0	0	0	0

注：此数据来源于 Flexsim 内置统计数据，因内部导出时进行四舍五入统计，故显示有误差。

将所有实体的工作强度整理出来，可得到所有实体的状态报告表，如表 5－6 所示。

表 5－6　平行顺序移动方式的状态报告表　单位：%

对象	空闲时间	加工时间	生成时间	实体空载时间	收集临时实体时间	释放时间
发生器	0	0	100.00	0	0	0
暂存区 1	0	0	0	100.00	0	0
暂存区 2	0	0	0	75.65	0	24.35
处理器 1	72.17	27.83	0	0	0	0
暂存区 3	0	0	0	67.25	32.75	0
处理器 2	88.41	11.59	0	0	0	0
暂存区 4	0	0	0	72.75	0	27.25
处理器 3	65.22	34.78	0	0	0	0
暂存区 5	0	0	0	58.84	41.16	0
处理器 4	83.77	16.23	0	0	0	0
暂存区 6	0	0	0	95.94	0	4.06
处理器 5	79.13	20.87	0	0	0	0
暂存区 7	0	0	0	95.94	0	4.06
处理器 6	74.49	25.51	0	0	0	0
暂存区 8	0	0	0	58.84	0	41.16
处理器 7	48.99	51.01	0	0	0	0
暂存区 9	0	0	0	48.41	51.59	0
处理器 8	88.41	11.59	0	0	0	0
吸收器	0	0	0	0	100.00	0

从表 5－5、表 5－6 分析平行顺序移动方式所带来的优缺点。缺点：①每个零件都有不同的加工路线，生产组织安排比较复杂；②总设备闲置时间相对较长。优点：①周期相对较短；②搬运次数少。

2. 各方案的分析与选择

通过仿真模型运行结果统计，可以把三种方式的仿真结果进行对比，主要从加工时间、设备等待时间和设备闲置时间三个指标来进行比较，如表 5－7 所示。

表 5－7　　三种组织方式的比较　　单位：min

指标	顺序移动方式	平行移动方式	平行顺序移动方式
加工时间	688	240	345
设备等待时间	0	294	0
设备闲置时间	2304	288	1058

通过比较，可以看出顺序移动方式的加工时间最长，设备闲置时间也最长，说明该方式没能充分利用设备资源；平行移动方式的加工时间虽然最短，但设备有等待时间，这说明在加工过程中设备有空转现象，造成资源浪费，这在生产系统中也是应该避免的；平行顺序移动方式的加工时间处于前两者中间，略高于平行移动方式的加工时间，设备闲置时间也处于前两者之间，但比顺序移动方式大约要少一半，并且设备等待时间为零，在生产过程中避免了设备的空转。综合考虑，三种方式中，平行顺序移动方式是三者中最优的方案。

下面对三种组织方式的每个实体进行比较，比较它们空闲和工作的状态，如表 5－8 所示。

表 5－8　　三种组织方式仿真结果的详细比较　　单位：min

对象	顺序移动方式		平行移动方式		平行顺序移动方式	
	空闲	工作	空闲	工作	空闲	工作
发生器	0	0	0	0	0	0
暂存区 1	0	0	0	0	0	0
暂存区 2	0	0	0	0	0	0
处理器 1	0	96	0	96	0	96
暂存区 3	0	0	0	0	0	0

续 表

对象	顺序移动方式		平行移动方式		平行顺序移动方式	
	空闲	工作	空闲	工作	空闲	工作
处理器 2	96	40	61	40	90	40
暂存区 4	0	0	0	0	0	0
处理器 3	136	120	17	120	53	120
暂存区 5	0	0	0	0	0	0
处理器 4	256	56	88	56	161	56
暂存区 6	0	0	0	0	0	0
处理器 5	312	72	81	72	156	72
暂存区 7	0	0	0	0	0	0
处理器 6	384	88	76	88	153	88
暂存区 8	0	0	0	0	0	0
处理器 7	472	176	59	176	140	176
暂存区 9	0	0	0	0	0	0
处理器 8	648	40	200	40	305	40
吸收器	0	0	0	0	0	0

通过表 5 - 8 可知，顺序移动方式的设备空闲时间最长、工作时间最长，平行顺序移动方式的设备工作时间与空闲时间相差不大。根据行程最短、时间最省、占用和耗费最少、效率最高等原则综合考虑，平行顺序移动方式是最优的生产组织方式。

实训练习

1. 总结上述三种生产组织方式。
2. 如果增加一道 6min 的工序，如何实现？
3. 结合实际，思考本章中三种生产组织方式分别适用于哪种生产情景。
4. 根据本章所学内容，结合第 3 题，试着将自己所想的生产情景仿真模拟出来。

6 订单分拣系统仿真案例

订单分拣就是依照客户的订货要求或配送中心的送货计划，尽可能迅速、准确地将货物从其储位拣取出来，并按一定的方式进行分类、集中，等待配装送货的作业过程。随着电子商务的飞速发展，个性化、多样化的需求也在增加，每份订单中货物的数量越来越少，种类越来越多，进而分拣的难度也在逐渐增加，极大地制约了仓库或配送中心的运行效率。分拣作为劳动密集程度最高、占用成本最多的运作方式之一，如何提高其效率成了各企业优先考虑的问题。近年来，物流业中出现了采用分拣机器人进行分拣的仓库，然而其投资规模大、回报时间长，还不适用于当前国内绝大多数半自动化仓库。因此，采用仿真软件建立模型，对半自动化仓库的分拣过程进行仿真模拟分析，进而改进现有安排成了各企业的不二之选。

本章采用 Flexsim 仿真软件建立了两种订单分拣模型并对其进行了仿真运行，将所得数据进行了深入分析，找到了提升整体运作效率的方法，证实了其可行性，这对其他订单分拣设施的设计安排具有指导意义。

6.1 订单分拣系统

6.1.1 订单分拣概述

仓库运作主要指仓库流程中到货、仓储、拣货、运输四个核心环节的计划与调度问题。需要特别指出的是，仓库运作效率受仓库设计阶段相关决策的影响，一旦仓库被建立，改变设计决策是非常昂贵甚至是不可能的。到货与运输分别是货物到达与离开仓库的“接口”，其主要运作包括车辆在各个到货或卸货平台的分配、卸货或装载活动的调度等。

分拣作业流程如图 6 – 1 所示。

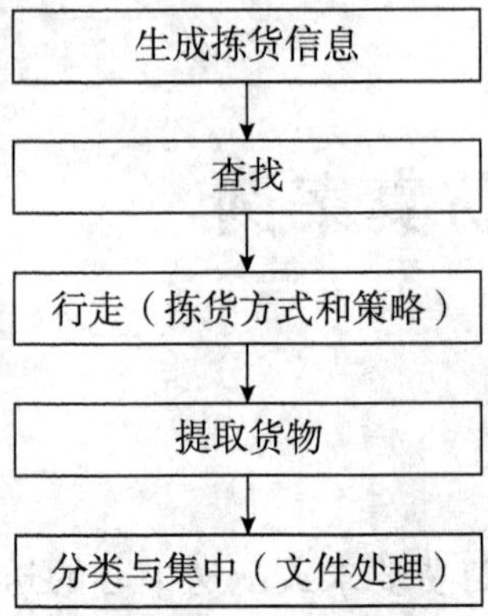

图 6 – 1　分拣作业流程

订单分拣是指为履行客户订单将货物从其货位上取出的过程。拣货中不同的组织变量决定了不同的拣货方法，主要包括是否批量拣货、是否同时进行分类、存储区域是否分区等。根据是否批量拣货，将拣货方法分为单订单拣货与批量拣货。前者指一个订单由一个拣货员一次拣货完毕，后者则指多个订单组成一批后被同时拣货。在拣货过程中，若拣货的同时将货物按订单进行分类，则称为边拣货边分类；若拣货完成后再分类，则称为拣货后再分类。分区是指将存储区域划分为多个区域，每个拣货员仅在其拣货区域工作。分区能使拣货员的移动范围变小，使他们对货物的位置更熟悉，减少拣货中的阻塞。分区后拣货又分为逐渐装配与并行拣货，前者指同一批订单在不同分区依次拣货，后者则指在不同分区同时拣货。

6.1.2　订单分拣方式

1. 传票拣选

传票拣选是最原始的拣选方式，直接利用客户的订单或公司的交货单作为拣选指示。拣货员一边看着订单的品名，一边寻找货物。拣货员需要来回多次行走才能拣完一份订单。

分拣传票产生的方式基本上有两种。第一种是复印订单，在接到订单之后将其复制成分拣传票。这种方式费用较高，但其弹性较大，可适应不同大小的订单形式。第二种是直接由多联式订单中撕下分拣专用的一联。这种方式有时会因订单联数过多而产生复写不清的现象，导致错误发生。传票拣选的优点和缺点列举如下。

（1）优点：无须利用计算机等处理设备处理拣选信息，适用于订购品项数少或少量订单的情况。

（2）缺点：①此类传票容易在拣选过程中受到污损，或因把“存货不足”“缺货”等注释直接写在传票上，导致作业过程中发生错误或无法判别确认；②未标识货物的货位，必须靠拣货员的记忆在储区中寻找存货位置，更不能引导拣货员缩短拣选路径；③无法运用拣选策略提升拣选效率。

2. 拣选单拣选

拣选单拣选是目前最常用的拣选方式，将原始的客户订单输入计算机后进行拣选信息处理，生成拣选单。拣选单的品名是按照货位编号重新编号的，能让拣货员来回一趟就拣足一份订单，拣选单上印有货位编号，拣货员按编号寻找货物，即使不识别货品的新手也能拣选。

拣选单一般根据货位的拣货顺序进行打印，拣货员根据拣选单的顺序拣货，拣货时将货物放入搬运器具内，同时在拣选单上做记号，然后再执行下一货位的拣货。拣选单拣选的优点和缺点列举如下。

（1）优点：①避免传票在分拣过程中受到污损，在检验过程中使用原始传票查对，可以修正拣选作业中发生的错误；②货物的货位显示在拣选单上，同时可以按到达先后顺序排列货位编号，可以修正拣选作业中发生的错误；③可充分配合分区、订单分割、订单分批等拣选策略，提升拣选效率。

（2）缺点：①拣选单处理和打印工作耗费人力和时间；②拣选完成后仍须经过货物检验过程，以确保其正确无误。

3. 贴标签拣选

拣货员操作一辆拣货车到作业点旁边，将员工卡放在刷卡器上刷过，系统自动分配一张属于一个客户的拣选单，并通过标签打印机打印出一串标签。这串标签中包含多个标签，每个标签代表一件货物，并且是按照货位排序打印的。拣货员根据标签上打印的货位顺序从相应的货位上拣取出货物，放到拣货车上并将这个标签粘贴在货物外箱上，直到拣货员手上的标签全部粘贴完毕，即代表该张拣选单已经拣货完成。贴标签拣选的优点和缺点列举如下。

（1）优点：①可以在分拣时清点分拣数量，提高拣选的正确率；②标签可提供自动分类系统识别的信息。

（2）缺点：操作环节比较复杂，拣货费用高。

4. 电子拣选

电子拣选主要有电子标签拣货系统、RF（射频）辅助拣选系统、IC 卡集成电路卡分拣方式、语音拣选系统、自动分拣系统五类，本节主要介绍电子标签拣货系统。

电子标签拣货是指拣货员根据拣货地点的电子标签上的声（内置蜂鸣器）光（发光二极管）装置找到拣货地点，一个电子标签对应一个存货品种，电子标签上的显示器显示拣货数量，在确定了拣货地点、品种和数量的前提下实施拣货。电子标签拣货系统是一组安装在货架储位上的电子设备，通过计算机与软件的控制，借由声光信号与数字显示作为辅助工具，引领拣货员正确、快速、简便地完成拣货动作。

电子标签拣货能弹性地控制拣货流程，并对现场的拣货状况进行实时监控，从而降低拣货错误率（拣货的正确率能达到99.99%），加快拣货速度（使用后的拣货速度比使用前提高30% ~40%），大大降低了拣货员的作业负荷，为企业节省了人力资源。

电子标签拣货一般适用于配送数量大、订单多、货物体积小、重量轻、拣货准确性要求高的配送服务，如超市、便利连锁店的拆零拣货；也适用于烟草、百货、药品、电子元件、汽车零配件等行业的物流配送领域。

电子标签拣货总体上可归纳为两种：一是订单别拣选，俗称摘果式；二是商品别汇总拣选，俗称播种式。

（1）摘果式拣选与播种式拣选的定义。

摘果式拣选是针对每一份订单进行拣选，拣货员或设备巡回于各个储位，将所需的货物取出，形似摘果，其特点是每人每次只处理一份订单。应用电子显示标签进行摘果式拣选，一般要求每一品种货物（货位）对应一个电子显示标签，控制计算机系统可根据货物位置和订单数据发出出货指示，并使货位上的电子显示标签亮灯，操作员根据电子标签所显示的数量及时、准确地完成拣货作业。摘果式拣选工作原理如图 6 - 2 所示。

播种式拣选是把多份订单（多个客户的要货需求）集合成批，先把其中每种货物的数量分别汇总，再逐个品种对所有客户进行分货，形似播种，因此称其为“商品别汇总分播”更为恰当。应用电子显示标签的播种式拣选系统，其每个电子标签货位代表一份订单（即一个客户），操作员先通过条码扫描把将要分拣货物的信息输入系统中，相应货物的货位所在的电子标签就会亮灯，同时显示出该位置所需分货的数量。载有单一品种货物的拣货员或设备，巡回于各个客户的分货位置，按电子标签显示数量进行分货。播种式拣选工作原理如图 6 - 3 所示。

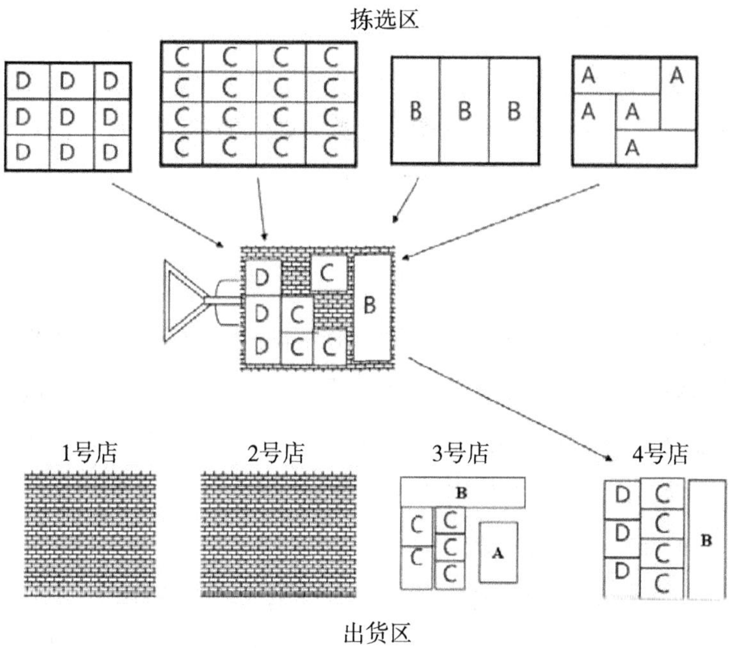

图 6－2　摘果式拣选工作原理

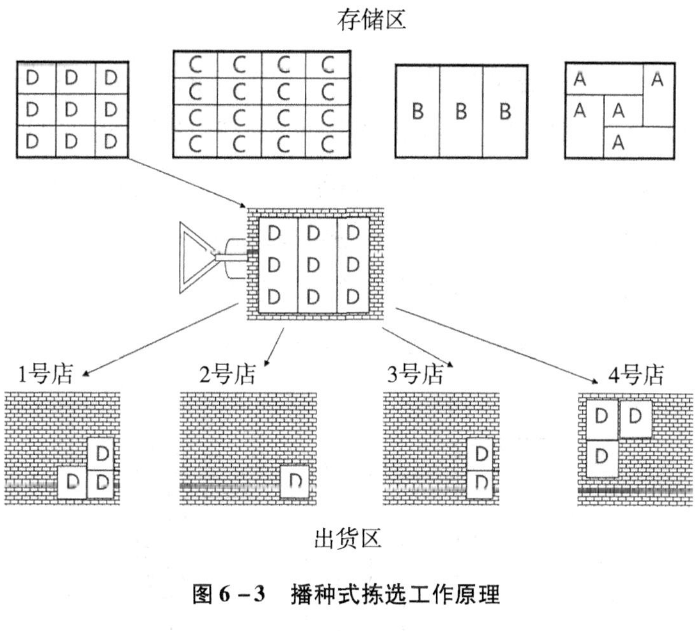

图 6－3　播种式拣选工作原理

（2）摘果式拣选与播种式拣选作业比较。

①适用范围。

当拆零拣选的品种较多时（如大于 1000 个），对应相同的分拣能力，摘果式拣选系统的货架和输送线长度、占地面积远大于播种式拣选系统，其造价和操作员数量也较多。因此，对于拆零拣选品种数较多的情况，应优先选用播种式。

当拆零拣选的品种数小于300个，而订单客户数量巨大时（超过1000个），非常适合使用摘果式拣选。如果采用播种式，会要求更大的货架长度、流水线长度、占地面积，而摘果式的拣选货架长度不大，可以使用。

②工作效率与差错率。

在工作效率方面，实际工作中，多数配送中心的订单品种通常差异变化较大，此时播种式因行走距离较短等因素，效率优于摘果式。因此，从提高工作效率的角度考虑，应优先采用播种式进行拆零拣选。播种式在分拣过程中可以很方便地兼顾复核，而摘果式则很难做到。摘果式要降低差错率，就必须增加复核工序，也就相应增加了工作量。同等条件下，播种式差错率低于摘果式。

③订单响应时间与作业的连续性。

订单响应时间较短是摘果式的优点。早期播种式订单响应时间较长，严重制约了播种式拣选技术的推广。摘果式拣选作业中，补货往往需要中断拣选作业，使得拣选作业通常在一天之内要暂停几次，从而影响了作业的连续性，降低了效率，播种式则完全没有这个问题。

④操作流程的管理控制。

摘果式直接脱胎于最原始的货架取货方式，操作简单，技术成熟，每份订单单独处理，流程的控制和管理比较容易。播种式需要同时处理多份订单，订单间存在各种差别（如品种重合度、包装体积、数量、物理状态等），因此分拣流程的整体操作难度大于摘果式。摘果式拣选的工作失误通常只影响一份订单，而播种式影响的是一批订单。因此，播种式对流程管理的要求更高，对管理信息系统、人员操作、规章制度的要求也更高。

摘果式拣选平面布局和播种式拣选平面布局分别如图6－4、图6－5所示。

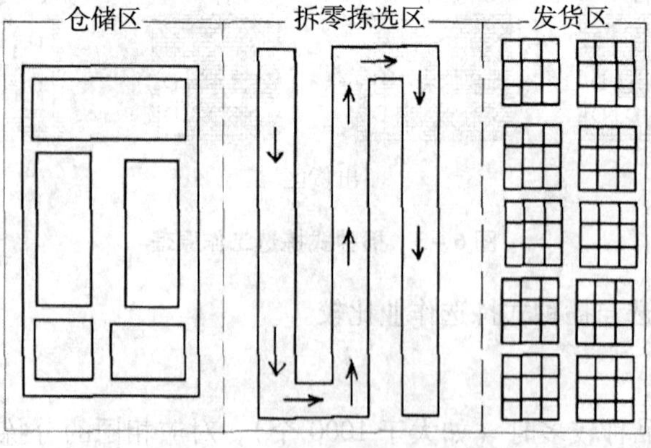

图6－4 摘果式拣选平面布局

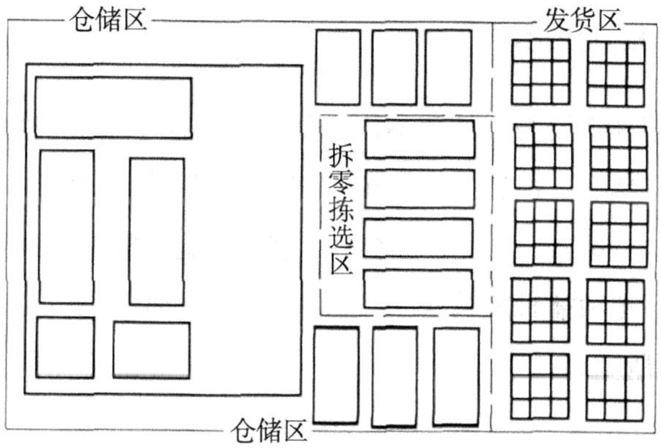

图 6－5　播种式拣选平面布局

6.2　订单分拣仿真建模

6.2.1　订单分拣作业过程描述

在本章节中，我们利用 Flexsim 软件建立摘果式拣选模型与播种式拣选模型。以下简述两种拣选方式的作业流程。

（1）摘果式拣选作业流程。

①补货：从仓储区向拆零拣选区送货，逐个货位上架补货。

②沿线拣选：周转箱沿着分拣流水线移动，拣货员从货架上取货，放入周转箱。

③复核装箱：拣选结束后，对已经装入周转箱的货物进行核对（如品种、数量等），有时还需要换箱装货。

④集货待运：把已经复核装箱完毕的货箱送到发货区，等待运出。

（2）播种式拣选作业流程。

①汇总拣货：从仓储区将该拨次所需货物全部拣出，送到拆零分拣区，逐个放到分拣流水线上。

②沿线分货：分拨货箱沿着流水线移动，拣货员从流水线上的箱中取货，放入货架箱内，然后复核、装箱。

③集货待运：把已经复核、装箱完毕的货箱送到发货区，等待运出。

6.2.2 问题描述与系统参数

配送中心储存四种不同类型的货品，分别存放在四个货架当中。假设该配送中心现收到三个客户的订单后，拣货员从四个货架中拣货并搬运到分拣台，打包分拣完毕后通过传送带运送到分解器，分类存放在每个客户指定的暂存区。

分别用摘果式拣选和播种式拣选实现客户订单的拣货，比较哪个方式更快些。客户订单如下表 6－1 所示。

表 6－1　客户订单

	货品 1	货品 2	货品 3	货品 4
客户 1	1	2	3	4
客户 2	2	3	4	5
客户 3	3	4	5	6

摘果式和播种式的拣选布局模型列举如下。

（1）摘果式拣选布局模型。

根据问题描述，从实体库里拖出五个发生器、四个货架、一个合成器、一个操作员、一个分解器、三个暂存区、三条传送带、一个吸收器；使用传送带连接合成器、分解器、暂存区。摘果式拣选布局如图 6－6 所示。

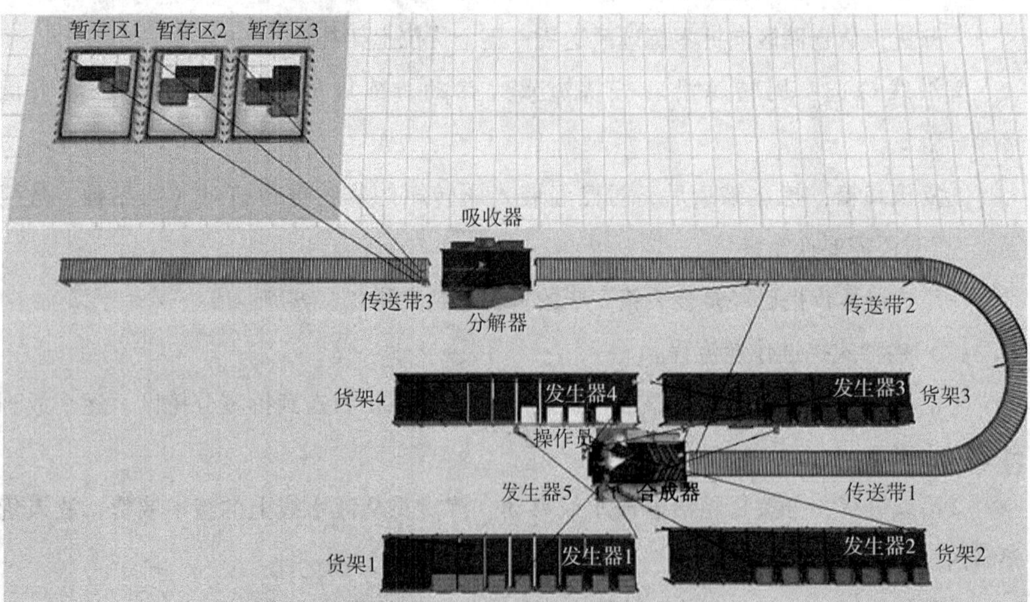

图 6－6　摘果式拣选布局

（2）播种式拣选布局模型。

根据问题描述，从实体库里拖出五个发生器、四个货架、一个合成器、一个操作员、一个分解器、十二个暂存区、三条传送带、一个吸收器；使用传送带连接合成器、分解器、暂存区。播种式拣选布局如图 6－7 所示。

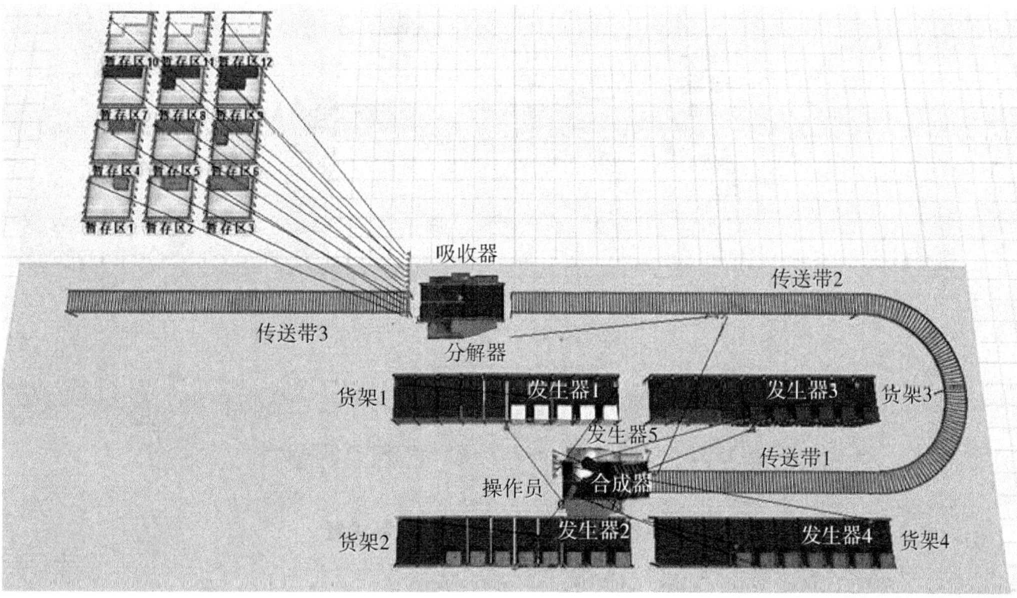

图 6－7　播种式拣选布局

6.2.3　参数设置

1. 摘果式拣选参数设置

1）发生器参数设置。

四个发生器分别与四个货架相连接，每个发生器产生一种货品。按照货架容量，0 秒时产生 30 个货品装满货架。为了使模型更接近真实情况，我们将发生器置于货架底部。

以发生器 1 为例，对 0 秒时发生器 1 产生货品的设置如图 6－8 所示，其余三个发生器相同。对实体（即货品）设置不同的颜色（其余三个发生器选择不同颜色），如图 6－9 所示。

2）货架参数设置。

四个货架均设置成 3 层 10 列，搬运时需要拣货员协助搬运。以货架 1 为例，其具体参数设置如图 6－10、图 6－11 所示。

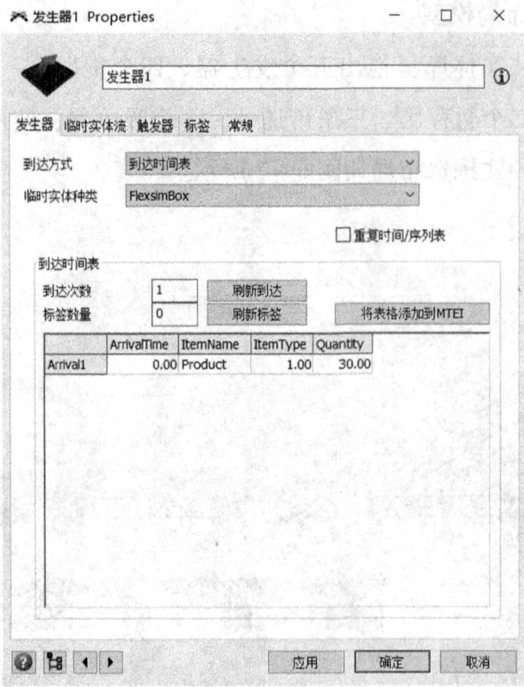

图 6－8　摘果式发生器产生货品设置

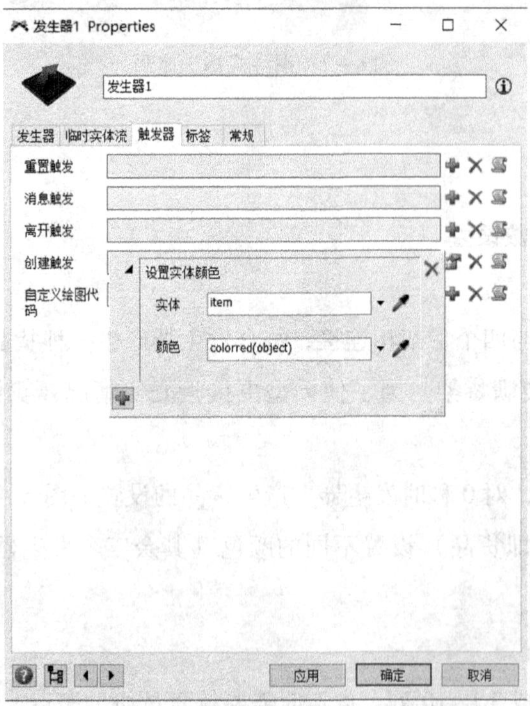

图 6－9　摘果式发生器货品颜色设置

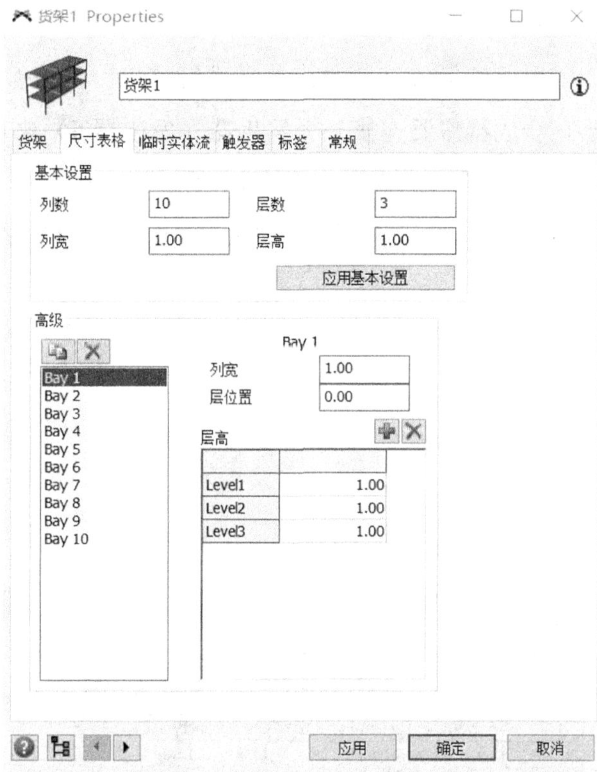

图 6－10　摘果式货架尺寸设置

图 6－11　摘果式货架使用运输工具设置

3）合成器参数设置。

摘果式模型中，需要通过每份订单的订单量进行拣选，我们需要建立“全局表”来输入客户订单内容。合成器需要连接一个发生器（发生器5）来产生托盘。发生器产生托盘“到达次数”为“3”（共有三个客户）。要注意产生托盘的发生器需要连接合成器的第一输入端口。参数设置如图6－12所示。

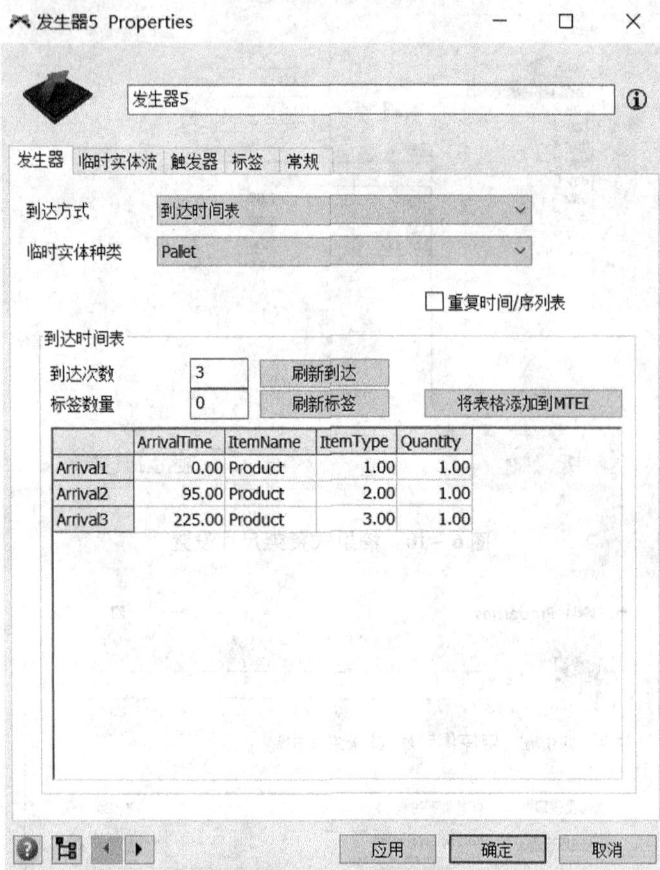

图6－12　摘果式发生器产生托盘设置

设置合成器“预置时间”为“0”，“加工时间”为“10”，如图6－13所示。

合成器“合成模式”为“打包”，“组成清单”设置如图6－14所示。

打开“合成器”，在“触发器”界面中，选择“全局表”，在“全局表”中输入客户订单信息，如图6－15、图6－16所示。

4）分解器参数设置。

设置分解器“预置时间”为“0”，“加工时间”为“10”，如图6－17所示。

图 6－13　摘果式合成器预置时间和加工时间设置

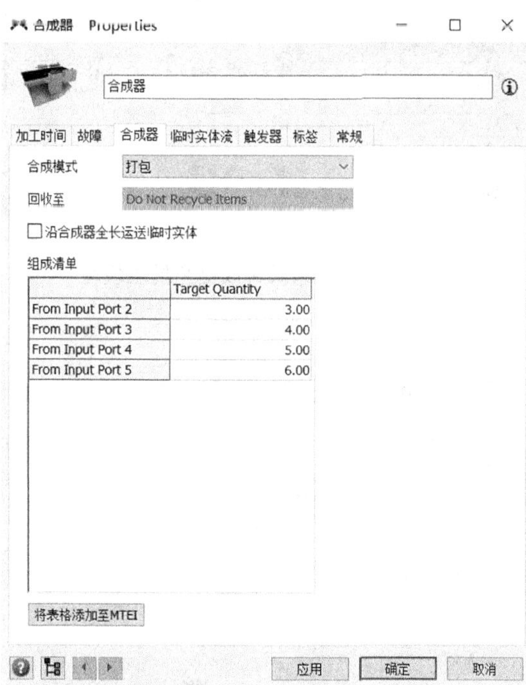

图 6－14　摘果式合成器参数设置

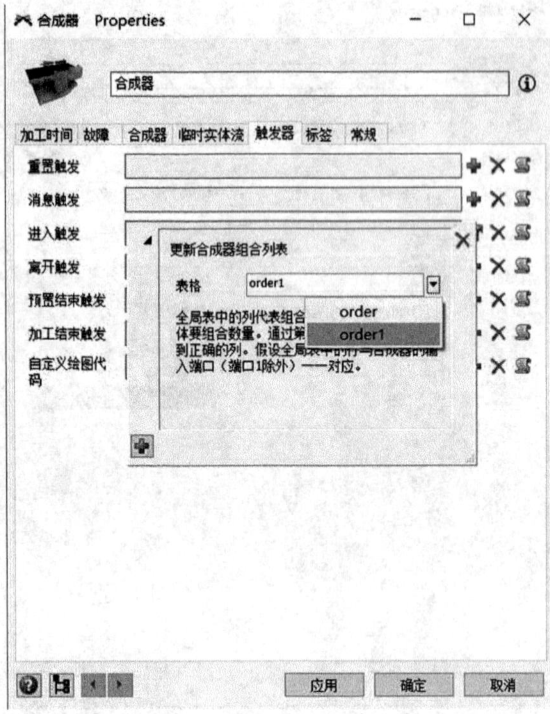

图 6－15　摘果式合成器进入触发设置

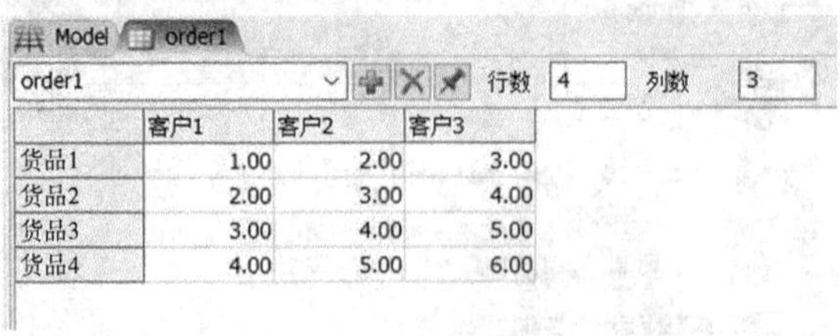

	客户1	客户2	客户3
货品1	1.00	2.00	3.00
货品2	2.00	3.00	4.00
货品3	3.00	4.00	5.00
货品4	4.00	5.00	6.00

图 6－16　摘果式合成器全局表填写

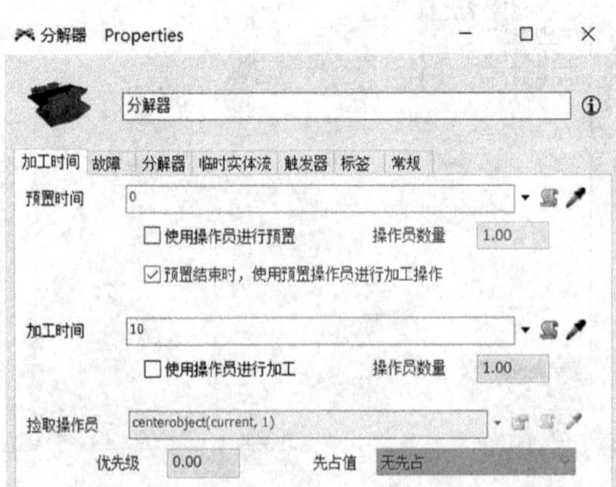

图 6－17　摘果式分解器预置时间和加工时间设置

分解器设置为“拆包”，“分解/打包临时实体数量”编辑栏选择“全部容量”，如图 6－18 所示。

图 6－18 摘果式分解器容量设置

分解器输出端口设置如下，托盘流向第一输出端口，货品流向第二输出端口，如图 6－19 所示。

连接一个吸收器回收托盘，吸收器参数设置如图 6－20 所示。

5）暂存区参数设置。

摘果式通过设置暂存区“最大容量”对订单内货品个数进行控制，第一拨货品运送到暂存区 1，设置“最大容量”为“10”；暂存区 1 满后，货品运送到暂存区 2，设置“最大容量”为“14”；暂存区 2 满后，货品运送到暂存区 3，设置“最大容量”为“18”。通过对暂存区“最大容量”的设置，实现复核、装箱、待运。以传送带 3 为例，传送带“输出端口”需要对暂存区的顺序进行排列，设置如图 6－21 所示。暂存区“最大容量”的设置如图 6－22 所示。

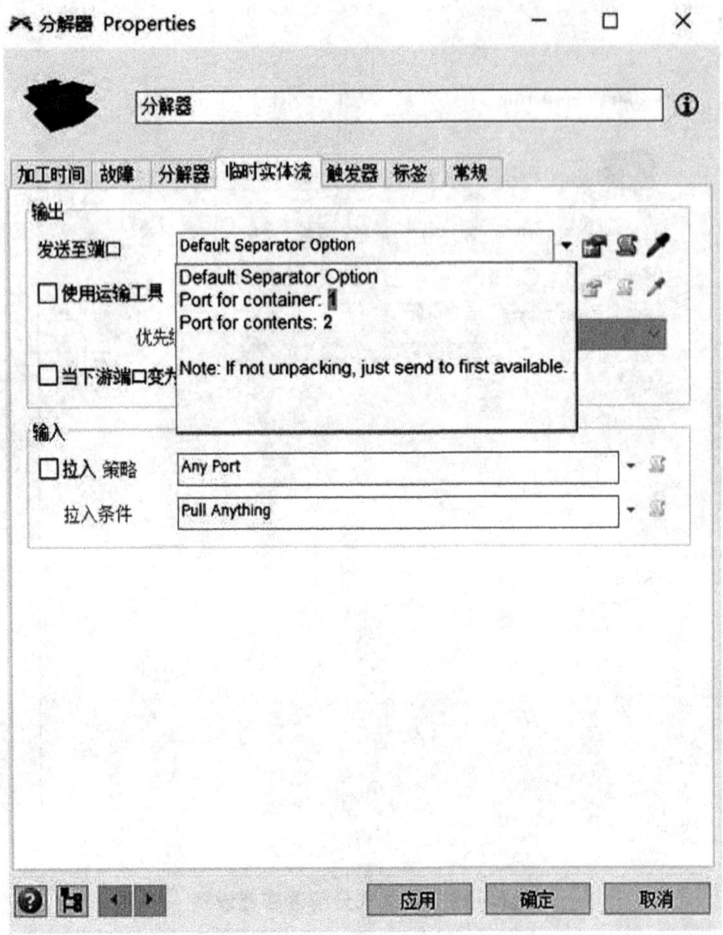

图 6－19　摘果式分解器输出端口设置

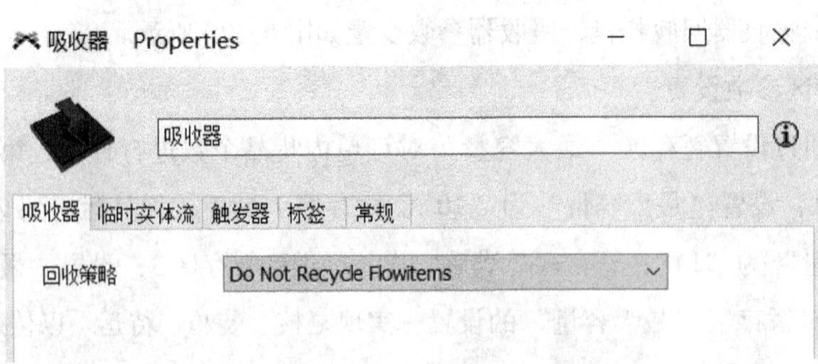

图 6－20　摘果式吸收器回收托盘设置

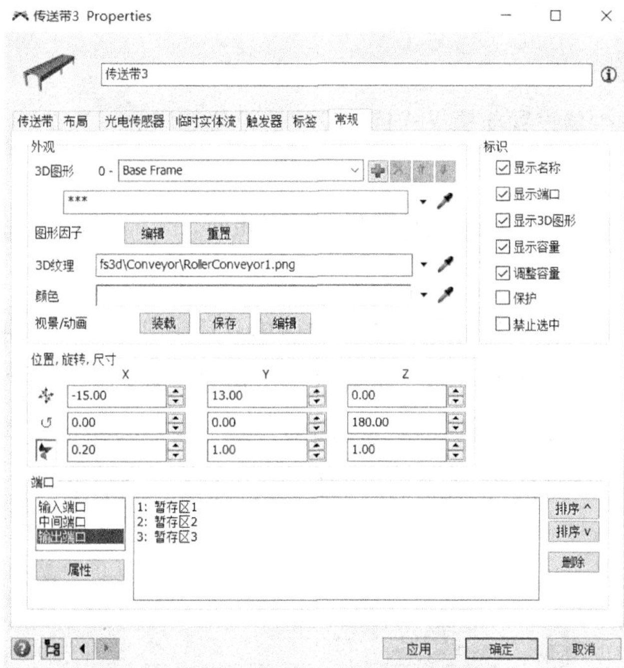

图 6－21 摘果式传送带输出端口设置

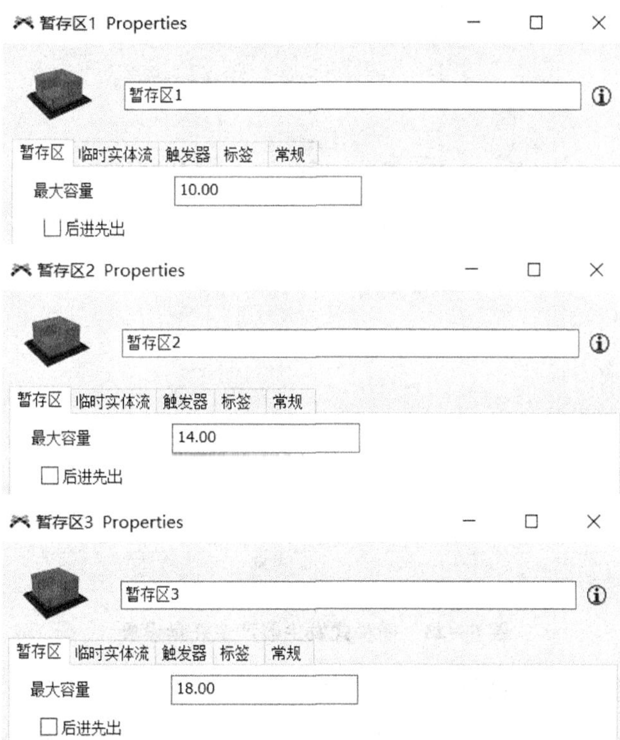

图 6－22 摘果式暂存区最大容量设置

2. 播种式拣选参数设置

1）发生器参数设置。

播种式拣选发生器设置与摘果式拣选发生器设置相同。

2）货架参数设置。

播种式拣选货架设置与摘果式拣选货架设置相同。

3）合成器参数设置。

播种式拣选中，拣货员通过每种货品的订单总量来进行拣选。合成器需要连接一个发生器（发生器5）来产生托盘，可通过“全局表”控制合成器打包数量，合成器“预置时间”“加工时间”设置与摘果式相同。发生器产生托盘“到达次数”为“4”（订单含四种货品）。要注意产生托盘的发生器需要连接合成器的第一输入端口。参数设置如图6－23所示。

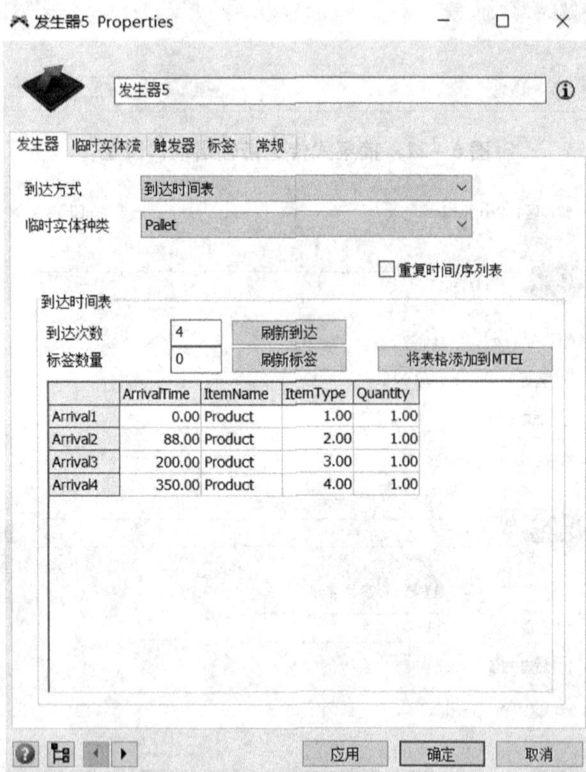

图6－23　播种式发生器产生托盘设置

合成器“组成清单”设置如图6－24所示。

合成器“进入触发”与“全局表”设置如图6－25、图6－26所示，每次打包每种货品在订单中的总量。

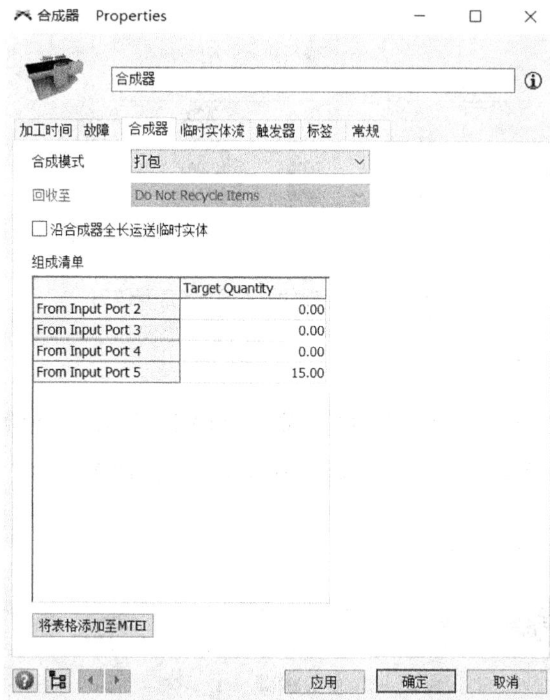

图 6－24　播种式合成器组成清单设置

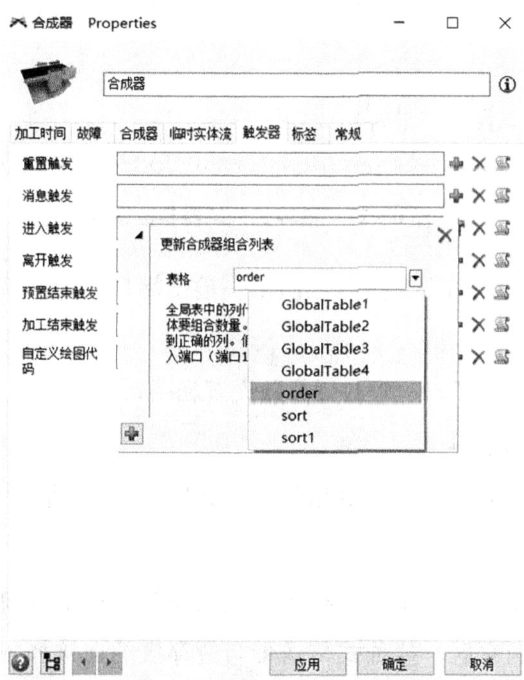

图 6－25　播种式合成器进入触发设置

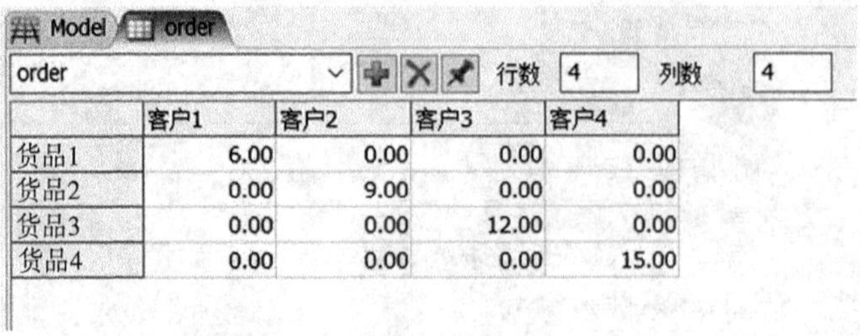

	客户1	客户2	客户3	客户4
货品1	6.00	0.00	0.00	0.00
货品2	0.00	9.00	0.00	0.00
货品3	0.00	0.00	12.00	0.00
货品4	0.00	0.00	0.00	15.00

图 6－26　播种式合成器全局表填写

4）分解器参数设置。

分解器“预置时间”“加工时间”设置与摘果式相同。分解器设置为“拆包”，“分解/打包临时实体数量”编辑栏选择“全部容量”，如图 6－27 所示。

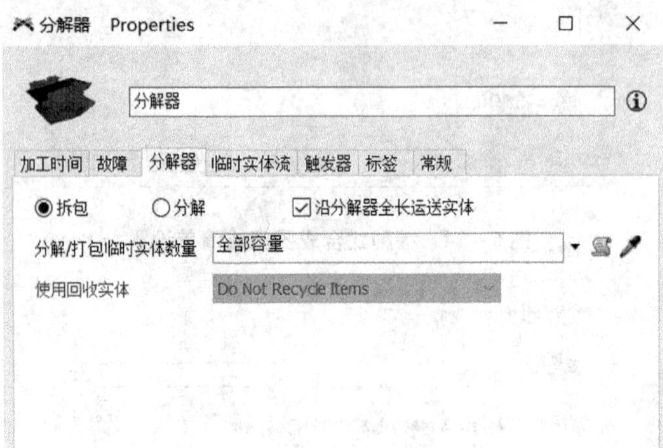

图 6－27　播种式分解器参数设置

分解器输出端口设置如下，托盘流向第一输出端口，货品流向第二输出端口，如图 6－28 所示。

连接一个吸收器回收托盘，吸收器参数设置如图 6－29 所示。

5）全局表参数设置。

图 6－30 为“全局表”中每种货品对应每个客户的需求量。

6）暂存区参数设置。

播种式分拣模型中，通过调节暂存区批量设置控制每份订单内货品个数，每个客户每种货品对应一个暂存区，播种式传送带与暂存区的连接如图 6－31 所示。传送带与暂存区连接时，要注意接口顺序，播种式传送带输出端口设置如图 6－32 所示。

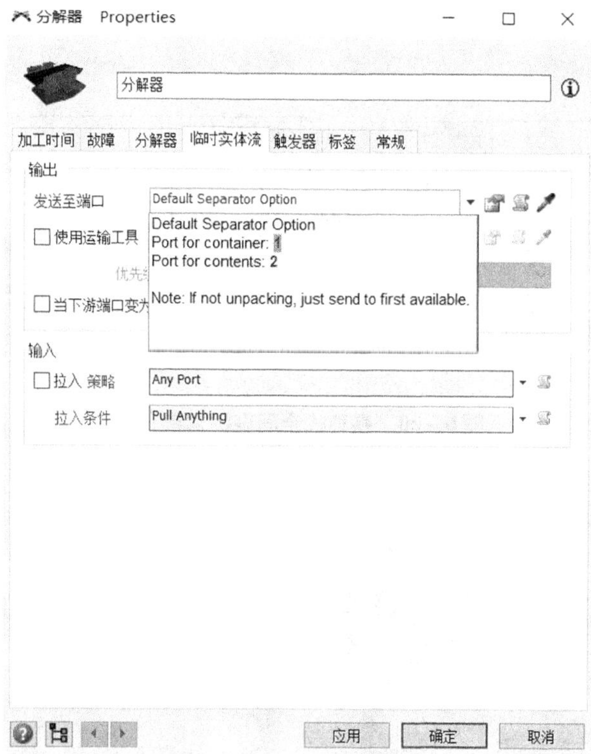

图 6-28 播种式分解器输出端口设置

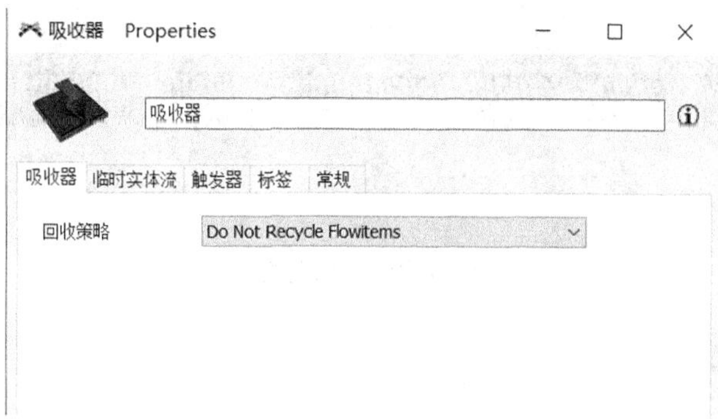

图 6-29 播种式吸收器回收托盘设置

通过设置暂存区批量，来控制货品的装箱，每个客户的每种货品对应一个暂存区。第一批货品通过分解器后，按客户需求放置在暂存区 1～3 中，第二批货品放置在暂存区 4～6 中，依此类推。由于本模型中涉及的暂存区较多，图 6-33 以暂存区 1～6 为例进行说明。播种式暂存区参数设置如图 6-33 所示。

GlobalTable1 行数

	客户1	客户2	客户3
货品1	1.00	2.00	3.00

GlobalTable2 行数

	客户1	客户2	客户3
货品2	2.00	3.00	4.00

GlobalTable3 行数

	客户1	客户2	客户3
货品3	3.00	4.00	5.00

GlobalTable4 行数

	客户1	客户2	客户3
货品4	4.00	5.00	6.00

图6－30　播种式全局表需求量参数

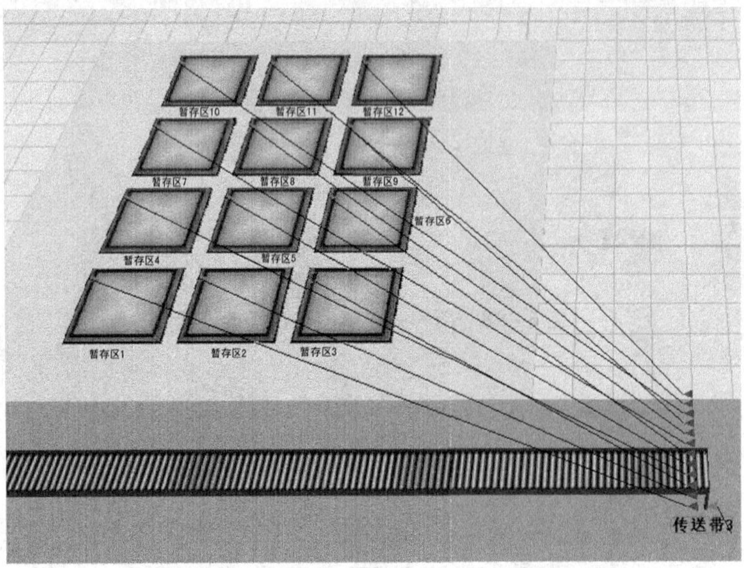

图6－31　播种式传送带与暂存区的连接

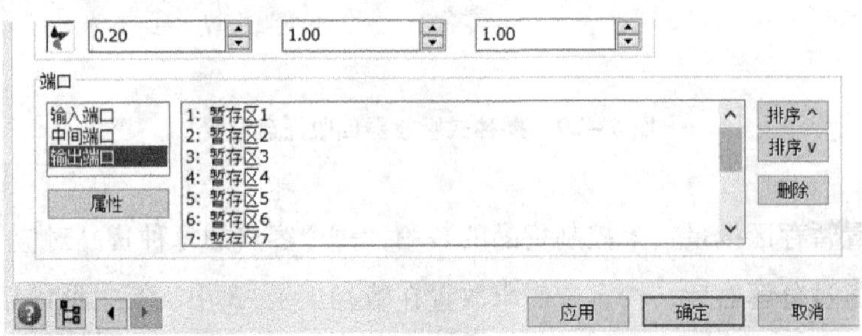

图6－32　播种式传送带输出端口设置

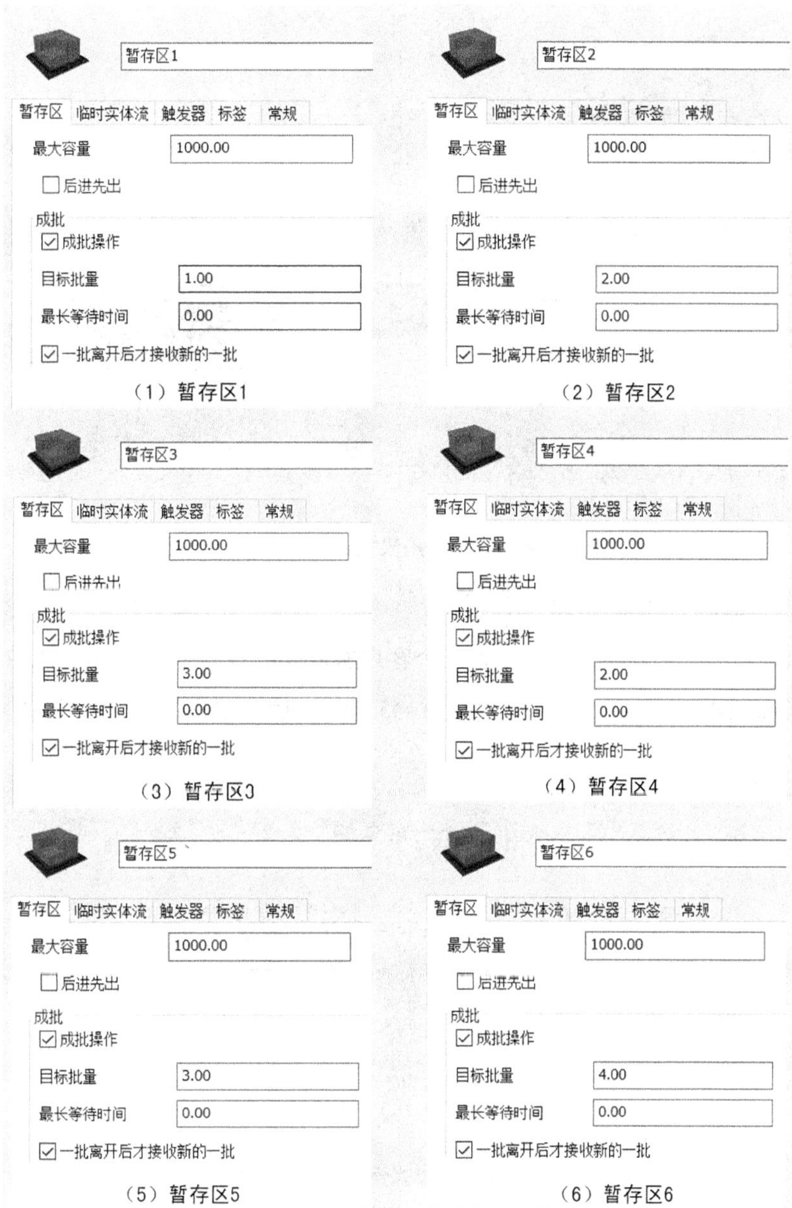

图 6－33　播种式暂存区参数设置

6.2.4　仿真结果分析

1. 摘果式拣选仿真结果分析

1）摘果式拣选总的运行效果图。

摘果式运行结果如图 6－34 所示。

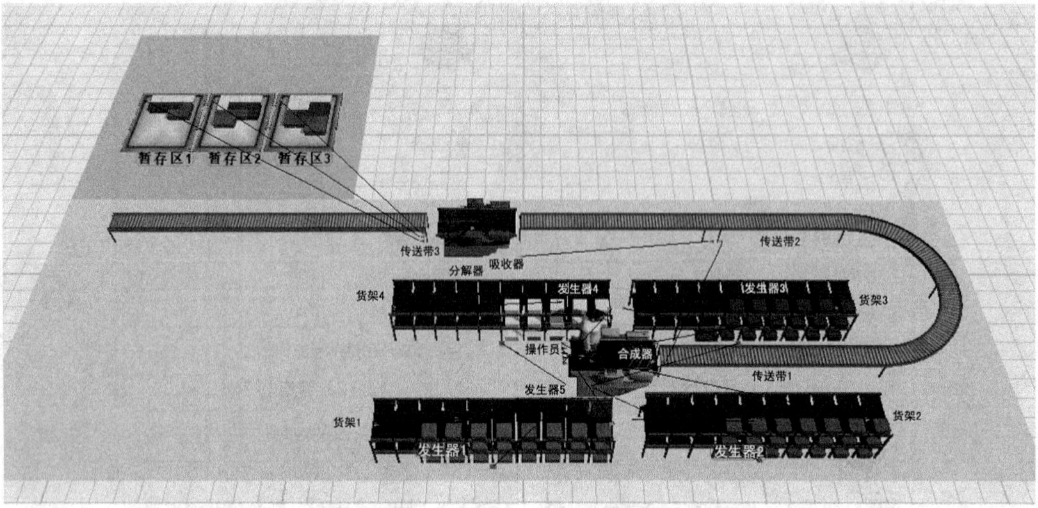

图 6－34　摘果式运行结果

2）摘果式拣选总的运行效果分析。

运行结束后，三个暂存区分别放置三个客户所需要的货品；运行过程中，操作员按单拣选，共拣选三批货品，总的运行时间为 445. 257s。摘果式运行结果分析表如图 6－35 所示。

Flexsim State Report

Time: 445.257

Object	Class	idle	processing	blocked	generating	empty	collecting	releasing	travel empty	travel loaded	offset travel empty	offset travel loaded
货架1	Rack	100.00%	0.00%	0.00%	0.00%	0.00%	0.00%	0.00%	0.00%	0.00%	0.00%	0.00%
货架4	Rack	100.00%	0.00%	0.00%	0.00%	0.00%	0.00%	0.00%	0.00%	0.00%	0.00%	0.00%
货架3	Rack	100.00%	0.00%	0.00%	0.00%	0.00%	0.00%	0.00%	0.00%	0.00%	0.00%	0.00%
货架2	Rack	100.00%	0.00%	0.00%	0.00%	0.00%	0.00%	0.00%	0.00%	0.00%	0.00%	0.00%
发生器5	Source	0.00%	0.00%	0.00%	100.00%	0.00%	0.00%	0.00%	0.00%	0.00%	0.00%	0.00%
操作员	Operator	11.50%	0.00%	0.00%	0.00%	0.00%	0.00%	0.00%	5.37%	25.40%	42.55%	15.18%
分解器	Separator	87.90%	6.99%	5.12%	0.00%	0.00%	0.00%	0.00%	0.00%	0.00%	0.00%	0.00%
合成器	Combiner	5.77%	8.12%	0.00%	0.00%	0.00%	86.10%	0.00%	0.00%	0.00%	0.00%	0.00%
暂存区1	Queue	0.00%	0.00%	0.00%	0.00%	96.50%	0.00%	3.50%	0.00%	0.00%	0.00%	0.00%
暂存区2	Queue	0.00%	0.00%	0.00%	0.00%	97.23%	0.00%	2.77%	0.00%	0.00%	0.00%	0.00%
暂存区3	Queue	0.00%	0.00%	0.00%	0.00%	97.67%	0.00%	2.33%	0.00%	0.00%	0.00%	0.00%

图 6－35　摘果式运行结果分析表

2. 播种式拣选仿真结果分析

1）播种式拣选总的运行效果图。

播种式运行结果如图 6－36 所示。

2）播种式拣选总的运行效果分析。

运行结束后，十二个暂存区按类别分别放置三个客户所需要的货品；运行过程中，操作员按货品种类拣选，共拣选四批货品，总的运行时间为 561. 4814s。播种式运行结果分析表如图 6－37 所示。

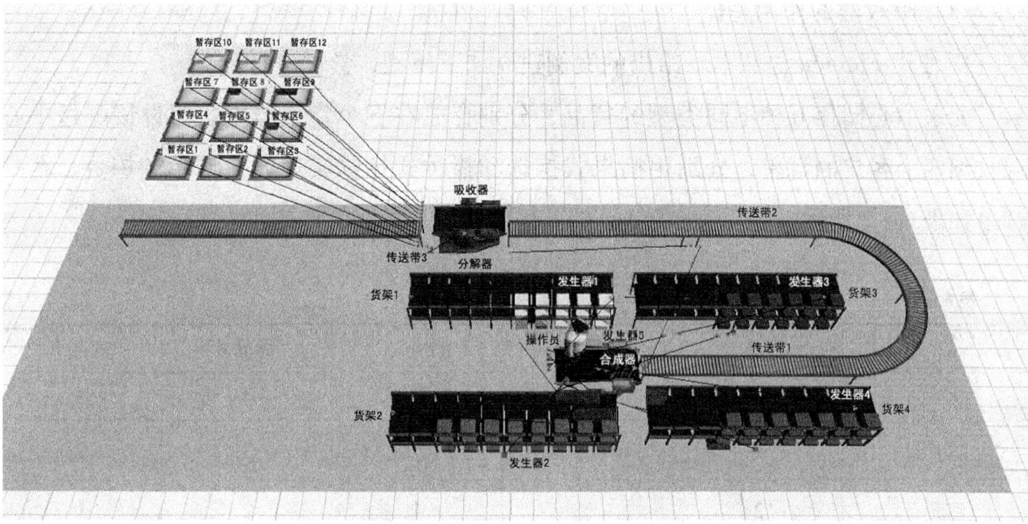

图 6－36 播种式运行结果

	A	B	C	D	E	F	G	H	I	J	K	L	M
1	im State Report												
2	Time:	561.4814											
3													
4	Object	Class	idle	processing	blocked	generating	empty	collecting	releasing	travel empty	travel loaded	offset travel empty	offset travel loaded
5	货架1	Rack	100.00%	0.00%	0.00%	0.00%	0.00%	0.00%	0.00%	0.00%	0.00%	0.00%	0.00%
6	货架4	Rack	100.00%	0.00%	0.00%	0.00%	0.00%	0.00%	0.00%	0.00%	0.00%	0.00%	0.00%
7	货架3	Rack	100.00%	0.00%	0.00%	0.00%	0.00%	0.00%	0.00%	0.00%	0.00%	0.00%	0.00%
8	货架2	Rack	100.00%	0.00%	0.00%	0.00%	0.00%	0.00%	0.00%	0.00%	0.00%	0.00%	0.00%
9	发生器5	Source	0.00%	0.00%	0.00%	100.00%	0.00%	0.00%	0.00%	0.00%	0.00%	0.00%	0.00%
10	操作员	Operator	44.87%	0.00%	0.00%	0.00%	0.00%	0.00%	0.00%	5.55%	16.45%	23.93%	9.21%
11	发生器1	Source	0.00%	0.00%	0.00%	100.00%	0.00%	0.00%	0.00%	0.00%	0.00%	0.00%	0.00%
12	发生器2	Source	0.00%	0.00%	0.00%	100.00%	0.00%	0.00%	0.00%	0.00%	0.00%	0.00%	0.00%
13	发生器3	Source	0.00%	0.00%	0.00%	100.00%	0.00%	0.00%	0.00%	0.00%	0.00%	0.00%	0.00%
14	发生器4	Source	0.00%	0.00%	0.00%	100.00%	0.00%	0.00%	0.00%	0.00%	0.00%	0.00%	0.00%
15	分解器	Separator	89.18%	7.12%	3.69%	0.00%	0.00%	0.00%	0.00%	0.00%	0.00%	0.00%	0.00%
16	吸收器	Sink	0.00%	0.00%	0.00%	0.00%	0.00%	100.00%	0.00%	0.00%	0.00%	0.00%	0.00%
17	合成器	Combiner	37.74%	7.12%	0.00%	0.00%	0.00%	55.13%	0.00%	0.00%	0.00%	0.00%	0.00%

图 6－37 播种式运行结果分析表

3. 结果比较

通过本案例可以看出，在货品较少的情况下，摘果式拣选效率更高，时长更短。

实训练习

1. 简述摘果式拣选与播种式拣选的流程、异同及各自的适用范围。

2. 使用 Flexsim 建立本章中的模型，运行并观察仿真结果，思考下列问题。

（1）本案例中发生器的作用是什么？

（2）合成器与分解器各自的作用是什么？

（3）吸收器的作用是什么？

3. 使用 Flexsim 仿照本章给出的案例建立如下模型，尝试进行优化。

配送中心储存五种不同类型的货品，分别存放在五个货架当中。假设该配送中心现收到四个客户的订单，分别用摘果式拣选和播种式拣选实现客户订单的拣货。客户订单如表 6－2 所示。

表 6－2　客户订单

	货品 1	货品 2	货品 3	货品 4	货品 5
客户 1	0	1	2	4	3
客户 2	1	2	3	3	2
客户 3	2	3	4	2	1
客户 4	3	4	5	1	0

7　配货系统建模仿真与优化

7.1　配货的概念和流程

7.1.1　配货概述

配货作业是指把完成拣取分类的货物经配货检查后，装入容器并做好标示，再运到发货准备区，待装车后发送。

配货作业是配送中心区别于传统仓储作业的明显特征。配送中心作为顺应市场经济发展而产生的新型流通组织，虽然也从事传统储存业的基本业务，但由于增加了配货业务，极大地增强了其自身的灵活性、竞争力和生存力。变进货储存为按需组货，变单纯发货为配组送货，提高了仓库利用率，增加了车辆配载率，使空置、闲置的资源得到了全面的利用。

7.1.2　配货作业流程

配货作业流程包括印贴标签、货物分类、出货检查、捆包包装，当一系列作业完成之后再将货物运至发货准备区，之后进行堆码和配货信息处理，完成之后将货物配载装车，然后再进行配货信息记录，配货作业流程如图 7－1 所示。

7.1.3　配货作业内容

配货作业内容主要包括分货和配货两个过程：分货是指根据出货单上的内容说明，按照优先顺序、储位区域号、配送车辆趟次号、门店、先进先出等出货原则和方法，把需要出货的货物整理出来，经复核人确认无误后，放置到暂存区，准备装货上车的工作；配货是指集中不同客户的配送货物，进行搭配装载，以充分利用运能、运力的工作。

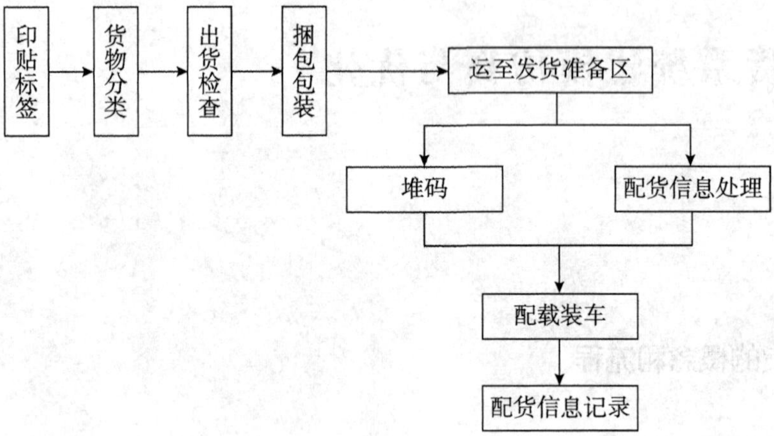

图 7－1　配货作业流程

1. 分货作业

分货作业是在拣货作业完成之后，将所拣选的货物根据不同的客户或配送路线进行分类，对其中需要经过流通加工的货物拣选集中后，先按流通加工方式分类，分别进行加工处理，再按送货要求分类出货的过程。分货作业包括人工分货、自动分拣机分货和旋转架分货三种方式。

1）人工分货。

人工分货指所有分货作业过程全部由人根据订单、拣选单来进行，作业由人、货架、集货设备（货箱、托盘等）配合完成，不借助任何电脑或自动化的辅助设备。

2）自动分拣机分货。

自动分拣机分货是利用自动分拣机来完成分货工作的一种方式。自动分货系统一般应用于自动化仓库，适用于多品种、业务量大且业务稳定的场合。自动分拣机的分拣步骤如下：首先，将有关货物及分类信息通过信息输入装置输入自动控制系统；其次，自动识别装置对输入的货物信息进行识别；最后，自动分拣机根据识别结果将货物分类后送至不同的分类系统。自动分拣机包含以下六个装置。

（1）搬运输送机。搬运输送机有传送带输送机、滚筒输送机、整列输送机、垂直输送机四种类型。

（2）移动装置。移动装置也称导入口、进入站，其作用是把搬运来的货物及时取出并移送到自动分拣机本体上，通常有直线型和环型两种。

（3）分类装置。分类装置是自动分拣机的主体，按其分出货物的方式可分为四种，即推出式、浮起送出式、倾斜滑下式、传送带送出式。

（4）排出装置。排出装置是为了尽早将各货物搬离自动分拣机并避免与下批货物相碰撞的装置。

（5）输入装置。输入装置是在自动分拣机分类之前，把分类物的信息输入控制系统的装置。其主要有：键入装置、条码及激光扫描器、光学读取器、声音输入装置、主计算机、体积测量器、重量器等。

（6）控制装置。控制装置是根据分类物的信息，对分拣机上的货物进行分拣控制的装置。其控制方式有两种：磁气记忆式和脉冲发信式。

上述六个装置相互配合使用。在选择自动分拣机时，最好从以下五个主要方面来衡量：货物数量、货物形状、重量分析、容器尺寸分析、易损坏品分析。例如，超薄、超重、易变形、易破损、不能倾覆的货物不能使用自动分拣机。

3）旋转架分货。

旋转架分货是指利用旋转货架完成分货工作，其步骤如下：将旋转货架的每一格货位当成客户的出货框；作业员在计算机输入各客户的代号；旋转货架自动将货架转至作业员面前，让其将批量拣取的货物放入并进行分类。

2. 配货检查

配货检查最原始的做法是纯人工进行，将货物一个个点数并逐一核对出货单，进而查验配货的品质及状态。就品质及状态检验而言，人工方式逐项或抽样检查确有其必要性，但对于货物号码及数量核对来说，人工方式则效率太低且存在错误。因此，目前在号码及数量检查的方法上有许多改进，常用的方法有商品条码检查法、声音输入检查法和重量计算检查法。

1）商品条码检查法。

条码是随货物移动的，检查时用条码扫描器读取条码内容，计算机再自动把扫描信息与发货单对比，从而检查商品数量和号码是否有误。商品条码检查法相对于人工检查效率高而且出错率低。

2）声音输入检查法。

声音输入检查法是一项较新的技术，当作业员发声读出货物名称、代码和数量后，计算机接收声音并自动判识，转换成资料信息与发货单进行对比，从而判断是否有误。

此方法的优点在于作业员只需读出资料，手脚可做其他工作，自由度较高。但需注意的是，此方法要求发音准确，且每次发音字数有限，否则计算机识别困难，可能会产生错误。

3）重量计算检查法。

重量计算检查法是把货单上的货物重量自动相加起来，再与货物的总重量相对比，检查发货是否正确。重量计算检查法可以省去事后检查工作，而且效率和正确率极高。

7.1.4 捆包和包装

配货作业中的包装主要是指运输包装，其主要作用是为了保护货物并将多个零散包装物品放入大小合适的箱子中，以实现整箱集中装卸、成组化搬运等，同时减少搬运次数，降低货损，提高配送效率。另外，包装也是货物信息的载体，通过在外包装上印贴标签或书写产品名称、原料成分、重量、生产日期、生产厂家、产品条码、储运说明、客户名称、订单号等，可以便于客户和配送员识别货物，进行货物的正确装运与交接。通过扫描包装上的条码还可以进行货物跟踪。

配送的包装要求结构坚固、标志清晰、价格低廉，其作用在于搬移管理、保护商品和信息传递。包装的设计不仅要考虑配送过程的要求，如方便配送员识别、提高运输效率、方便装卸等，而且要考虑终端客户的要求，如方便客户清点，尽量做到简洁、单纯、轻薄、标准、节约等。

7.1.5 配装

配装指物流中心按存货客户的指令，根据目的地、发货数量、线路等对待发货的物品进行配车并装车的活动。其中《物流中心作业通用规范》（GB/T 22126—2008）关于配装流程及规范的要求如下：①根据订单情况，制订配装作业和车辆调度计划，有效组织人力、物力和运输车辆，保证发货物品能够及时配齐并装车；②根据订单与物品类别，规定可以混装或者不可混装的物品；③装车物品的堆码、加固要求；④配送单证流程及物品转移交接程序。

配装具体是指由于不同客户需要的货物不仅品种、规格不一，且数量差异很大，配送中心就把同一条线路上不同客户的货物组合、配装在同一辆载货车上，或者把不同线路但同一区域的多家客户的货物混载于同一辆车上进行配送。

在进行配装的过程中要遵循配装原则，即轻重搭配、大小搭配、性质搭配、一次积载、合理堆码、不许超限、载荷均匀、防撞防污。

（1）轻重搭配：将重货置于底部，轻货置于上部，避免重货压坏轻货，并使货物重心下移，从而保证运输安全。

（2）大小搭配：到达同一地点的同一批配送货物，其包装的外部尺寸有大有小，为了充分利用车厢的内容积，可利用不同尺寸大小货物在同一层或上下层进行合理搭配，以减少厢内留有的空隙。

（3）性质搭配：拼装在一个车厢内的货物，其化学属性、物理属性不能互相抵触。由于在交运时，托运人已经把货物包装好而承运人又不得随意开封。因此，厢内货物因性质抵触而发生的损坏由托运人负责，由此造成的承运人损失，托运人应负赔偿责任。

（4）一次积载：到达同一地点的适合配装的货物应尽可能一次积载。

（5）合理堆码：根据车厢的尺寸、容积和货物外包装的尺寸来确定合理的堆码。

（6）不许超限：积载时，不允许超过车辆所允许的最大载重量及最大长度、宽度和高度。

（7）载荷均匀：积载时，车厢内货物重量应分布均匀，不能出现明显的左右不均或前后不均。

（8）防撞防污：应防止车厢内货物之间碰撞、沾污。

7.1.6 配装的方法

在配装的过程中，为了避免造成车辆损坏，常用吨位满载率来衡量，即吨位满载率＝实际完成周转量/在运行承载质量，配送运输车辆的吨位满载率应尽量保持在70%～100%，但是不能超过100%，以免造成车辆损坏。

对于重质货物来讲，不管如何拼装基本都能够达到100%的满载率，在配装过程中比较困难的是如何将重质货物和轻质货物混装或者将不同规格包装的轻质货物混装，以使容积和载质量都得到充分利用。

需要指出的是，要使车辆的配装合理，应该在订单生成和分拣、包装时就有所安排。配送中心通过建立一定的模型，编写出软件，利用软件进行配载的计算，这样可以取得良好的效果。

一般来讲，车辆的配装应按照运载特性遵从以上原则，若想尽可能地提高满载率，具体方法有以下三种。

（1）研究各类车厢的装载标准、不同货物和不同包装的合理装载顺序，努力提高装载技术和操作水平，力求装足车辆核定吨位。

（2）根据客户所需货物的品种和数量，调配适宜的车型承运，要求配送中心保持合理的车型结构。

（3）凡是可以拼装的尽可能拼装，注意做好不同客户货物的标记工作，以防出错。

7.2 配货作业管理

配货作业直接影响后续送货作业的质量，它在一定程度上代表了一个配送中心的实力和声誉。但是，配货是一件复杂、工作量大的工作，尤其是在多客户、多品种的情况下，更是如此。因此，配货作业管理十分重要，其基本任务就是保证配送业务中所需商品的品种、规格、数量在指定的时间内组配齐全并形成装载方案。

配货作业分为拣选式配货和分货式配货两种。

1. 拣选式配货

拣选式配货的形式有以下五种。

（1）人工拣选配货：配货作业由配货员来进行，配货员、货架、集货设备（货箱、托盘等）配合完成配货作业，在实施时，由配货员一次巡回或分段巡回于各货架之间，按订单拣货，直至配齐。

（2）人工加手推作业车拣选配货：配货员推车一次巡回或分段巡回于货架之间，按订单进行分拣，直至配齐。借助于半机械化的手推车作业，拣选作业量大、单品（或单件）较重或体积较大时，可以减轻配货员的劳动强度。

（3）机动作业车拣选配货：配货员乘车为一个客户或多个客户拣选配货，车辆上分放着各个客户的拣选容器，拣选的货物直接放入容器，每次拣选配货作业完成后，将容器内的货物放到指定货位，或直接装到配送车辆上。

（4）传动输送带拣选配货：配货员只在附近几个货位进行拣选配货，传送带不停地运转，配货员按指令将货物取出放到传送带上，或放到传送带上的容器内。

（5）拣选机械拣选配货：自动分拣机或配货员操作的叉车、分拣车巡回于高层货架间进行拣选，或在高层重力式货架一端进行拣选。

采用拣选式配货，能够保证配货准确无误，对某个客户来讲，可以不受其他因素制约而进行快速配货。其可以按客户要求的时间调整配货的先后顺序，利于配送中心开展即时配送，增强对客户的保险能力，而且配好的货可以不经分放直接装到送货车上，有利于简化工序、提高效率。其适用范围如下。

（1）客户数量不多，但需要的种类较多，且每种货物的需求数量差异较大。

（2）不同客户间需要的货物种类有较大的差异。

（3）客户临时的紧急需求。

（4）客户有大件货物的需求。

拣选式配货，其主要优点是机动灵活，既可以采取机械化水平较高的工具作业，也可以实施人工操作。拣选工具可以是专门配置设计的车辆、传送设备，也可以是一般作业车辆（汽车、手推车），甚至可以用人力进行拣选。因此，这种方法易于实行，尤其处于配送工作开展初期的小型配送中心，在客户不多且技术装备较差的情况下，使用这种方法既简便又快捷。

2. 分货式配货

分货式配货的形式有以下六种。

（1）人工分货配货：在货物体积较小、重量较轻的情况下，人工从普通货架或重力式货架上一次取出若干个客户共同需要的某种货物，然后巡回于各客户配货货位之间，将货物按客户订单上的数量进行分放。

（2）人工加手推车分货配货：配货员利用手推车至一个存货点将各客户共同需要的某种货物取出，利用手推车的机动性可在较大范围内巡回分货、配货。

（3）机动作业车分货配货：用台车、平板作业车一次取出数量较多、体积和重量较大的货物，然后由配货员驾车巡回分货、配货。

（4）传送带加人工分货配货：传送带的一端和货物储存点相接，另一端同客户的配货货位相接。传送带运行过程中，一端集中取出各客户共同需要的货物，置于传送带上，输送到各客户货位，另一端配货员取下该货位客户所需的货物。

（5）分货机自动分货配货：分货机在一端取出多客户共同需要的货物，随着分货机上的输送带运行，按计算机预先设定的指令，在与分支机构连接处自动打开出口，将货物送到分支机构，分支机构的终点是客户集货货位。

（6）回转货架分货配货：回转货架可以看成若干个分货机的组合，当货物不多又适用回转货架储存时，可在回转货架出货处，一边从货架取货，一边向几个客户货位分货，直至配货完毕。

采用分货式配货（即批量拣货），可以提高配货速度，节省配货的劳动消耗，提高劳动效率。尤其当客户数量很多时，反复拣选会使工作异常重复和烦琐，采用分货作业就可避免。实行分货式配货作业时，还需要注意分货式配货作业适用的范围。

（1）客户数量多，且需要的货物种类有限，每种货物的需求数量也不大。

（2）各客户之间需要的货物种类差别不大。

（3）客户配送时间的要求没有严格限制。

（4）客户有比较稳定的需求计划。

（5）需要搬运的货物体积不大。

这种方式计划性较强，若干客户的需求集中后才开始分货，直至最后一种共同需要的货物分放完毕，各客户需求的配货才同时完成。之后，可同时开始对各客户的送货作业，这样有利于考虑车辆的合理调配、合理使用和规划配送路线。和拣选式配货相比，这种方式可综合考虑，统筹安排，利用规模效益。专业性强的配送中心，易形成稳定的客户需求和有限的货物种类。另外，商业连锁、服务业连锁、巨型企业内部供应配送，都宜于采用此种方式。

7.3 配货系统仿真案例

7.3.1 问题描述与模型参数

生产线生产 3 种不同类型的产品，因此有 3 种不同类型的临时实体。临时实体按照正态分布时间到达（均值 20，标准差 2），临时实体类型在 1 ~ 3 三个类型之间服从均匀分布。之后，3 种产品被送到检测车间的暂存区，然后由 2 个操作员组成的小组协助搬运到检测装置上，并预置产品（预置时使用操作员），预置时间为 6s，预置结束后进入检测过程，检测时间为 16s。当检测完成后，通过各自的传送带将产品运输出去（传送带速度 2m/s），在传送带末端按照客户订单来进行装盘。客户到达时间以及客户订单如表 7 - 1 和表 7 - 2 所示。当产品被装盘之后，装盘后的产品被放置在暂存区（容量 25，批量 2），为使每个客户的订单能单独放置在一个货架中，在暂存区设置按客户类型进行分流，最后每个客户的产品被叉车以 2m/s 的速度分别放到仓储中心的货架上（货架 5 层 5 列）。

表 7－1 客户到达时间

	Arrival Time（到达时间）	Item Name（实体名称）	Item Type（实体类型）	Quantity（需求量）
Customer1（客户 1）	0	A	1	5
Customer2（客户 2）	1000	B	2	6
Customer3（客户 3）	2000	C	3	6

表 7－2 客户订单

	Customer1（客户 1）	Customer2（客户 2）	Customer3（客户 3）
Product1（产品 1）	10	6	5
Product2（产品 2）	6	5	6
Product3（产品 3）	5	6	6

配货系统的总布局模型如图 7－2 所示。

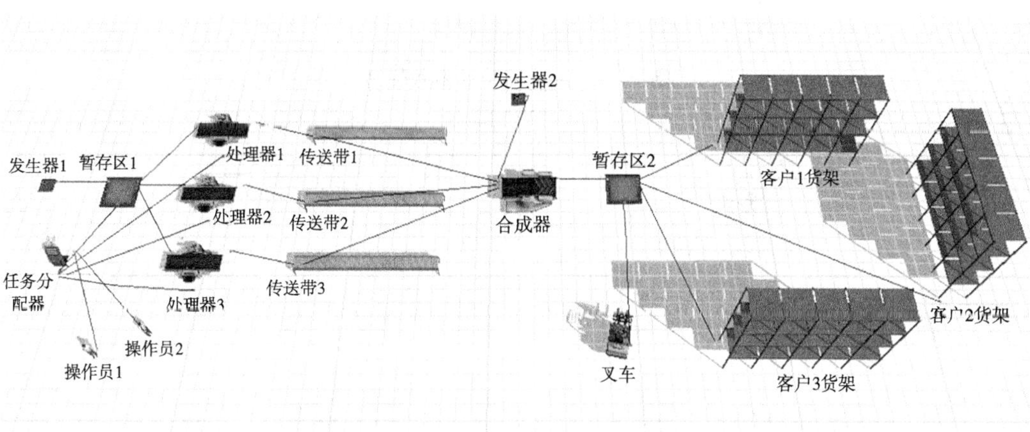

图 7－2 配货系统的总布局模型

7.3.2 建模步骤

1. 发生器 1 的参数设置

产生 3 种产品的发生器 1 的设置如图 7－3 所示（临时实体在 1～3 三个类型之间服从均匀分布）。

临时实体在到达过程中服从正态分布（均值 20，标准 2），具体设置如图 7－4 所示。

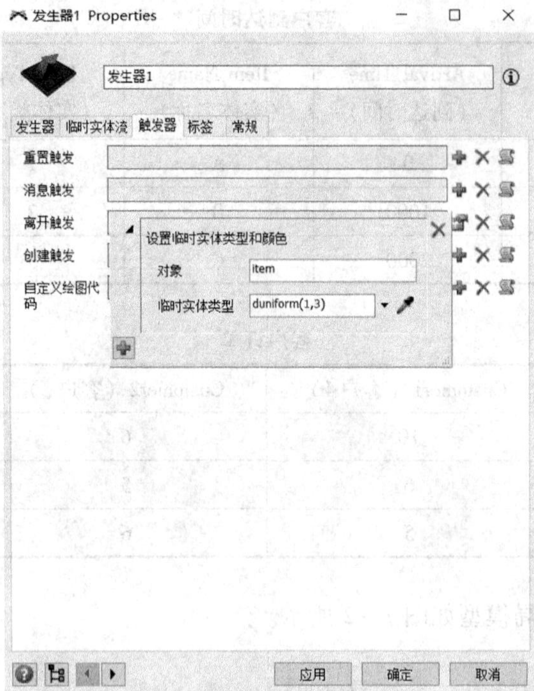

图 7-3 发生器 1 的参数设置

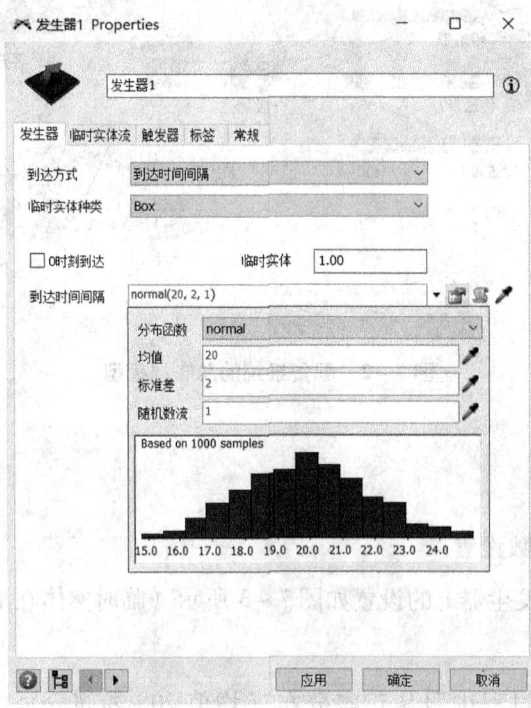

图 7-4 到达时间分布设置

2. 暂存区 1 的参数设置

3 种产品从检测车间的暂存区（暂存区 1）由 2 个操作员组成的小组协助搬运到检测装置上，其中使用操作员的参数设置如图 7 – 5 所示。

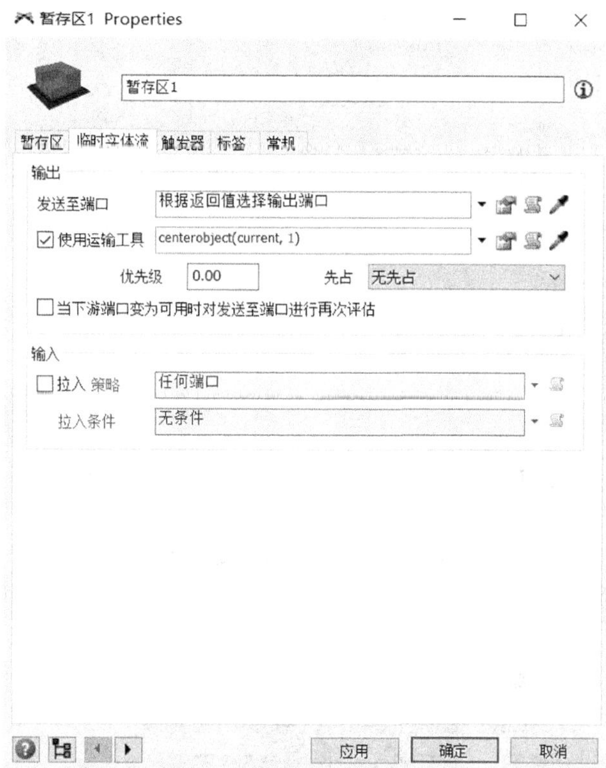

图 7 – 5　使用操作员的参数设置

3 种产品在运输的过程中，不同的产品进入不同的处理器，然后进行产品的预置和处理，其中不同的产品进入不同的处理器所需要的暂存区参数设置如图 7 – 6 所示。

3. 处理器的参数设置

产品由操作员从暂存区搬运到处理器，并且预置产品（预置时使用操作员），预置时间为 6s，预置结束后进入检测过程，加工时间为 16s。以处理器 1 为例，其参数设置如图 7 – 7 所示。

4. 传送带的参数设置

当产品从处理器出来到达传送带时，传送带的速度为 2m/s。以传送带 1 为例，其参数设置如图 7 – 8 所示。

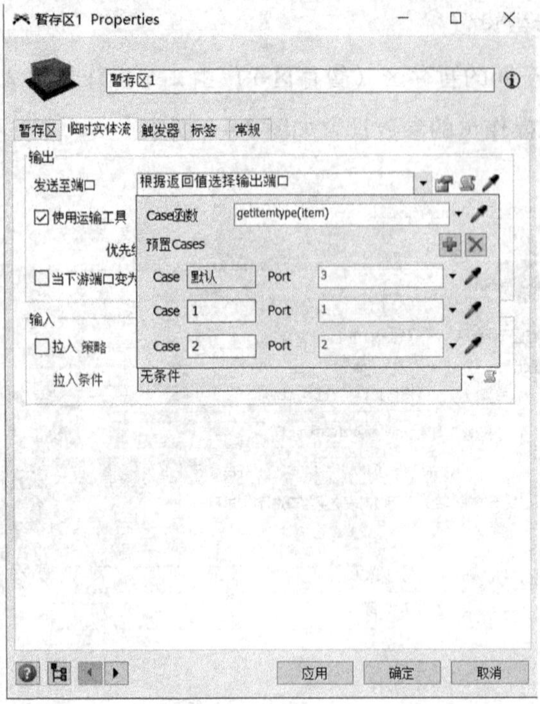

图 7－6　暂存区 1 参数设置

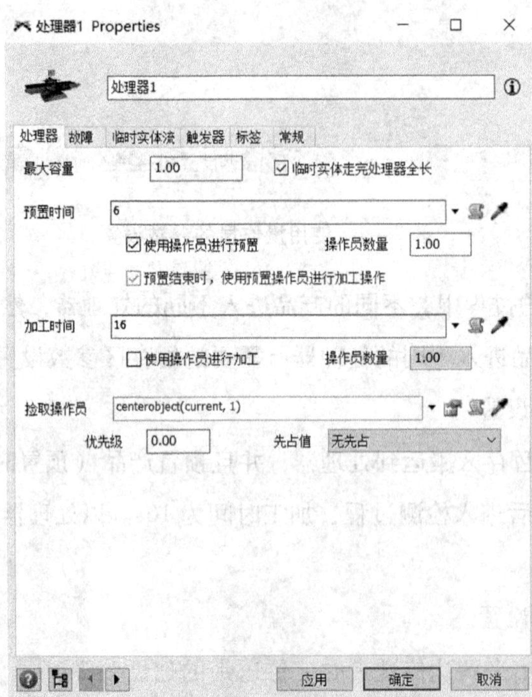

图 7－7　处理器 1 参数设置

图 7－8　传送带 1 参数设置

5. 发生器 2 的参数设置

当产品从传送带出来到达合成器时，发生器 2 根据客户的到达时间发出托盘到合成器中，并且在合成器中根据客户订单进行装盘作业。我们需要对发生器 2 发出托盘进行参数设置，具体设置如图 7－9 所示。

客户到达时间参数表设置如图 7－10 所示。

6. 全局表的参数设置

合成器则根据客户订单对产品进行装盘，其中全局表的设置如图 7－11、图 7－12 所示。

7. 暂存区 2 的参数设置

装盘后的产品放入到暂存区 2（容量 25，批量 2），暂存区 2 设置按客户类型进行分流，把不同客户的订单放在不同的货架上，暂存区 2 调用速度为 2m/s 的叉车将产品放到仓储货架（5 层 5 列）上，一系列参数设置如图 7－13 至图 7－15 所示。

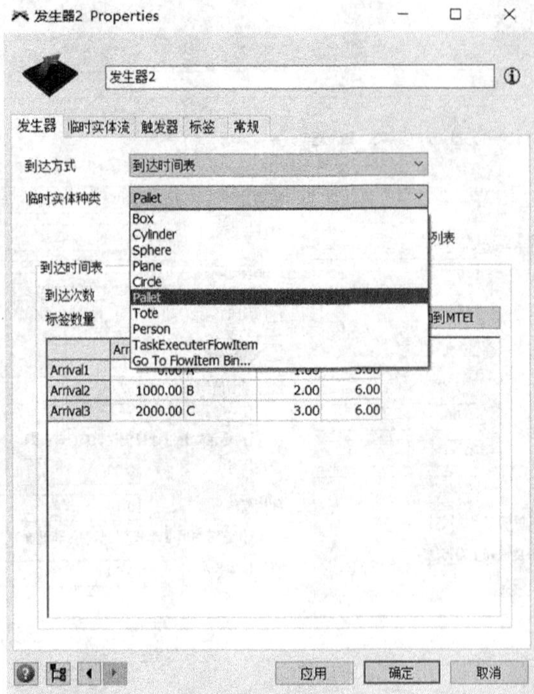

图 7-9　发生器 2 发出托盘参数设置

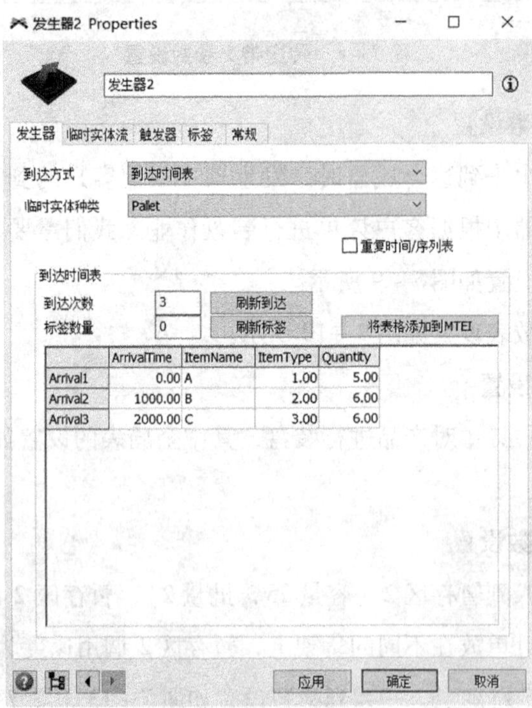

图 7-10　客户到达时间参数表设置

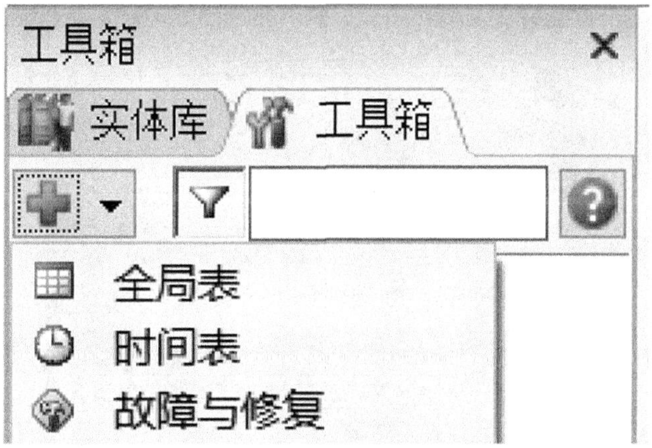

图 7－11　在“工具箱”下选中“全局表”

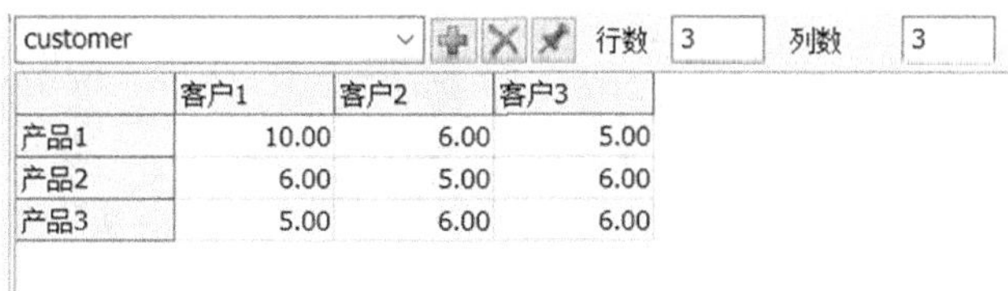

图 7－12　全局表参数设置

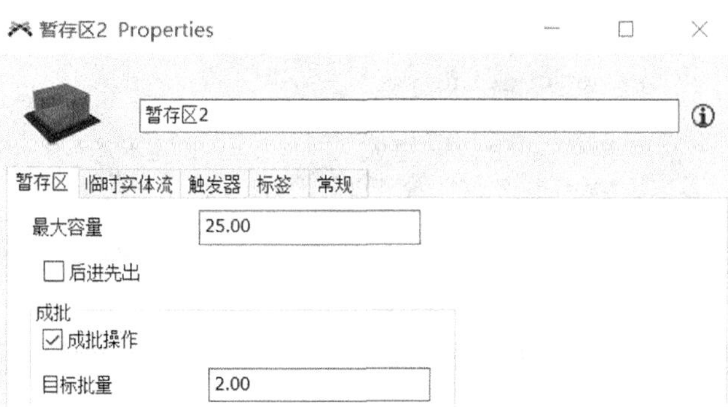

图 7－13　暂存区 2 容量设置

8. 货架的参数设置

以客户 1 货架为例，货架的参数设置如图 7－16 所示。

总的运行模型如图 7－17 所示。

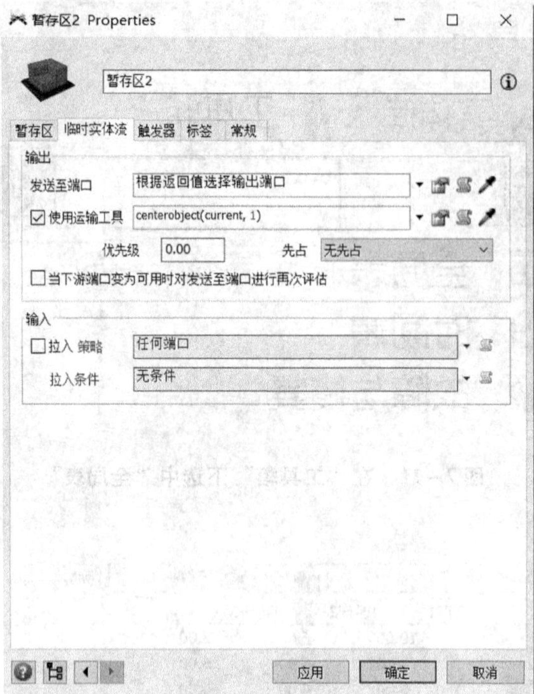

图 7-14　在运输过程中的调用叉车设置

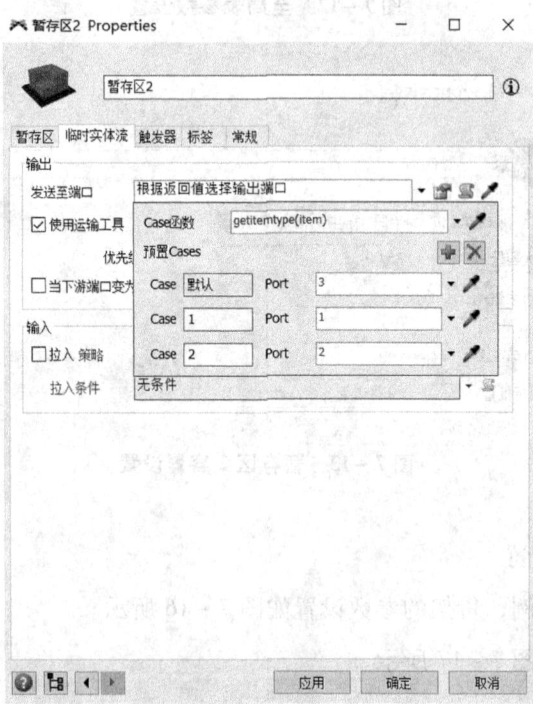

图 7-15　暂存区 2 分流参数设置

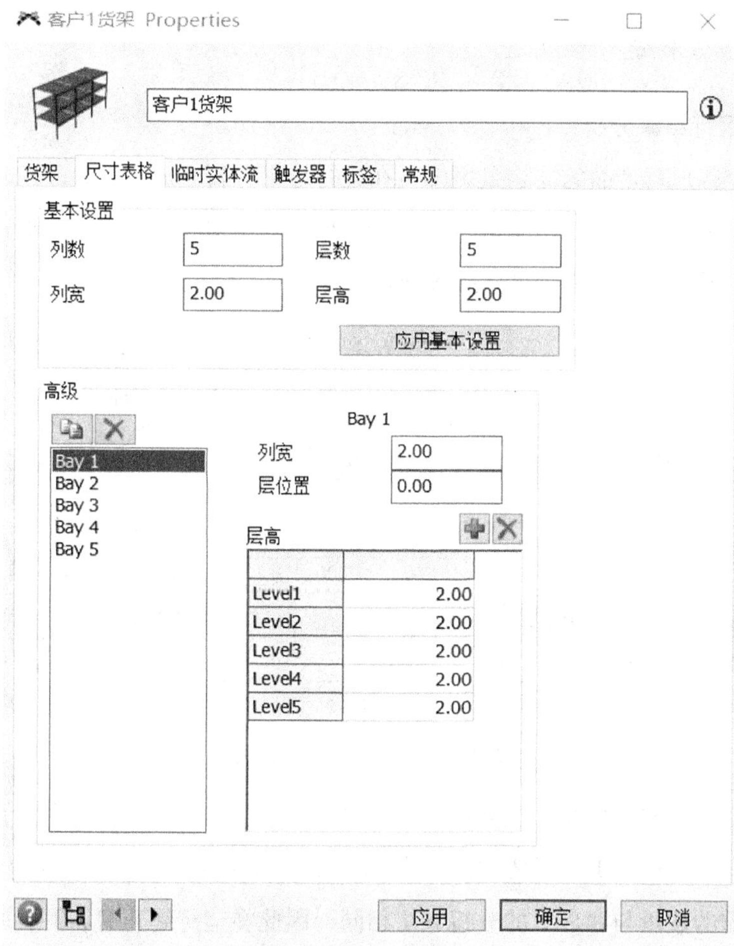

图 7－16　货架参数设置

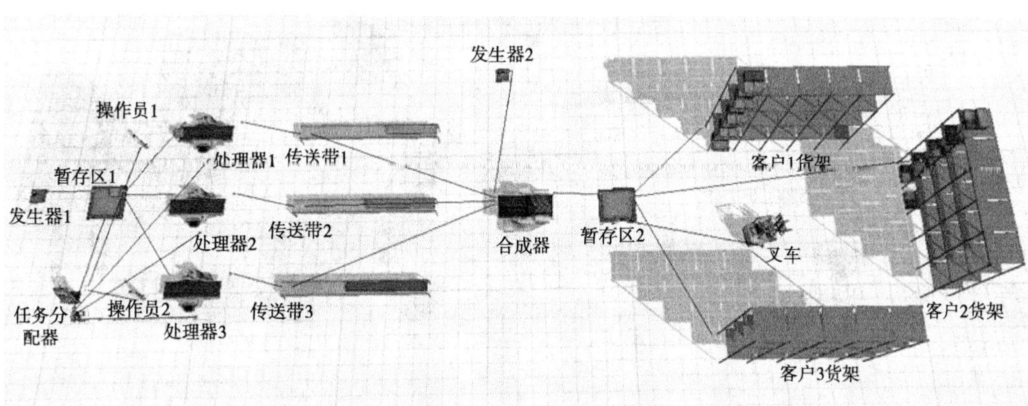

图 7－17　总的运行模型

7.3.3　运行结果分析与改进

1. 总的运行结果分析

根据每个客户对产品的需求量可知，在运行结果分析完成之后，3 个货架上一共有 17 盘产品，其中客户 1、2、3 货架上各有 5、6、6 盘产品。因此，对每个货架的客户进行需求量分析，分析结果如图 7－18 所示。

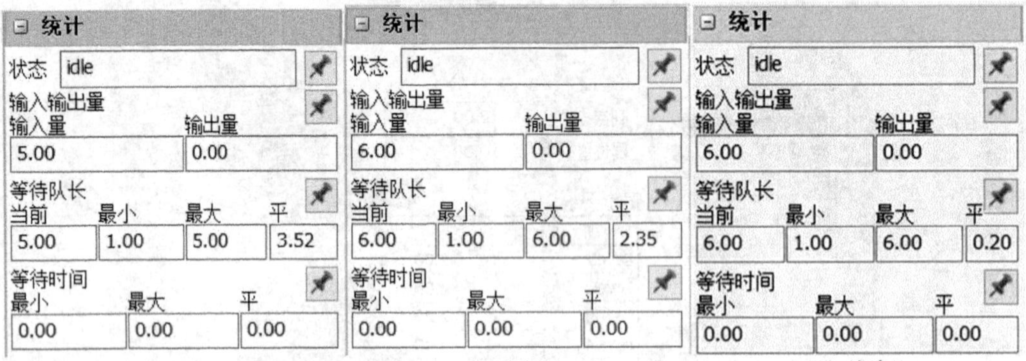

（1）客户1　（2）客户2　（3）客户3

图 7－18　客户所需产品量

根据 3 个客户的订单及 3 个客户到达的时间可知：客户 1 所需的数量为 5，即 5 个托盘的数量；其中产品 1 所需要的数量为 10 个，产品 2 为 6 个，产品 3 为 5 个。客户 2 和客户 3 所需的数量与客户 1 的分析方法相同，因此在运行终止时，3 个货架上托盘的总数量为 17 盘，运行结果如图 7－19 所示。

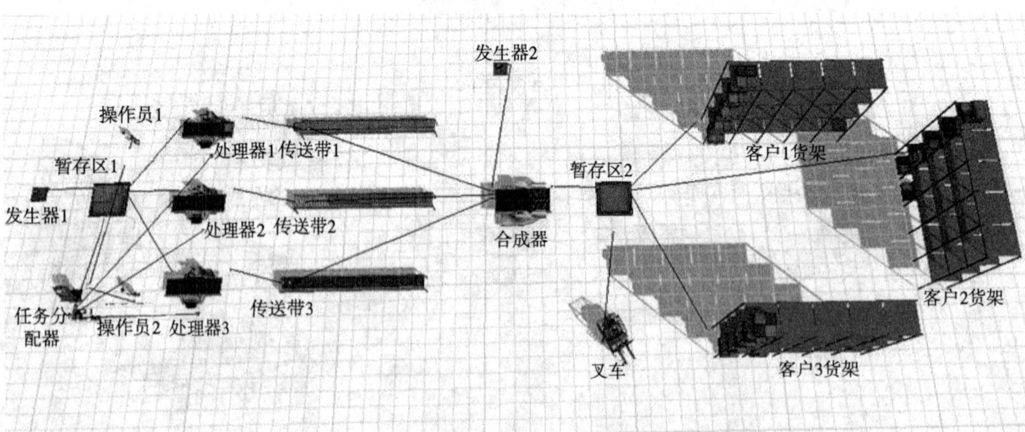

图 7－19　运行结果

2. 合成器运行结果分析

合成器运行初期分析如图 7－20 所示，合成器运行后期分析如图 7－21 所示。

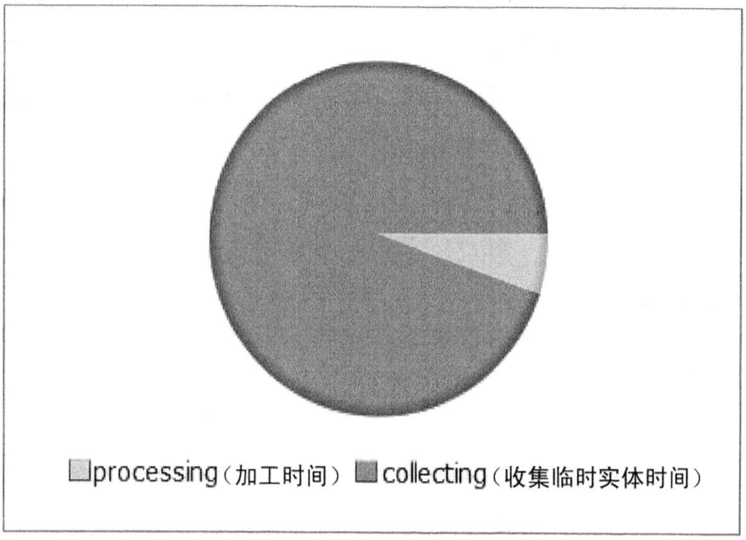

图 7－20　合成器运行初期分析

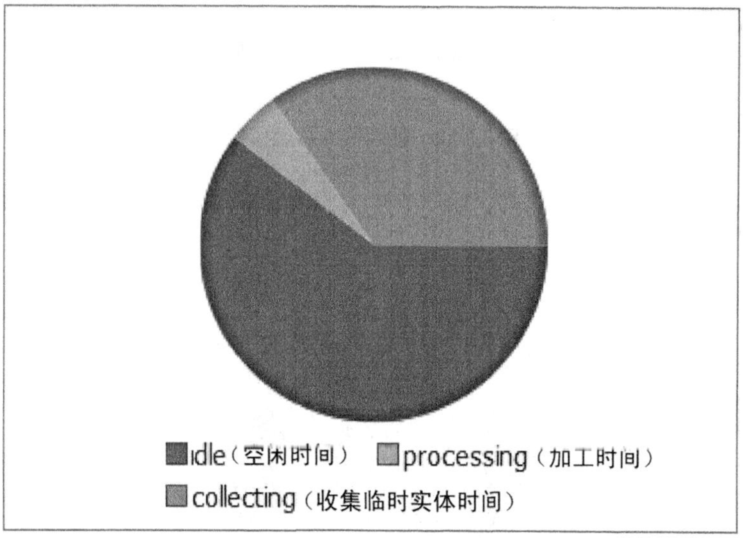

图 7－21　合成器运行后期分析

在合成器工作的过程中，前期存在大量的等待时间，中后期开始出现大量的空余时间，其实质为客户等待的时间。出现大量空余时间是因为客户的等待时间变长，因此该模型在运行的过程中存在需要改进的地方，即减少客户的等待时间。在实际运作的过程中，我们要尽量避免客户等待时间过长，这样不仅可以提高服务效率，也可以提高客户满意度。

改进措施：针对合成器空余时间问题，可提升前一环节的效率。在本案例中，我们通过提高处理器的效率来提升整个流程的效率。如图 7－22 所示，以处理器 1 为例，将预置时间调整为 5，加工时间调整为 12。优化后的合成器运行后期分析如图 7－23 所示，可以看出，后期空余时间有明显减少。

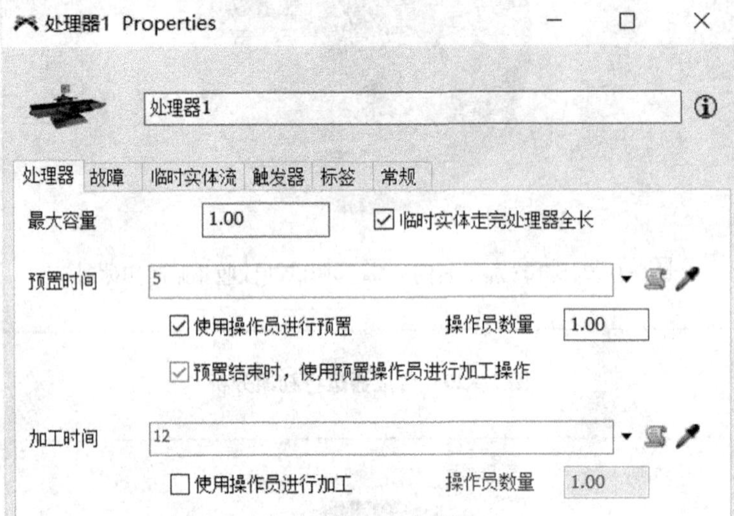

图 7－22　处理器 1 参数修改

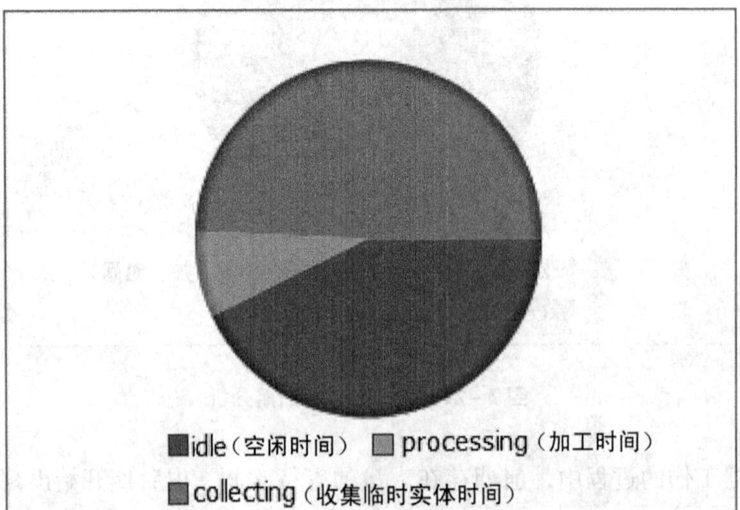

图 7－23　优化后的合成器运行后期分析

3. 操作员运行结果分析

由图 7 - 24 可以看出，两个操作员同时搬货时，他们的空闲率较高。实际上，这种资源的浪费增加了成本，降低了运行效率。在这种情况下，可以将操作员的人数减少，如图 7 - 25 所示，操作员数量减少后，搬货效率有所提高，空闲率降低，且在合理范围之内。

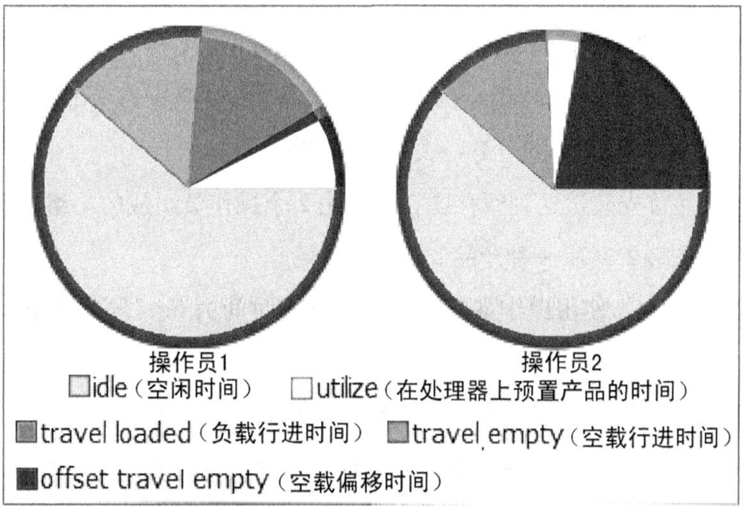

图 7 - 24　两个操作员运行结果

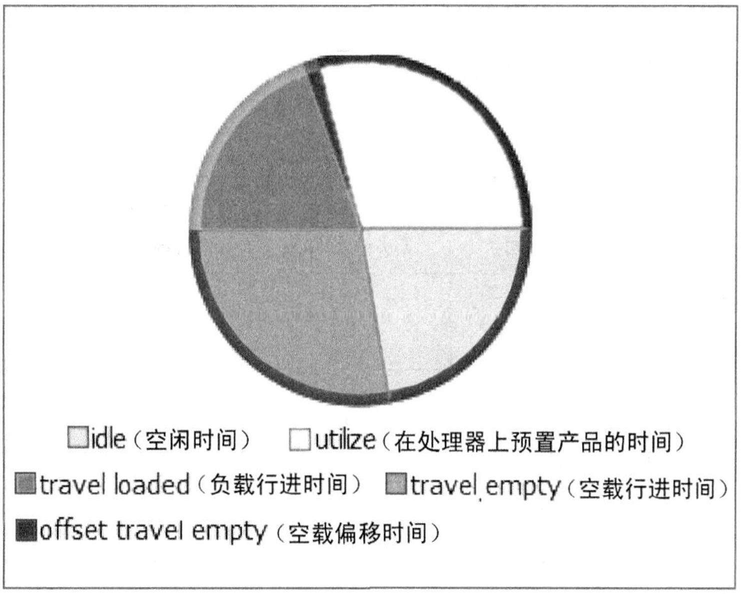

图 7 - 25　单个操作员运行结果

实训练习

1. 总结配货系统的作业流程。

2. 配货作业管理分为哪几类？总结它们各自的适用范围。

3. 根据本文仿真案例，对比优化前的数据与优化后的数据，形成详细的分析报告。

4. 建立如下模型，分析结果，可以尝试进行优化。

（1）生产线生产 4 种不同类型的产品，临时实体按照正态分布时间到达（均值 20，标准差 2），临时实体在类型 1 ~4 之间服从均匀分布。

（2）4 种产品首先被运送到暂存区，然后由 2 个操作员组成的小组协助搬运到检测装置上，每个检测装置对应一种产品。

（3）检测装置上，使用操作员预置产品，预置时间为 6s，预置结束后进入检测过程，检测时间为 16s。

（4）检测完成后通过各自的传送带运输（传送带速度 2m/s）。

（5）按照客户订单在传送带末端进行装盘，客户到达时间及客户订单如表 7 –3 和表 7 –4 所示。

（6）装盘后的产品放置在暂存区（容量 25，批量 2）。

（7）每个客户的订单单独放置在一个货架中，使用叉车以 3m/s 的速度分别放到仓储中心的货架上（货架 5 层 5 列）。

表 7 –3　　客户到达时间

	Arrival Time（到达时间）	Item Name（实体名称）	Item Type（实体类型）	Quantity（需求量）
Customer1（客户 1）	0	A	1	4
Customer2（客户 2）	1000	B	2	6
Customer3（客户 3）	2000	C	3	5
Customer4（客户 4）	3000	D	4	4

表 7－4　　客户订单

	Customer1（客户 1）	Customer2（客户 2）	Customer3（客户 3）	Customer4（客户 4）
Product1（产品 1）	3	4	3	5
Product2（产品 2）	4	3	6	3
Product3（产品 3）	5	5	4	4
Product4（产品 4）	4	4	4	5

8 AGV 仿真案例

8.1 AGV 简介

8.1.1 AGV 概述

AGV（Automated Guided Vehicle）的中文全称是自动导引车，是一种自动化物料搬运设备。它具有自动化程度高、使用灵活、安全可靠、无人操作、运输效率高、节能、系统运行可靠性高、施工简单及维修方便等诸多优点，因而广泛应用于烟草行业、工程机械行业等物资搬运场所，同时也广泛应用于柔性制造系统、柔性搬运系统和自动化立体仓库。在自动化立体仓库中，最常见的智能搬运载体就是 AGV。AGV 是现代物流系统的关键设备，它对于提高生产自动化程度和提高生产效率有着重要意义。

8.1.2 AGV 导引方式

科技的迅猛发展使 AGV 的导引技术更加多样，从整体上拓宽了 AGV 的应用领域。一般而言，AGV 具有如下几种导引方式。

（1）电磁导引。

电磁导引是在 AGV 的行驶路径上埋设金属导线，并加载低频、低压导引电流，使导线周围产生磁场，AGV 上的感应线圈通过对导引磁场强弱的识别和跟踪，实现对 AGV 的导引。其主要优点是：引线隐蔽，不易被污染和破损；导引原理简单而可靠，便于通信和控制；无声光干扰，制造成本较低。其主要缺点是：路径更改的灵活性差，调整变动麻烦；感应线圈对周围的铁磁物质较敏感，导引速度有限。电磁导引方式适用于路径不太复杂，作业点固定不变的场合，如汽车总装中的发动机、后桥、仪表板运送以及印刷厂的纸卷运送等。

（2）磁带导引。

磁带导引与电磁导引相近，用在路面上贴磁带替代在地面下埋设金属线，通过磁感应信号实现导引。其主要优点是：灵活性比线导引好；改变或扩充路径较容易；磁带铺设简单易行。其主要缺点是：导引方式易受环路周围金属物质的干扰；若磁带外露，容易磨损、受到机械损伤和污染；导引的稳定性受环境影响较大。磁带导引方式适用于路径简单，线路不是很长，环境比较洁净的场合，如电子工业生产线、制药企业、食品企业的物料运送等。图 8－1 是磁带导引 AGV。

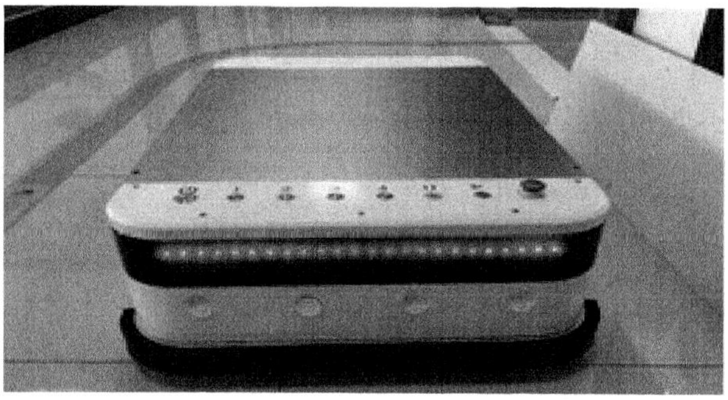

图 8－1　磁带导引 AGV

（3）光学导引。

光学导引是在 AGV 的行驶路径上涂漆或粘贴色带，通过对光学传感器采入的色带图像信号进行简单识别和处理而实现导引。其主要优点是：灵活性比较好；地面路线设置十分简单。其缺点是：对色带的污染和磨损十分敏感；对环境要求较高，导引可靠性受地面条件限制。其适用性类似磁带导引。

（4）惯性导引。

惯性导引是在 AGV 上安装陀螺仪，在行驶地面上安装定位块，AGV 可通过对陀螺仪偏差信号的计算及地面定位块信号的采集来确定自身的位置和方向，从而实现导引。其主要优点是：技术先进，定位准确性较高；灵活性强，便于组合和兼容，适用领域广。其缺点是：陀螺仪对振动较敏感，地面条件对 AGV 的可靠性影响很大；后期维护成本较高，且需要校正定位。惯性导引方式适用于地面条件较好的各种场合，对搬运宽大笨重的物体（如车身、底盘、板材、集装箱等）更突出其优势。

（5）激光导引。

激光导引是在 AGV 行驶路径的周围安装位置精确的激光反射板，AGV 通过发射激光束，采集由不同角度的反射板反射回来的信号，根据三角几何运算来确定其当前的位置和方向，实现 AGV 的导引。此项技术最大的优点是技术先进，AGV 定位精确，地面无须其他定位设施。它能够适应复杂的路径条件及工作环境，能快速变更行驶路径和修改运行参数，是目前国内外许多 AGV 生产厂家推荐采用的导引方式。其缺点是车型构造需首先保证激光扫描器的视场要求，AGV 抗光干扰的纠错能力有一定局限，且成本较高。对路径复杂、作业点变更频繁、有系统扩充调整要求的情况，应用该技术是一个理想的选择，如卷烟生产车间、发动机试车线、印钞造币车间等的物料自动运送。

（6）点导引。

AGV 路径由无数个线段组成，车按内置线路行走，通过编码器和各个点的序号进行跟踪，在段与段之间的点上进行校正，从而实现有效导引。该技术简单易用、成本低，适用于路径简单、弯道少、直段多、定位要求不太高的场合，如平库中的托盘排列存储、分段定点装配线等。

（7）图像识别导引。

对 AGV 行驶区域的环境进行图像识别，实现无固定路线的智能化行驶。这是一种具有未来发展潜力的技术，目前只有极少数国家的军方使用，将其应用到普通 AGV 上还有较长的距离。

（8）GPS 导引。

GPS 导引方式通过卫星对非固定路面系统中的控制对象进行跟踪和导航。目前此项技术还在发展和完善中，通常用于室外远距离的跟踪和导航，其精度取决于卫星在空中的定点水平以及控制对象周围环境等因素。目前直接通过卫星的一次定位还不能达到实用中的精度要求。

8.1.3 AGV 的工作原理

AGVS（Automated Guided Vehicle System）的中文全称是自动导引车系统，也称 AGV 控制系统。它是一种无人控制的自动化系统，主要由自动导引车（AGV）、地面管理系统、导引系统、地址编码系统、通信系统、停车站、充电站和周边设备等基本单元组成。其中 AGV 是自动导引车系统的主要部分之一。

AGV 控制系统是 AGV 的直接控制中枢，它将电机系统、传感器信号处理模块、驱动器控制技术、AGV 定位算法、电子地图及无线通信等功能整合在一起。其主要功能是通过无线通信系统接收由主控机、AGV 车载控制机或 AGV 操作面板下达的任务，完成 AGV 运动方向和运动速度的控制，以及 AGV 运动过程中障碍物的探测、安全报警及状态指示，同时通过无线通信系统向主控机报告 AGV 自身的状态（如 AGV 的当前位置、当前工作状态、当前速度及方向等）。

8.1.4　AGV 的应用

在自动化立体仓库中，AGV 的主要工作是协助完成货物出/入库后运送的流程。根据现场工作人员的指示，将所要运送的货物由 AGV 按照事先规划好的路径运至立体仓库的送货口。这样可以解决由于路径狭窄、危险等不便由人来完成的送货难题。AGV 虽是在预定好的路径上行走，但难免会遇到未知的障碍物，这时就要根据 AGV 自身的避障功能躲避障碍，以达到成功运送货物的目的，图 8-2 为 AGV 在进行搬运工作时的工作实物图。

图 8-2　AGV 工作实物图

8.2　AGV 建模基础

8.2.1　AGV 建模步骤

1. 实体选用

在使用 Flexsim 建模仿真的过程中，需要一种实体来模拟 AGV 的运动，我们通常选用任务执行器来作为 AGV 运行的实体。实体库中的任务执行器如图 8-3 所示。

2. 创建路径网络

在 Flexsim 实体库 AGV 模块中，可以创建直线路径或弯曲路径，创建路径的方法为：单击实体库路径创建实体，移动鼠标至建模区域，点击左键，移动鼠标绘制路径，再次点击鼠标左键，绘制结束，路径终点确定。

图 8-3　实体库中的任务执行器

当对两条路径进行连接时，可使用连接路径，用鼠标依次点击想要连接的两条路径，即可得到有连接作用的一条平滑的弯曲路径。AGV 路径的创建如图 8-4 所示。

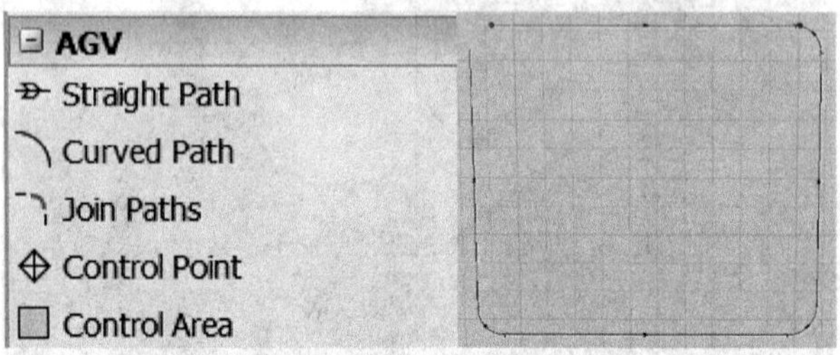

图 8-4　AGV 路径的创建

3. 设置路径属性

当鼠标左键单击路径时，可以通过右侧的快捷属性窗口对路径属性进行调节，包括设置路径是否为双向路径、选择路径类型、确定路径坐标参数。AGV 路径快捷属性窗口如图 8-5 所示。

8.2.2　控制点基础

1. 控制点的创建

控制点是 AGV 仿真运行中非常重要的一环，几乎后期所有的运作逻辑都要通过控制点来实现。控制点的创建步骤是使用鼠标单击控制点实体并将其拖动至 AGV 路径中的指定位置，要注意的是，控制点必须与路径网络重合才能正常运作。控制点的放置如图 8-6 所示，正确放置控制点时，控制点会出现一条竖线，即图中左侧是正确的，右侧是错误的。

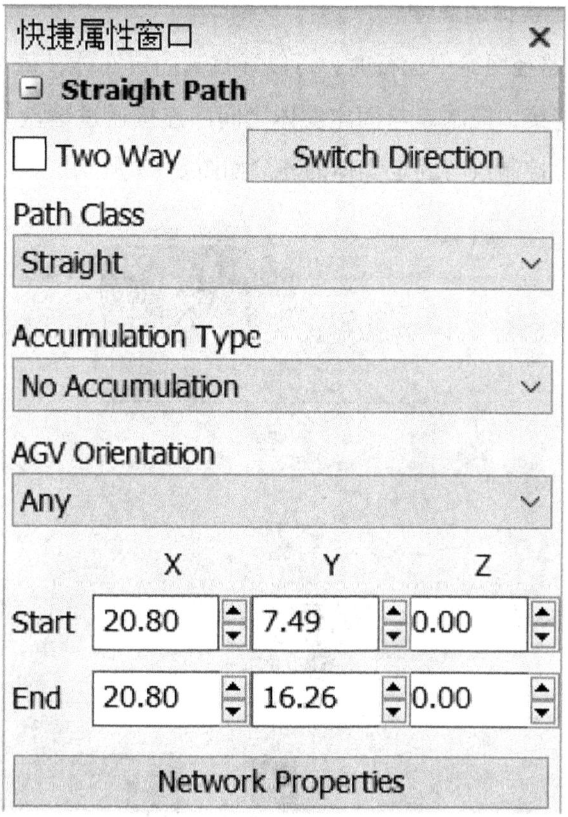

图 8－5　AGV 路径快捷属性窗口

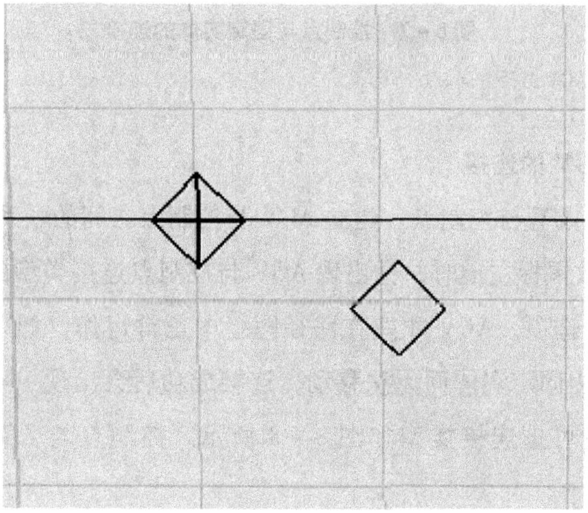

图 8－6　控制点的放置

2. 控制点与固定实体的连接

为了使 AGV 在路径网络中运行时，可以寻找到固定实体，每个固定实体需要有一个控制点与其对应连接，控制点与固定实体之间的连接通过键盘 A 键创建，成功后会出现一条蓝色连线。控制点与固定实体的连接如图 8 - 7 所示。

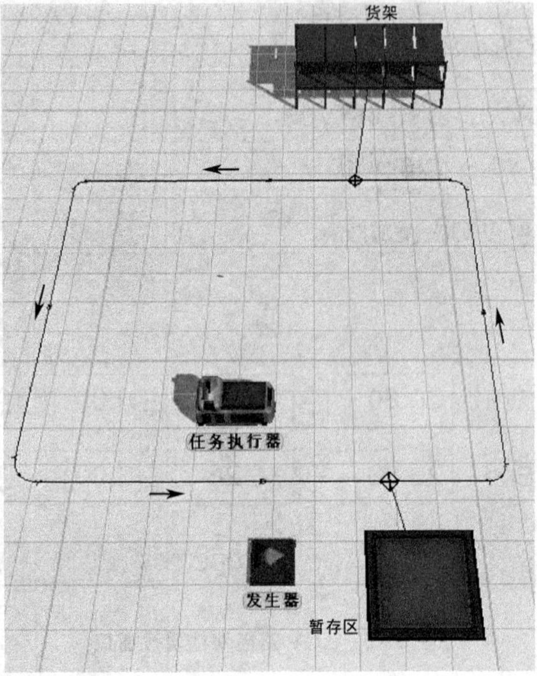

图 8 - 7 控制点与固定实体的连接

注：箭头方向表示 AGV 路径方向。

3. 控制点与 AGV 的连接

通过 A 键连接 AGV 与控制点，建立 AGV 与控制点之间的联系，这样 AGV 才能进入路径网络。当释放鼠标左键时，会出现 AGV 与控制点连接类型的选项，需选择第一个“Traveler AGV”选项，AGV 才能在路径网络中正常运作，如果选择“Destination”选项，AGV 将被视为固定实体而无法移动，连接成功后会出现一条红色连线。控制点与 AGV 连接时两种可选连接类型如图 8 - 8 所示。控制点与 AGV 的连接如图 8 - 9 所示。

单击 AGV 实体，在右侧出现的任务执行器快捷属性窗口中可以调节 AGV 的容量、最大速度、装载时间和卸载时间，如图 8 - 10 所示。

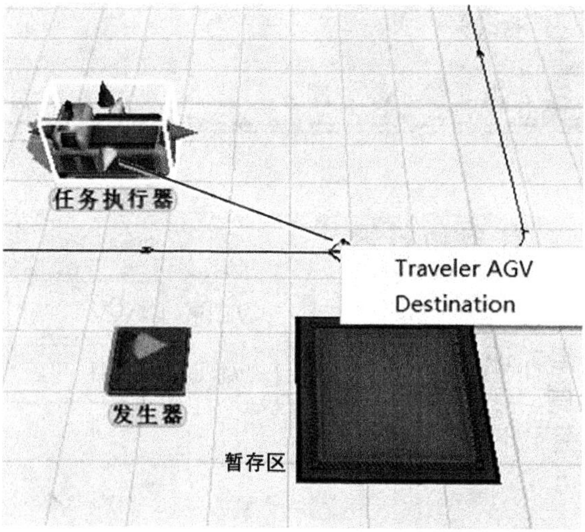

图 8-8 控制点与 AGV 连接时两种可选连接类型

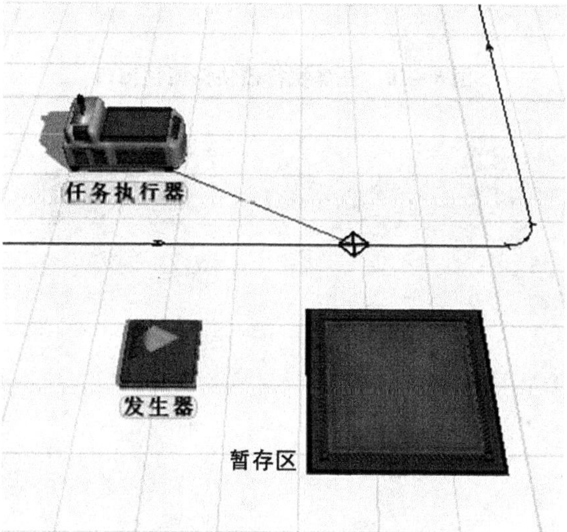

图 8-9 控制点与 AGV 的连接

4. 运行 AGV

该模型运行如图 8-11 所示，运行时要注意路径的方向是否一致。

5. 控制点分配机制

建立一个简单模型，用两个 AGV 搬运货物，模型运行如图8-12 所示。在该模型运行当中，系统会弹出报错，这种报错称为 AGV 模块的死锁现象，死锁报错如图 8-13 所示。

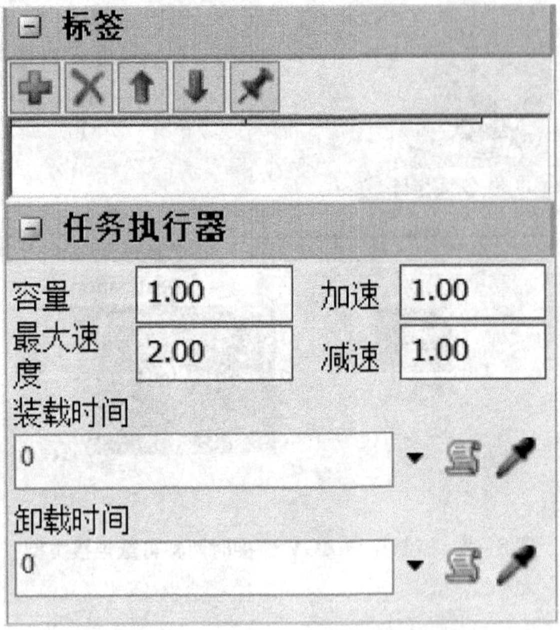

图8－10　任务执行器快捷属性窗口

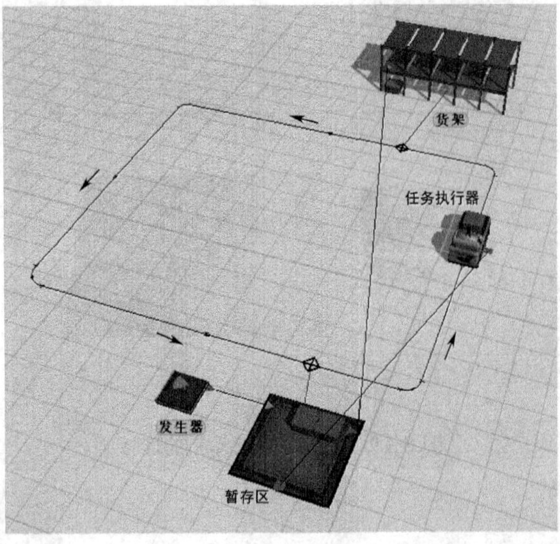

图8－11　AGV运行

接下来我们将从控制点参数设置的层面分析如何解决模型中存在的死锁现象。

（1）控制点属性菜单。

鼠标单击控制点，在右侧控制点属性菜单中可以设置两个内容：一是最大分配数量，即一个控制点可以被多少AGV占用；二是取消分配类型，即取消占用状态，分别是在 AGV 到达下一控制点时取消占用和在 AGV 离开控制点时立刻取消占用。控制点属性界面如图 8 - 14 所示。

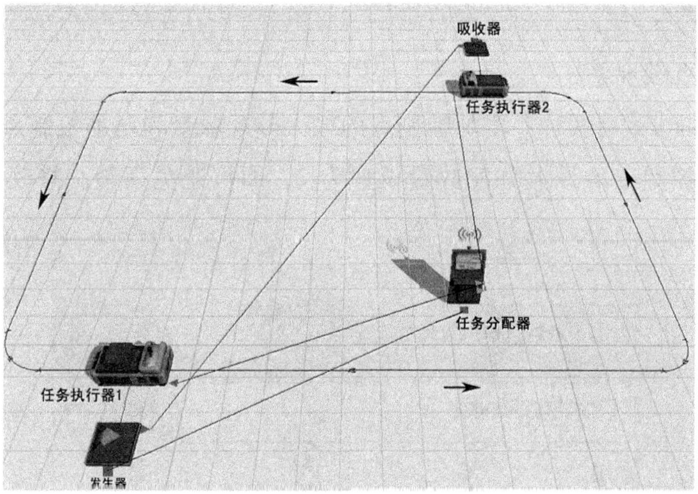

图 8 - 12　模型运行

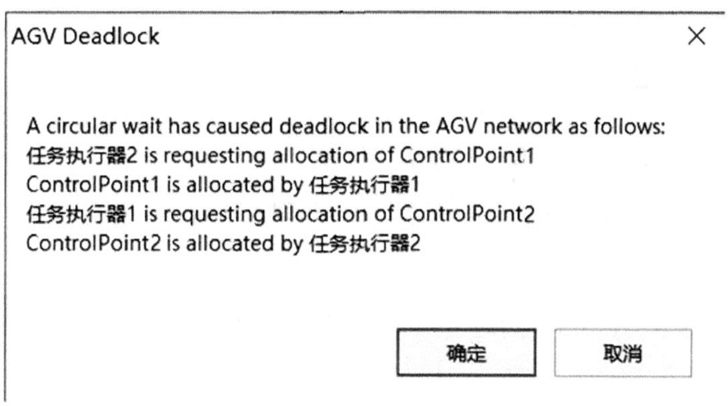

图 8 - 13　死锁报错

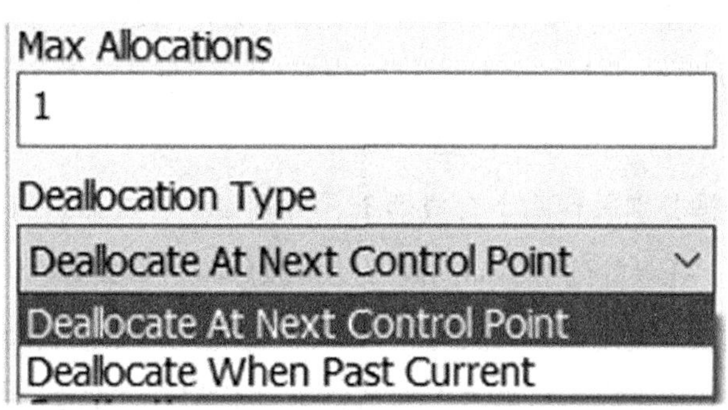

图 8 - 14　控制点属性界面

在本模型当中，AGV1（任务执行器 1）到发生器装载货物之后，准备前往吸收器进行送货，这时两个 AGV 分别占用了它们下一步请求占用的控制点，因此发生了死锁现象。

（2）解决死锁现象。

避免死锁的方式有两种：增加控制点的最大分配数量和增加控制点数量。在本案例中，将两个控制点的最大分配数量设置为 2，即可避免死锁。修改控制点属性如图 8－15 所示。

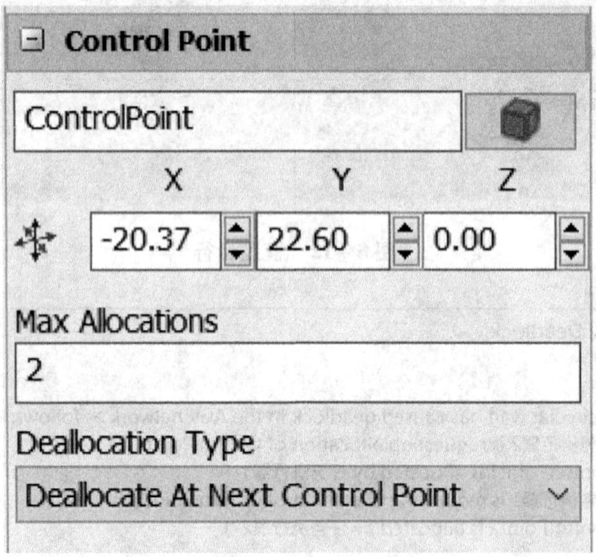

图 8－15　修改控制点属性

8.2.3　问题描述与模型参数

（1）两条生产线生产 1、2 两种不同类型的产品，两条生产线生产速度是：产品 1、2 生产速度服从指数分布，参数为（0，15，0）。产品颜色自定，要求两种产品不同。

（2）两种产品被分别送到两个合成器上，分别设置合成器进行产品的装盘，每类产品每盘都是 4 个。托盘的到达时间间隔服从指数分布，参数为（0，10，0）。

（3）装盘完成后，使用 AGV 将产品（两种产品共用一条输送通道）运往巷道式立体货架，要求产品 1 送往第一、第二个巷道式立体货架，产品 2 送往第二个巷道式立体货架。产品由传送带末端的堆垛机放到两排货架上，要求从第一层、第一列开始放置，最小停留时间服从泊松分布，均值为 1000。

（4）从货架取出的产品由传送带送到客户的货车上，要求产品 1 送往第一个货车，产品 2 送往第二个货车。

仿真运行 2000s，观察模型。总布局模型如图 8－16 所示。

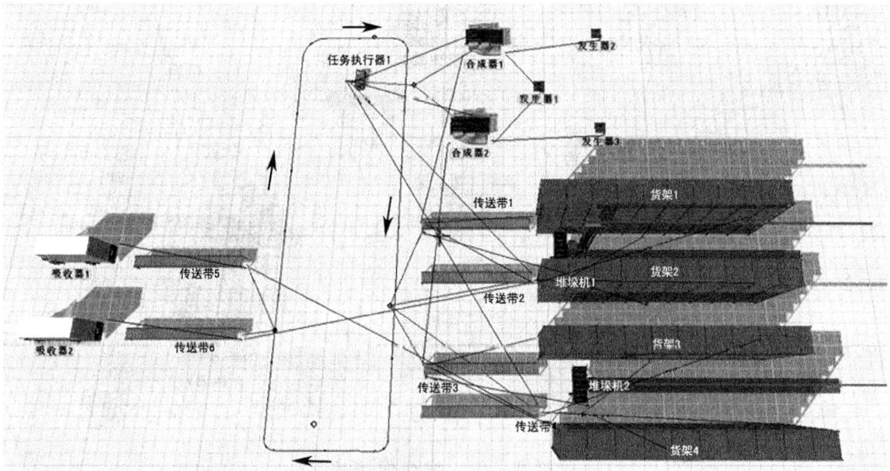

图 8－16　总布局模型

8.2.4　参数设置

1. 发生器参数设置

本模型中涉及 3 个发生器的使用，从实体库中拖出 3 个发生器，其中发生器 1 提供托盘，发生器 2、3 分别模拟生产一种产品。需要注意的是，生产托盘的发生器需要连接合成器的第一输入端口。发生器连接如图 8－17 所示。

以合成器 1 为例，合成器 1 输入端口发生器排序如图 8－18 所示。

（1）发生器 1 参数设置：根据问题描述，托盘的到达时间间隔服从指数分布，参数为（0，10，0），发生器 1 生产托盘设置如图 8－19 所示。

（2）发生器 2、3 参数设置：根据问题描述，两条生产线生产 1、2 两种不同类型的产品，产品 1、2 生产速度服从指数分布，参数为（0，15，0）。产品颜色自定，要求两种产品颜色不同。发生器 2 生产产品设置如图 8－20 所示，发生器 2 产品颜色设置如图 8－21 所示。发生器 3 参数设置与发生器 2 相同，但设置产品颜色时，需要更换不同颜色。

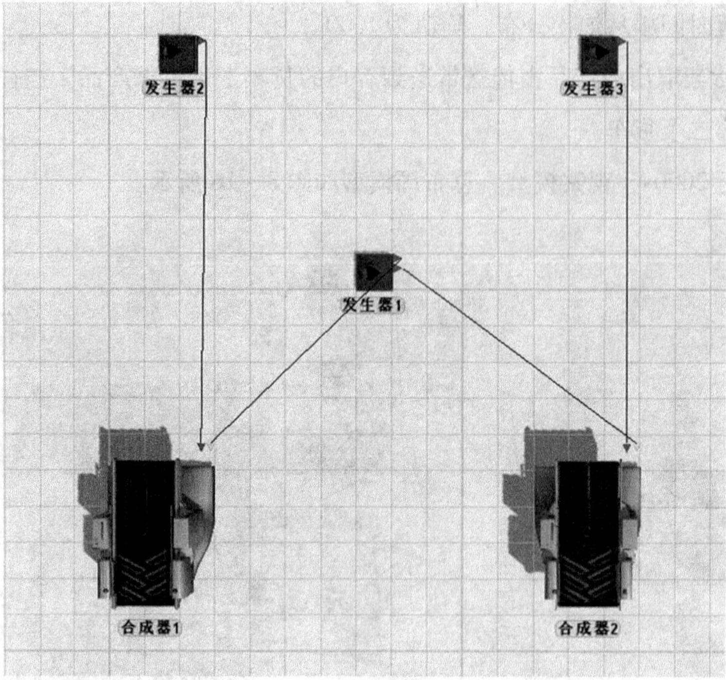

图 8－17　发生器连接

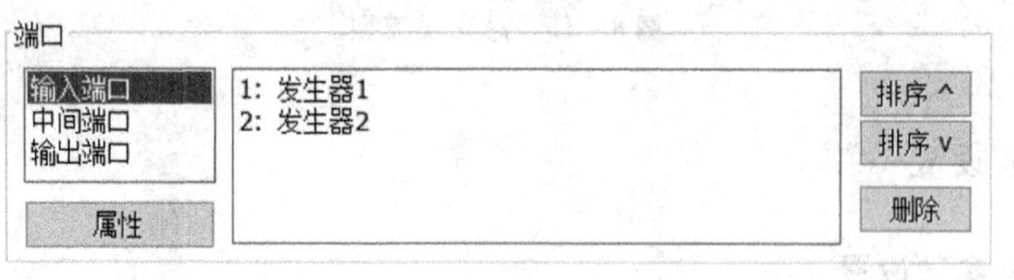

图 8－18　合成器 1 输入端口发生器排序

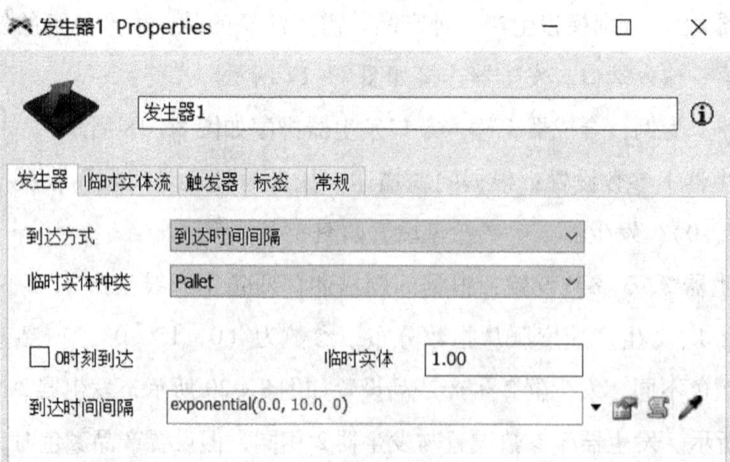

图 8－19　发生器 1 生产托盘设置

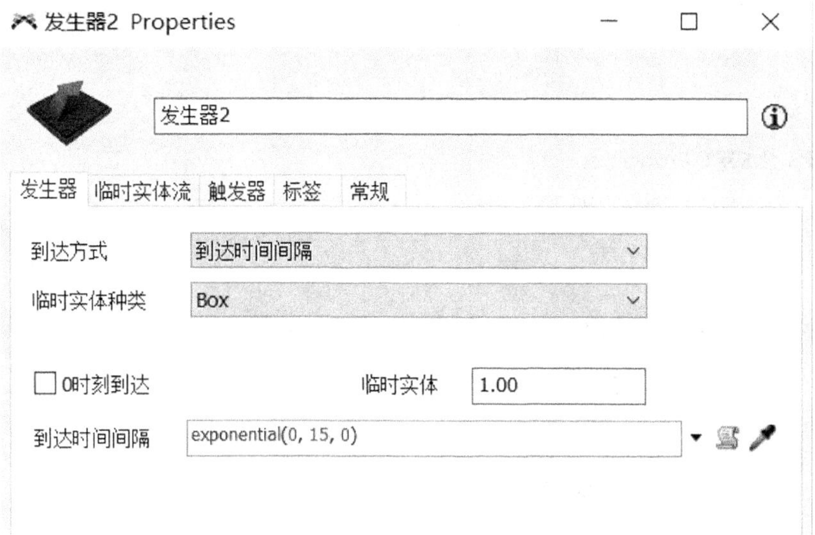

图 8－20　发生器 2 生产产品设置

图 8－21　发生器 2 产品颜色设置

2. 合成器参数设置

合成器需要进行产品装盘，每类产品每盘都是 4 个，合成器需要与 AGV 控制点相连接，并勾选使用运输工具，使装盘结束后 AGV 可以进行搬货处理。以合成器 1 为例，合成器 1 产品装盘设置如图 8－22 所示，合成器 1 使用运输工具设置如图 8－23 所示。

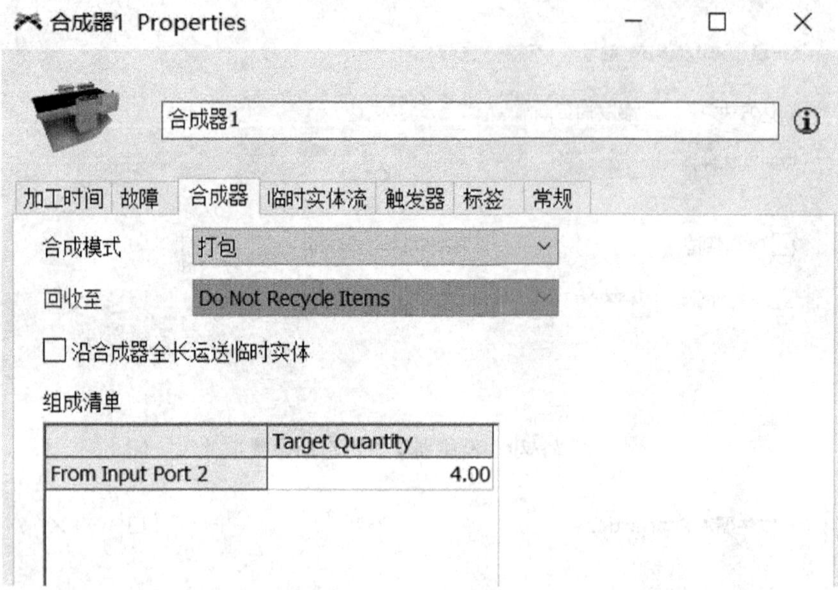

图 8－22　合成器 1 产品装盘设置

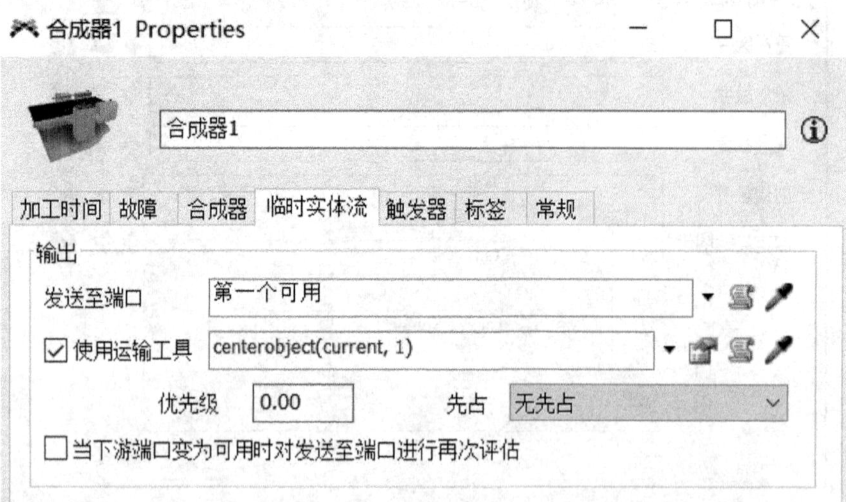

图 8－23　合成器 1 使用运输工具设置

3. 控制点参数设置

控制点与固定实体之间的连接如图 8－24 至图 8－26 所示。

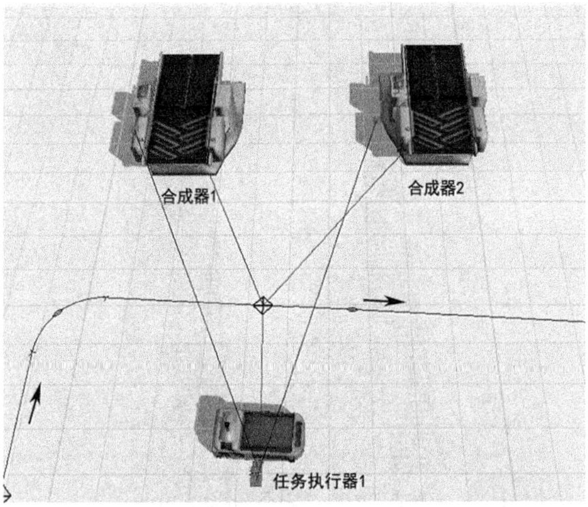

图 8-24 控制点与合成器和 AGV 之间的连接

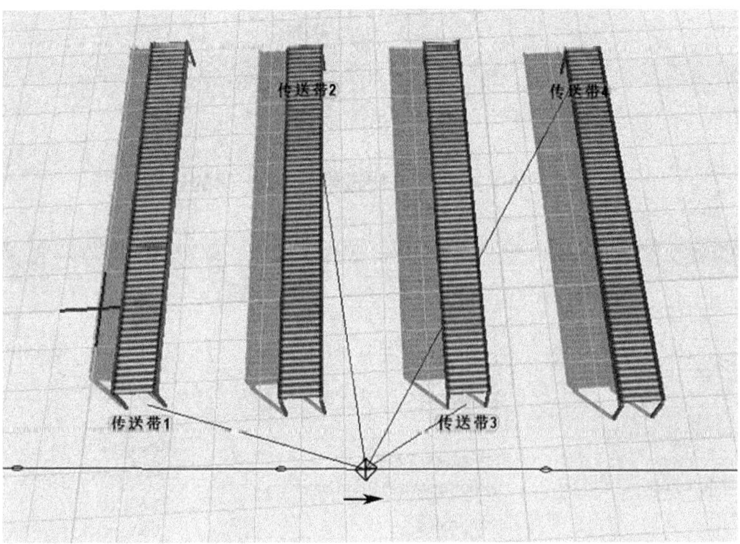

图 8-25 控制点与传送带 1—4 之间的连接

控制点连接端口时，要注意连接的顺序，控制点连接端口顺序如图 8-27 所示。

4. AGV 连接设置

AGV（任务执行器 1）需要连接合成器、传送带、控制点，与控制点连接时，线段为红色。AGV 连接示意如图 8-28 所示。

5. 传送带参数设置

为使仿真过程中 AGV 可以顺利运行，传送带临时实体流选项卡需要勾选使用运输工具。以传送带 1 为例，传送带 1 使用运输工具设置如图 8-29 所示。

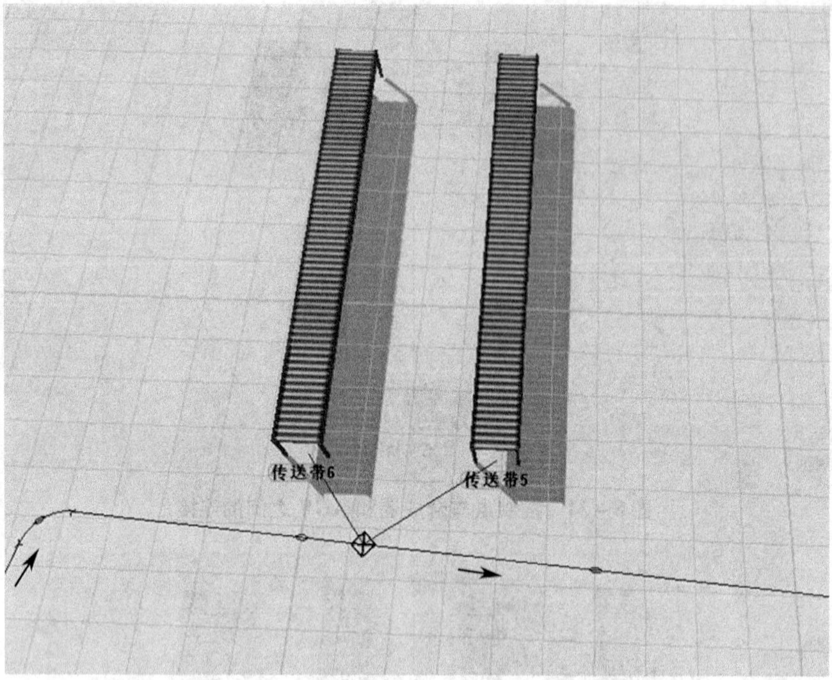

图 8－26　控制点与传送带 5、6 之间的连接

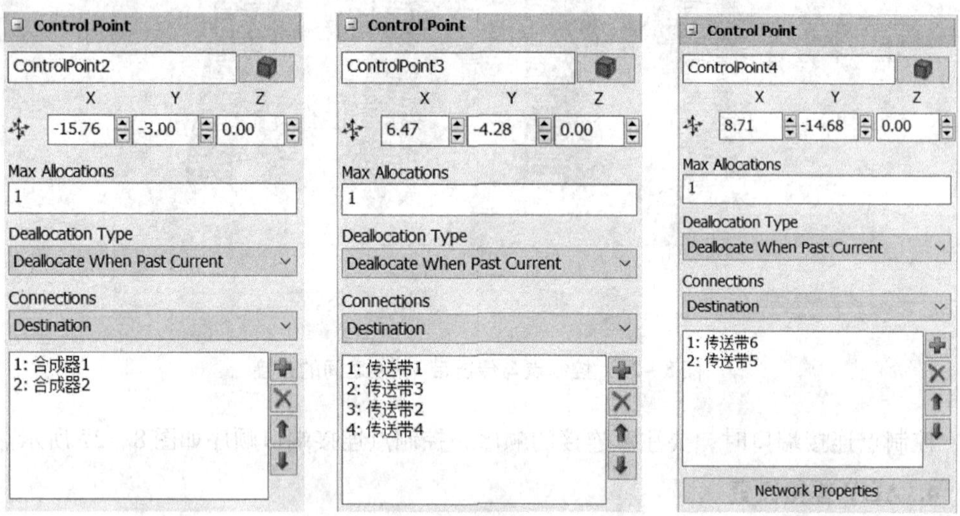

（1）合成器1、2　　（2）传送带1—4　　（3）传送带5、6

图 8－27　控制点连接端口顺序

6. 货架参数设置

产品从第一层、第一列开始放置，最小停留时间服从泊松分布，均值为 1000。以货架 1 为例，货架 1 设置如图 8－30 所示，货架 1 规格设置如图 8－31 所示。

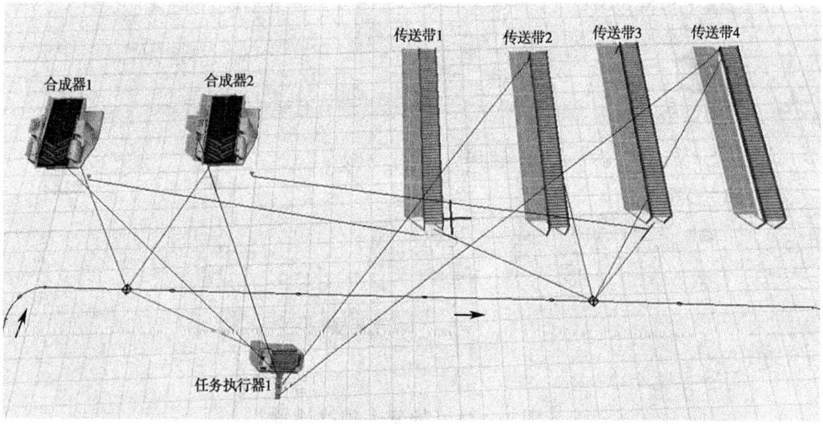

图 8－28　AGV 连接示意

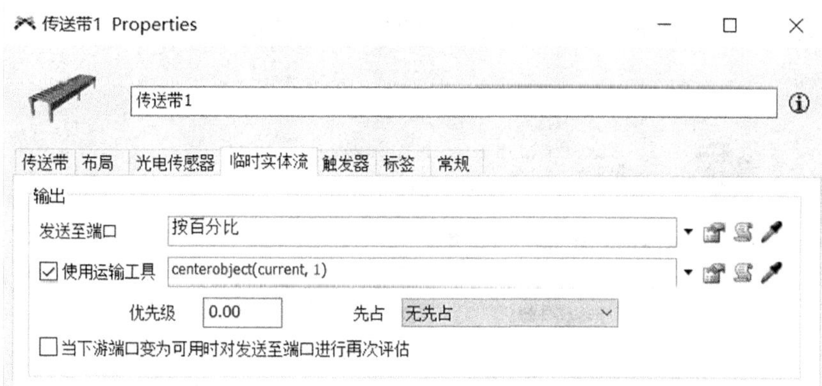

图 8－29　传送带 1 使用运输工具设置

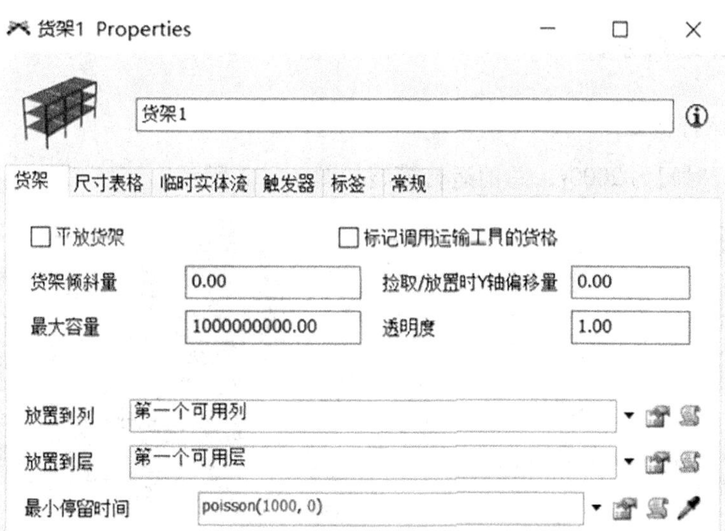

图 8－30　货架 1 设置

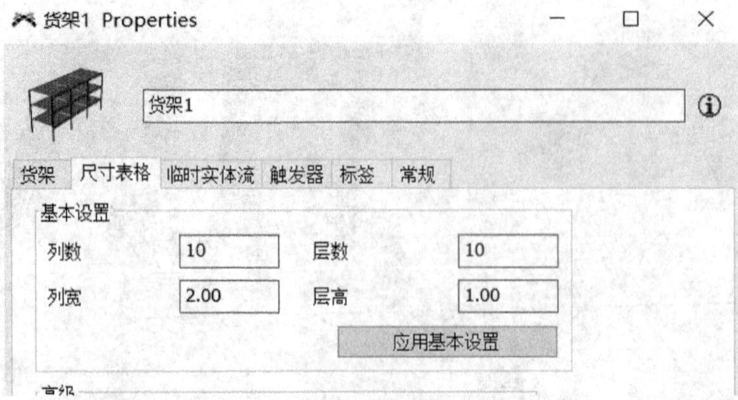

图 8-31　货架 1 规格设置

7. 吸收器参数设置

以吸收器 1 为例，吸收器 1 外观设置如图 8-32 所示。

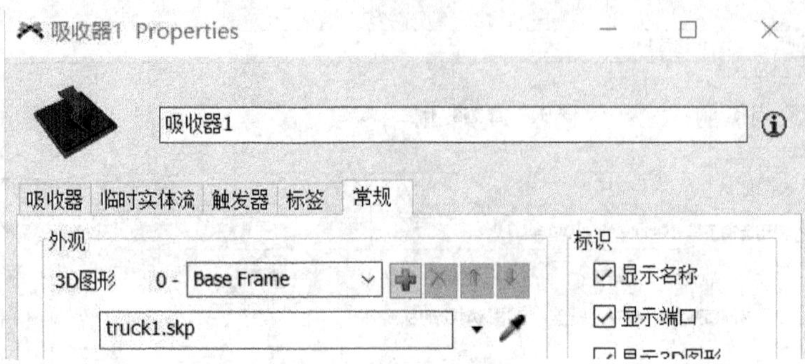

图 8-32　吸收器 1 外观设置

8.2.5　仿真结果分析

1. 总的运行模型

仿真运行时间为 2000s，总的运行模型如图 8-33 所示。

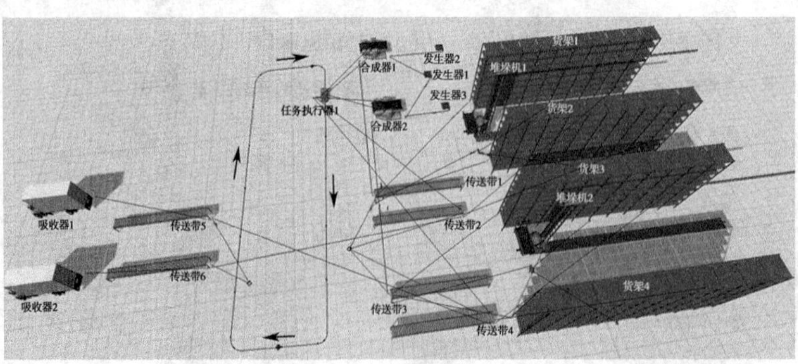

图 8-33　总的运行模型

2. AGV 运行结果分析

运行结束时，AGV 运行分析如图 8－34 所示。

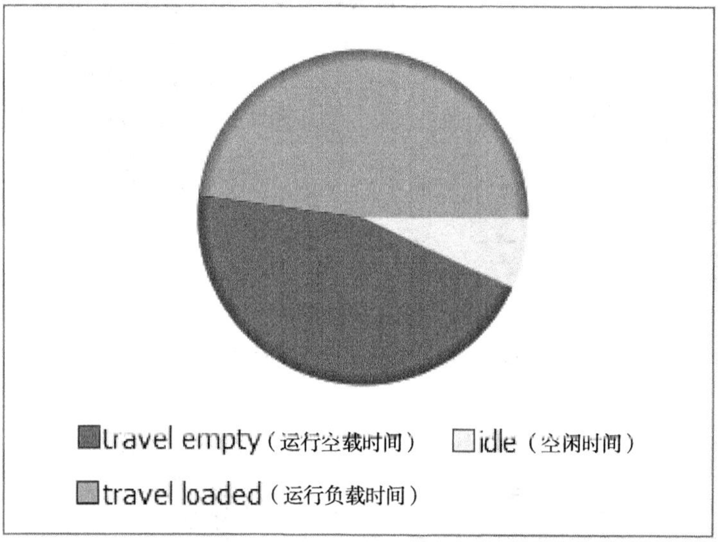

图 8－34　AGV 运行分析

由图 8－34 可以看出，本模型中 AGV 几乎没有空闲时间，过于繁忙，这样不仅降低了系统运行的效率，容易造成拥堵，还会对机器本身造成损害。

8.3　AGV 仿真优化

由于以上模型中出现的问题，在本节中我们将针对 AGV 过于繁忙的问题进行优化，在模型中增加一个 AGV，同样运行 2000s 时间，观察结果。优化后的仿真运行 2000s，优化后总的运行模型如图 8－35 所示。

在模型中增加一个任务分配器连接两个 AGV，优化后 AGV 的连接如图 8－36 所示。

优化后 AGV 运行分析如图 8－37 所示，增加一个 AGV 后，AGV 的空闲时间增加了，提升了系统的效率，且在合理范围之内，该优化在仿真运行中对解决拥堵问题确实起到了一定的作用。

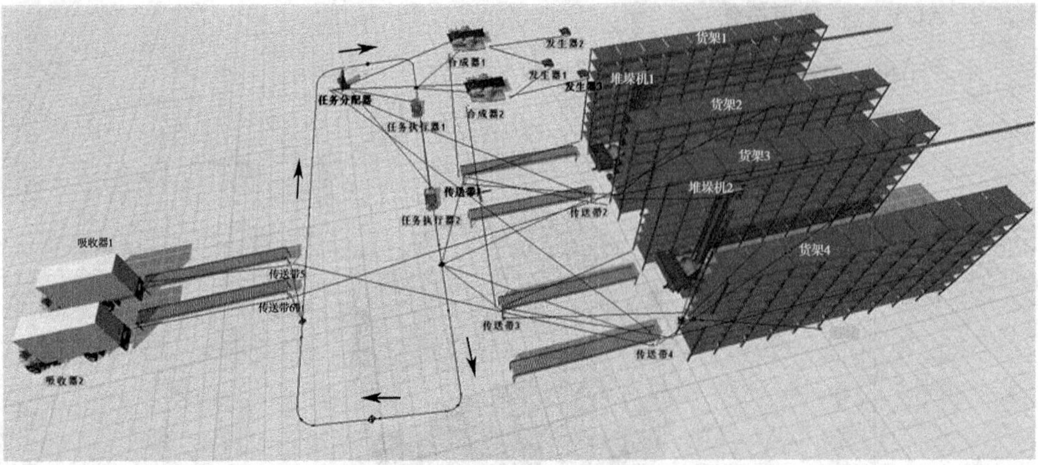

图 8－35　优化后总的运行模型

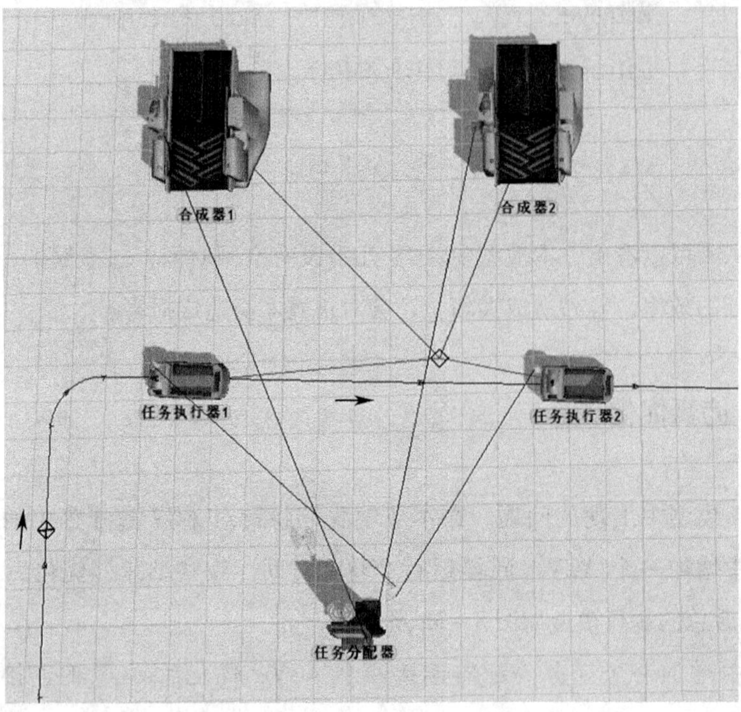

图 8－36　优化后 AGV 的连接

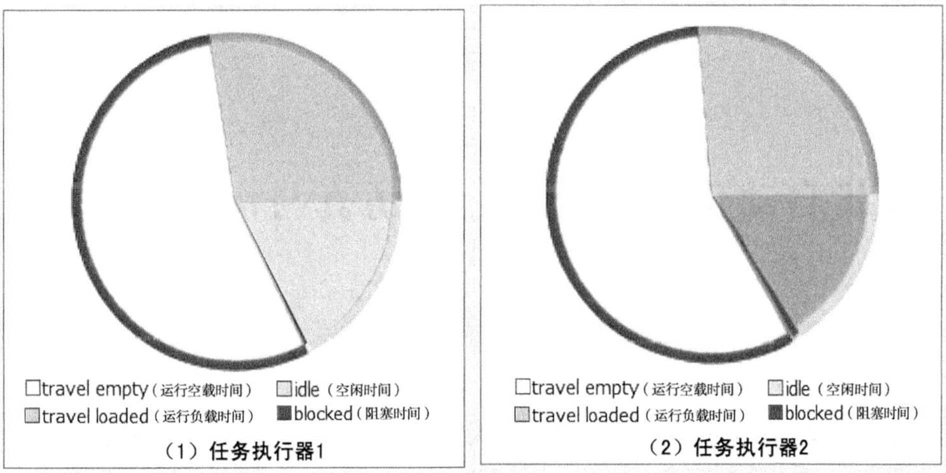

图 8－37　优化后 AGV 运行分析

实训练习

1. 简述 AGV 建模步骤。

2. 使用 Flexsim 建立本章中的模型，运行并观察仿真结果，思考下列问题。

（1）本案例中，控制点的作用是什么?

（2）如何通过增加控制点避免死锁?

3. 在本案例的基础上增加一种产品，同时货架数量增加至 8，吸收器数量增加至 3。使用两个 AGV，建立模型，运行并尝试优化。

9　现代自动化立体仓库建模仿真与优化

本章以前面物流系统几个环节的实训为基础，对现代自动化立体仓库和现代物流配送中心进行综合仿真实训，以期提高学生物流系统综合建模及仿真能力，提高学生实践能力和创新能力。

9.1　自动化立体仓库

9.1.1　自动化立体仓库概述

1. 自动化立体仓库的概念

自动化立体仓库（Automatic Storage and Retrieval System，AS/RS）又称自动化高架仓库或自动存取系统，是一种基于高层货架，采用计算机进行控制管理，利用自动化存取输送设备自动进行存取作业的仓储系统。自动化立体仓库由高层货架、托盘或货箱、巷道堆垛机、输送机、AGV 自动导引车、自动控制及仓库管理系统等组成。目前全国自动化立体仓库的保有量在 6000 座左右，几乎覆盖了烟草、医药保健品、食品、通信和信息、家具制造、机械制造等传统优势行业。由于其具有存储量大、存储效率高、自动化和信息化水平高等优点，越来越得到人们的广泛认同和普遍使用。自动化立体仓库作为物流系统的核心和枢纽，是物流系统实现物流合理化的关键所在。通常，一种产品从原材料做成成品，再把成品作为商品送到消费者手中，须经过两个基本物流环节：一是物流生产过程，如加工流水线、自动生产线；二是把商品送到消费者手中的物流流通过程。目前立体仓库系统主要有两大应用领域：一是各种自动化生产线中的在线立体仓库系统；二是各种物资配送中心。货物从一个地方转移到另一个地方，单件运输是不经济的，成批的和大量的组织运输有助于减少成本，而货物的等待就必须要由仓库来实现。自动化立体仓库在物流系统中就充当这样一个货物存储的角色。

2. 自动化立体仓库的发展过程

按自动化的程度分为五个阶段：人工仓储阶段、机械化仓储阶段、自动化仓储阶段、集成化仓储阶段和智能自动化仓储阶段。

（1）人工仓储阶段。

在这一阶段，仓储过程各环节的作业（包括货物的输送、存储、管理和控制等）主要靠人工来完成。这一阶段的优点是可以面对面地接触仓储全过程，初期的设施和设备投资少。

（2）机械化仓储阶段。

这一阶段的作业特点是作业员通过操纵机械设备来实现货物的装卸、搬运和存储等作业活动，例如，通过传送带、工业搬运车辆、堆垛机等来移动和搬运物料，采用各种货架、托盘等来存储物料。机械化程度的提高大大提高了劳动生产率，提高了装卸和搬运的工作质量，改善了作业员的劳动条件，且由于采用了货架来存储货物，避免了货物之间的相互挤压，改善了货物的存储保管条件。另外，它使存储空间向立体方向发展，大大提高了存储空间的利用率。然而在这一阶段，仓储机械设备需要大量的资金投入，人们还必须投入一定的费用来科学地管理和维护这些机械设备，以保证设备的合理使用。

（3）自动化仓储阶段。

在这一阶段，仓储系统采用了自动输送机械、自动导引车（AGV）、货物自动识别系统、自动分拣系统、巷道堆垛机等。

随着计算机技术的发展，信息自动化技术逐渐成为自动仓储系统的核心技术。计算机之间、数据采集点之间、机械设备的控制器之间以及它们与主计算机之间的通信可以及时地进行信息汇总，仓库计算机可以及时记录订货和到货时间并随时显示库存量，计划员可以方便地制订供货计划，管理员可以随时掌握货源及需求情况。在这一阶段，信息技术的应用已成为仓储技术的重要内容。

（4）集成化仓储阶段。

仓储管理系统是指将仓储过程中各环节的作业系统集成为一个有机结合的综合系统。在仓储管理系统的统一控制指挥下，各子系统密切配合，有机协作，使整个仓储系统的总体效益大大超过了各子系统独立工作的效益总和。在这一阶段，货物的仓储过程几乎不需要人的参与，可以完全实现仓储的自动化。

(5) 智能自动化仓储阶段。

人工智能技术的发展推动了自动化仓储技术向智能化方向的发展。在这一阶段，系统可以完全自动地运行，并根据实际运行情况，自动向人们提供许多有价值的参考信息，例如：对市场前景做出科学的预测；根据货物的需求情况对仓储资源的有效利用提出合理化的建议；对系统运行的效果提供科学的评价；根据多个客户的地理位置，提供最优化的运输路线等。总之，目前智能自动化仓储阶段还处于初级发展阶段，在这一技术领域还有大量的工作需要人们去做，具有广阔的发展空间。

9.1.2 自动化立体仓库的类型

1. 按高层货架与建筑物之间的关系分类

(1) 整体式。

货架除了存储货物以外，还作为建筑物的结构支撑库房，是库房建筑的一个组成部分，即货架与建筑物形成了一个整体。这种形式的仓库建筑费用低且抗震，尤其适用于15m以上的大型自动仓库。整体式货架如图9－1所示。

(2) 分离式。

货架与建筑物相互独立，适用于车间仓库、旧库技术改造后的自动仓库和中小型自动仓库。分离式货架如图9－2所示。

图9－1 整体式货架

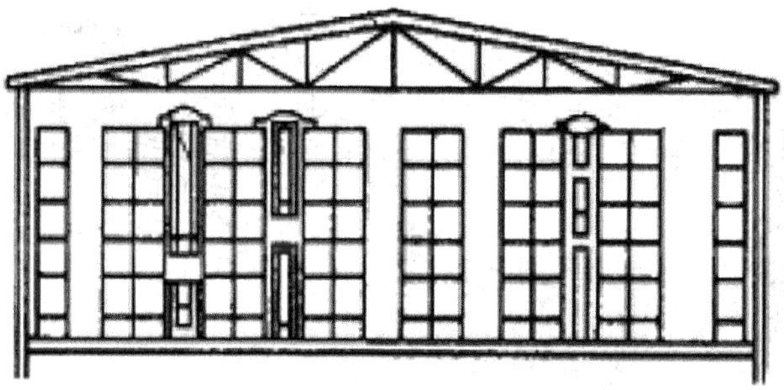

图 9－2 分离式货架

2. 按货架的结构形式分类

（1）单元货格式。

单元货格式自动化立体仓库结构示意如图 9－3 所示。

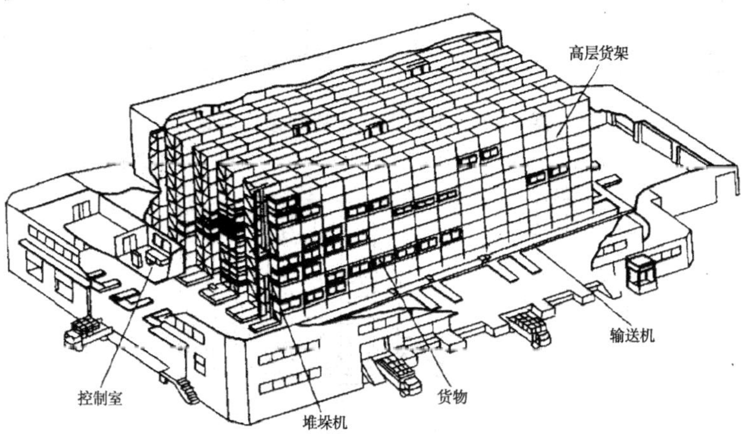

图 9－3 单元货格式自动化立体仓库结构示意

（2）贯通式。

贯通式自动化立体仓库分为重力货架式和梭式小车式两种类型，重力货架式自动仓库结构组成示意如图 9－4 所示，梭式小车式货架结构示意如图 9－5 所示。

（3）移动货架式。

移动货架又称为动力货架或流动货架，移动货架式的作业方式如图 9－6 所示。

（4）水平旋转式。

水平旋转式货架仓库结构示意如图 9－7 所示。

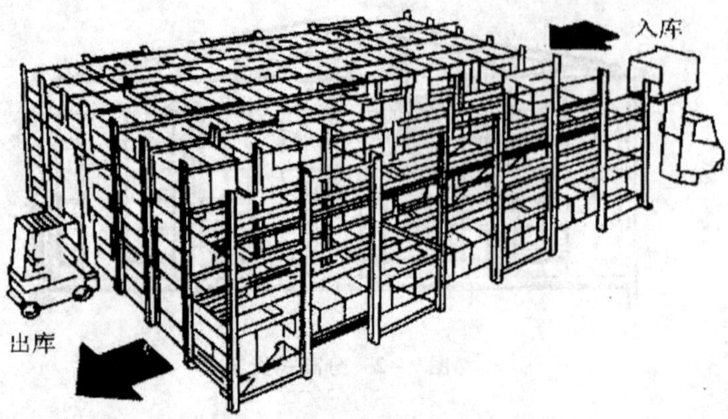

图 9-4　重力货架式自动仓库结构组成示意

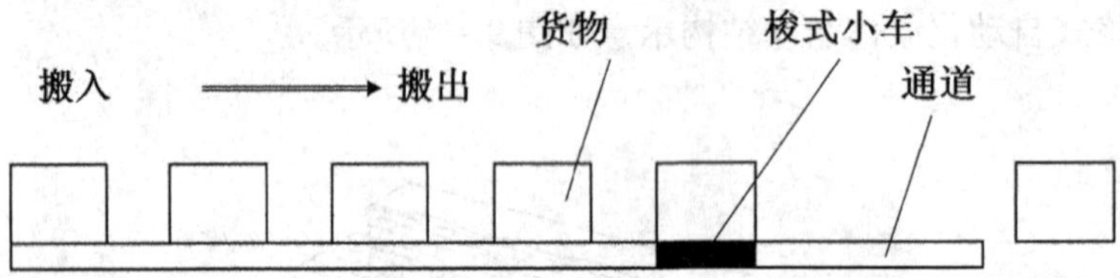

图 9-5　梭式小车式货架结构示意

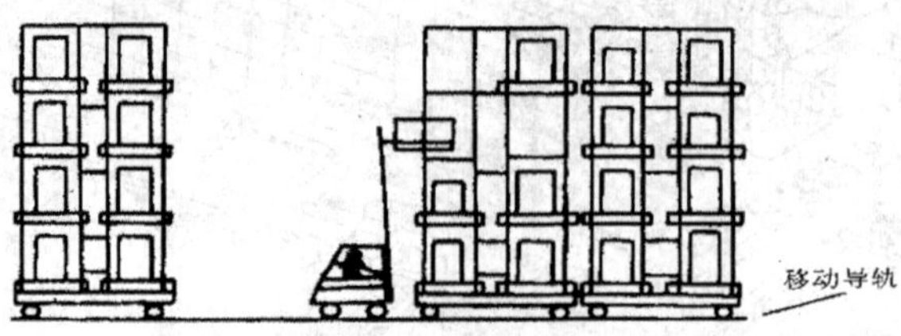

图 9-6　移动货架式的作业方式

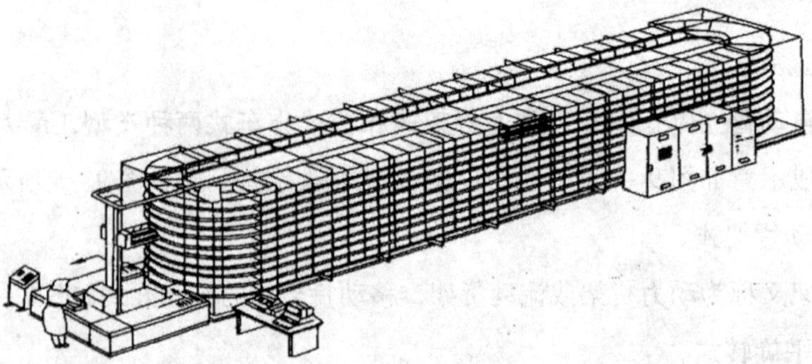

图 9-7　水平旋转式货架仓库结构示意

9.1.3　自动化立体仓库的作业流程

立体仓库主要由理货区、入库区、货物存储区、出库区等部分组成。理货区的职能是进行入库货物的验收、分拣、包装、贴标、核查等工作，掌握入库货物的品种、规格、数量、包装状态、到库时间等。入库区的职能是将托盘货物从理货区运送到入库站台，等待入库。货物存储区的主要职能是存储货物。出库区主要是根据出库指令将相应的货物从货物存储区搬运出去。自动化立体仓库的总体结构示意如图 9－8 所示。

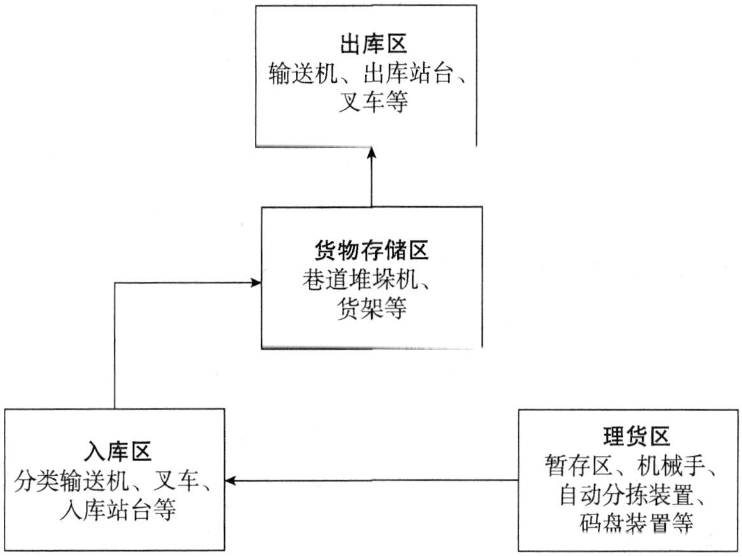

图 9－8　自动化立体仓库的总体结构示意

货物到达自动化立体仓库中的主要作业流程，如图 9－9 所示。

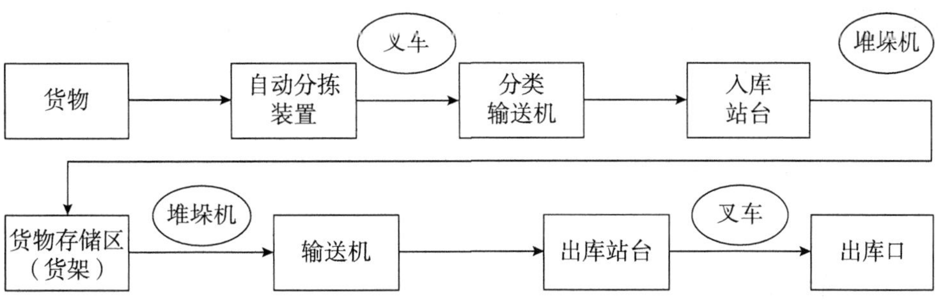

图 9－9　自动化立体仓库主要作业流程

9.1.4 自动化立体仓库的重要性

自动化立体仓库是生产物流的重要组成部分。生产物流是从原材料采购开始，经过基本制造过程的转换活动，最后形成具有一定使用价值的产成品，并将其运至成品库或送到客户手中的物流活动。物料经历了采购运进、入库验收、存放、加工制造、进入成品库以及成品外运等一系列物料实体运送的动态流转过程，其中均包含了存储环节。自动化立体仓库的优势列举如下。

（1）科学储备，提高物料调节水平。

作为仓库，它首先应具有存储的功能。在自动化系统的管理和控制下，它能对物料进行科学的管理，使物料在存储过程中合理利用各种资源，提高处理效率，适应多种存储要求。

（2）有效衔接生产与库存，加快物资周转，降低成本。

作为生产过程的中间环节，它应具有原材料、在制品和成品的缓冲存储功能。在自动化和机械化设备的处理下，各种物料库存周期缩短，从而降低了总成本。

（3）适当加工，合理利用资源，提高效益。

许多仓库或多或少地承担一些加工任务，如为存储进行组装、出货前的包装等。它可以提高原材料和设备的利用率，提高加工效率，充分发挥各种输送手段的最高效率。通过存储环节把生产与需求有机地结合起来，减少生产的盲目性，从而提高对市场变化的反应能力，减少损失，易于在激烈的市场竞争中获胜。

（4）为企业的生产指挥和决策提供有效依据。

自动化立体仓库往往也是企业信息系统的重要环节，企业的领导者根据库存信息做出相应的战略和计划，指挥、监测和调整企业的行动。目前装卸和储运作业在国民经济中占用了大批劳动力，物流工作机械化和自动化的主要优点就在于能够提高劳动生产率和节省劳动资源。

9.2 自动化立体仓库仿真

9.2.1 问题描述

某物流中心采用单元货架式自动化立体仓库，主要由入库分拣区、入库处理区、货物存储区、出库处理区、出库分拣区五大部分组成。年工作日为 250 天，日工作小时为 8h。入库作业流程如图 9－10 所示，出库作业流程如图 9－11 所示。

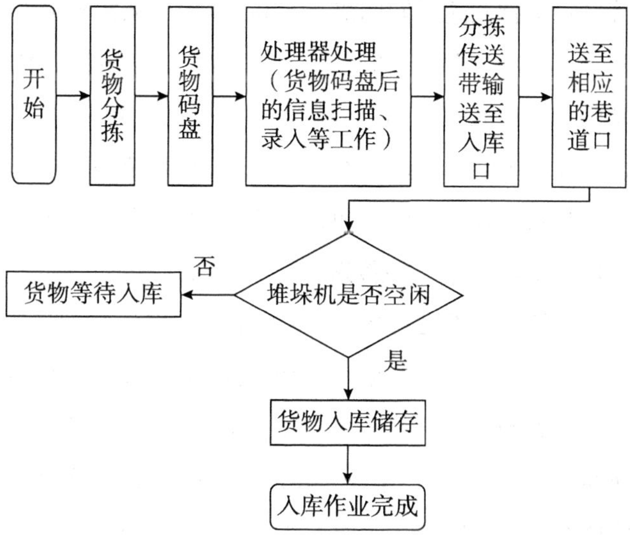

图 9－10　入库作业流程

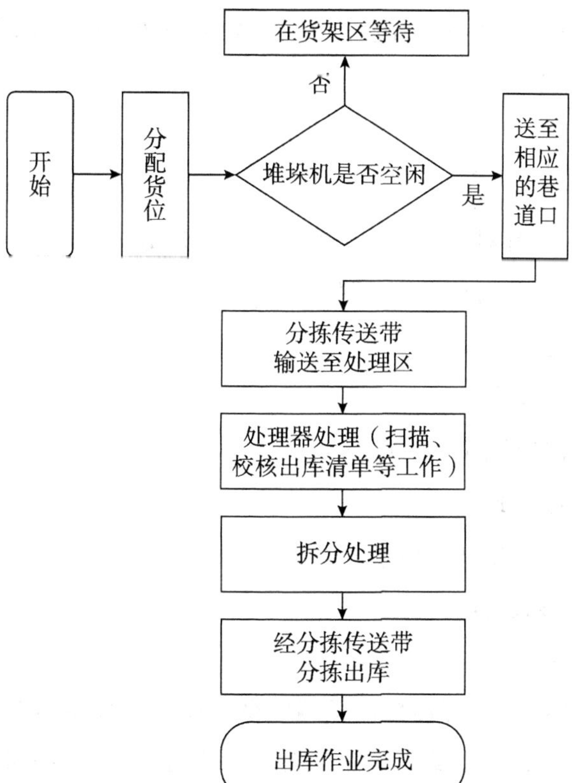

图 9－11　出库作业流程

9.2.2 模型参数

（1）入库分拣区：货物到达时间间隔（单位：s）服从指数分布，渐位线为0，比例为10，随机数流为0。8种产品分别设置临时实体类型和颜色，均匀分布。

（2）入库处理区：处理区主要用来对码盘后的货物进行记录，校核清单。托盘发生器同样服从指数分布，渐位线为0，比例为10，随机数流为0。货物放至托盘后，整理打包，作业时间为10s，然后将打包好的货物送到处理器上，加工时间为10s。

（3）货物存储区：货物经过分拣传送带分类，从入库传送带进入并等待入库，然后将分类好的货物装入货架，货架1至货架8分别对应产品1~8。货架在存储货物时，需要从第一层、第一列开始放置，货架上货物的最小停留时间服从正态分布，均值为2000，标准差为10，随机数流为0。要求入库、出库均使用堆垛机。

（4）出库处理区：出库处理区有两个处理器、两个分解器对出库货物进行处理。出库托盘先经过处理器，处理器的加工时间为10s，后经过分解器，货物与托盘分离，托盘由吸收器吸收，货物则被送到传送带上。

（5）出库分拣区：货物通过分拣传送带进行分类拣选后，不同类型产品经由不同传送带输送至运输卡车。

9.2.3 Flexsim仿真建模

由入库分拣区、入库处理区、货物存储区、出库处理区、出库分拣区五大部分组成的自动化立体仓库整体布局设计如图9－12所示。

1. 入库分拣区模型

1）入库分拣区整体布局。

入库分拣区整体布局如图9－13所示。

2）入库输送连接方式。

入库输送连接方式如图9－14所示。

3）入库分拣区参数设置。

（1）发生器1参数设置。

①双击“发生器1”打开参数设置编辑框，单击“发生器”选项卡，在“到达时间间隔”的下拉菜单中选择“统计分布”并设置“exponential（0，10，0）”，如图9－15所示。

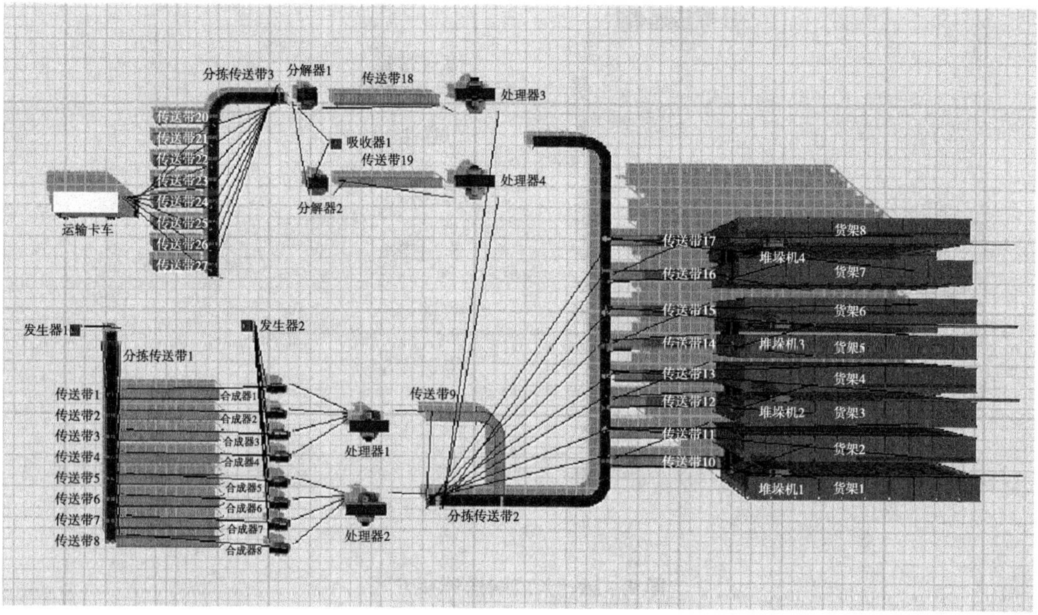

图 9－12　自动化立体仓库整体布局设计

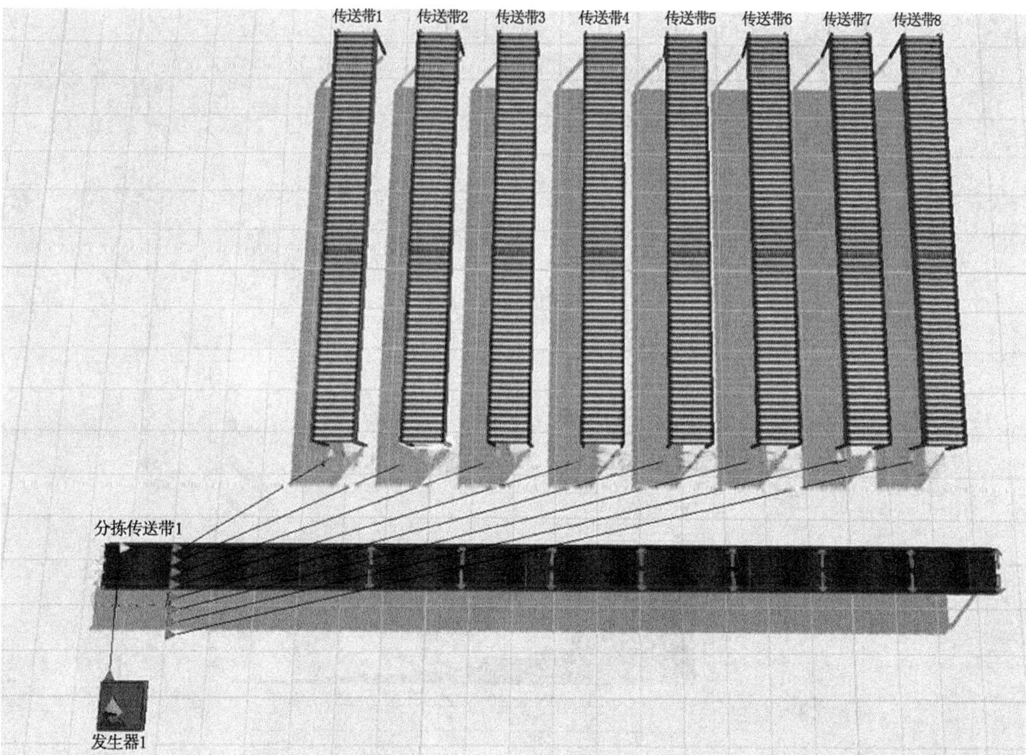

图 9－13　入库分拣区整体布局

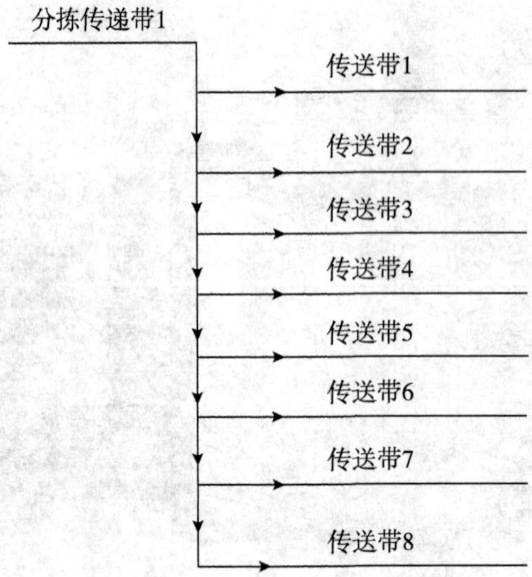

图 9-14　入库输送连接方式

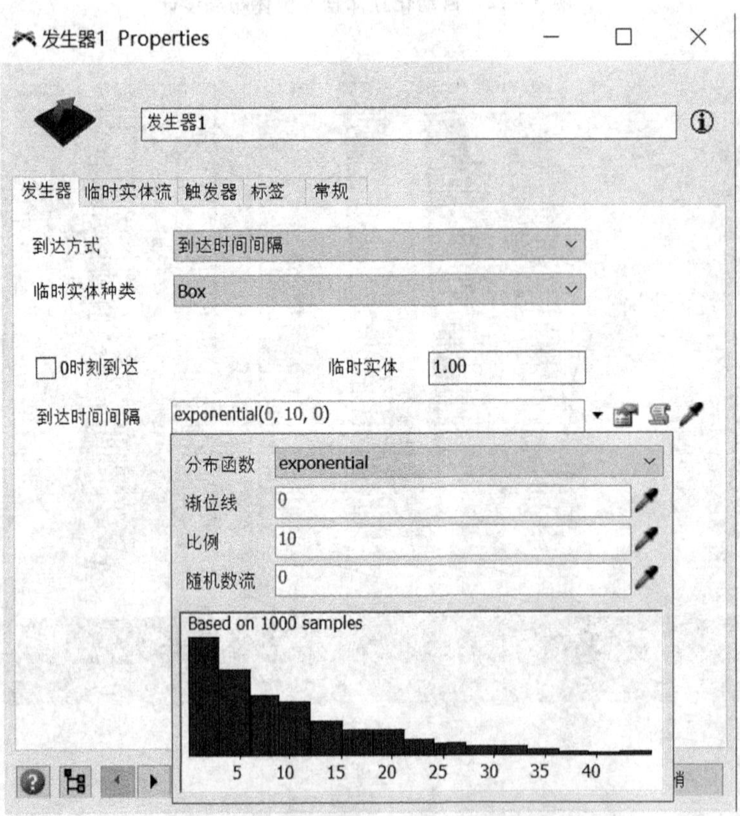

图 9-15　货物到达时间间隔设置

②在打开的“发生器 1”参数设置编辑框中，点击“触发器”选项卡，在“创建触发”编辑栏的右侧点击“+”号，下拉菜单中选择“设置临时实体类型和颜色”，把“临时实体类型”设置为均匀分布“duniform（1，8）”，点击确定，如图 9－16 所示。

图 9－16　产品颜色与类型设置

（2）分拣传送带 1 参数设置。

双击“分拣传送带 1”打开参数设置编辑框，在“发送条件”编辑栏的右侧点击下拉箭头，选择“根据临时实体类型”，点击确定，如图 9－17 所示。

2. 入库处理区模型

1）入库处理区整体布局。

入库处理区整体布局如图 9－18 所示。

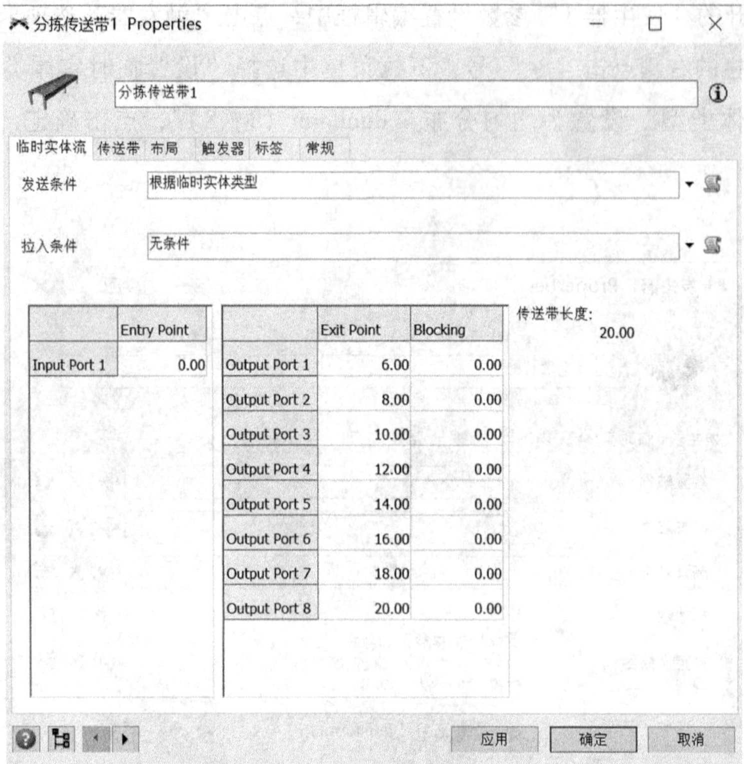

图 9－17　分拣传送带 1 参数设置

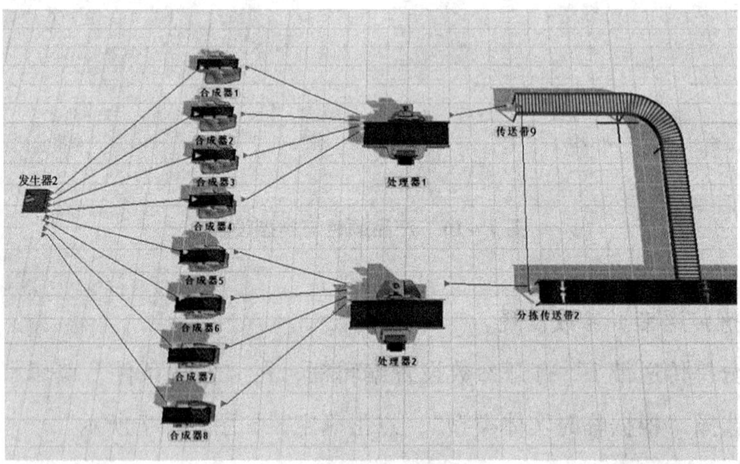

图 9－18　入库处理区整体布局

2）入库处理区参数设置。

（1）托盘发生器（发生器2）参数设置。

双击“发生器2”打开参数设置编辑框，单击“发生器”选项卡，在“临时实体种类”下拉菜单中选择“Pallet”（托盘）；点击“到达时间间隔”编辑栏右侧的 ▾ 按钮，选择“统计分布”，点击分布函数右侧的下拉按钮，然后选择“exponential”函数，设置“渐位线”为“0”、“比例”为“10”、“随机数流”为“0”，点击确定，如图9－19所示。

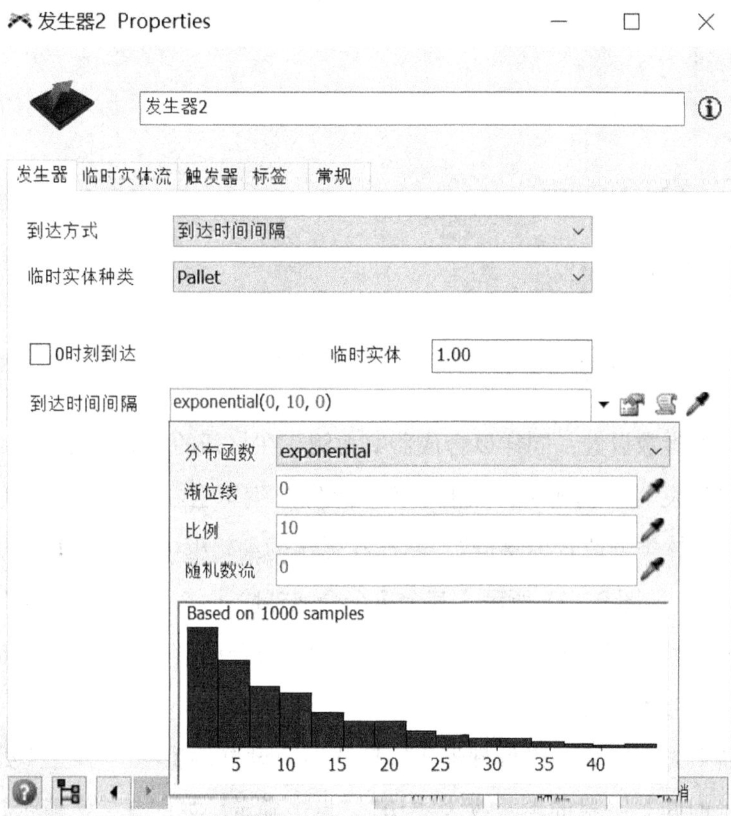

图9－19　发生器2的托盘设置

（2）合成器参数设置。

①打包参数设置：以合成器1为例，双击“合成器1”打开参数设置编辑框，单击“合成器”选项卡，点击“合成模式”右边编辑栏的下拉箭头，选择“打包”。将“组成清单”中的“Target Quantity”（目标数量）参数改为“8”，如图9－20所示。

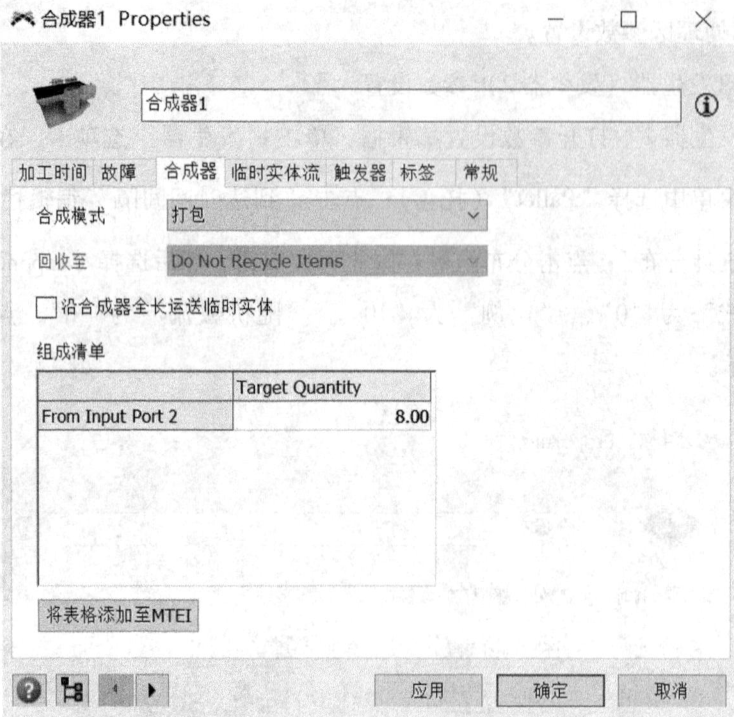

图 9－20　合成器 1 打包设置

②离开触发参数设置：同样以合成器 1 为例，在打开的“合成器 1”参数设置编辑框中，单击“触发器”选项卡，点击“离开触发”编辑栏右侧的“+”号，选择“设置名字、临时实体类型或者标签值”，然后在弹出的编辑框中，在“Type”编辑栏填入“1”，点击确定，如图 9－21 所示。其余 7 个合成器除了将上图中“Type”编辑栏参数分别设置为 2、3、4、5、6、7、8 以外，其余设置与合成器 1 参数设置相同。

（3）处理器参数设置。

以处理器 1 为例，双击“处理器 1”打开参数设置编辑框，单击“处理器”选项卡，将“加工时间”一栏的参数改为“10”，点击确定，如图 9－22 所示。处理器 2 的参数设置与处理器 1 的参数设置相同。

3. 货物存储区模型

1）货物存储区整体布局。

货物存储区整体布局如图 9－23 所示。

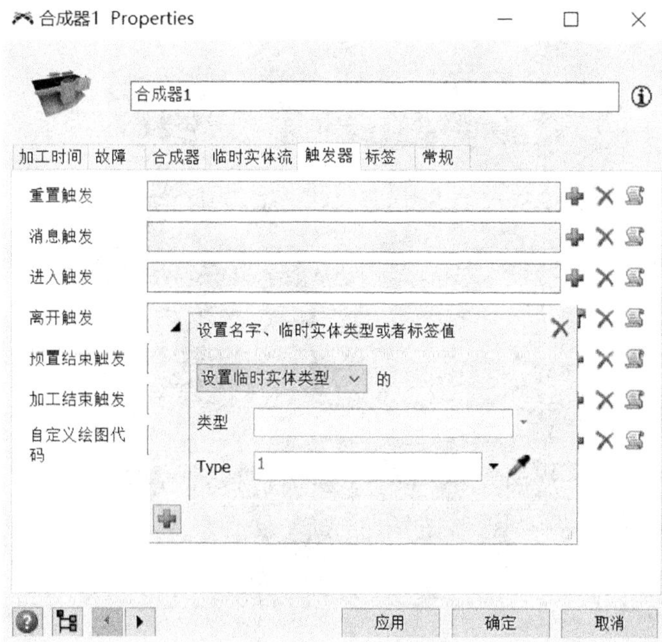

图 9－21　合成器离开触发设置

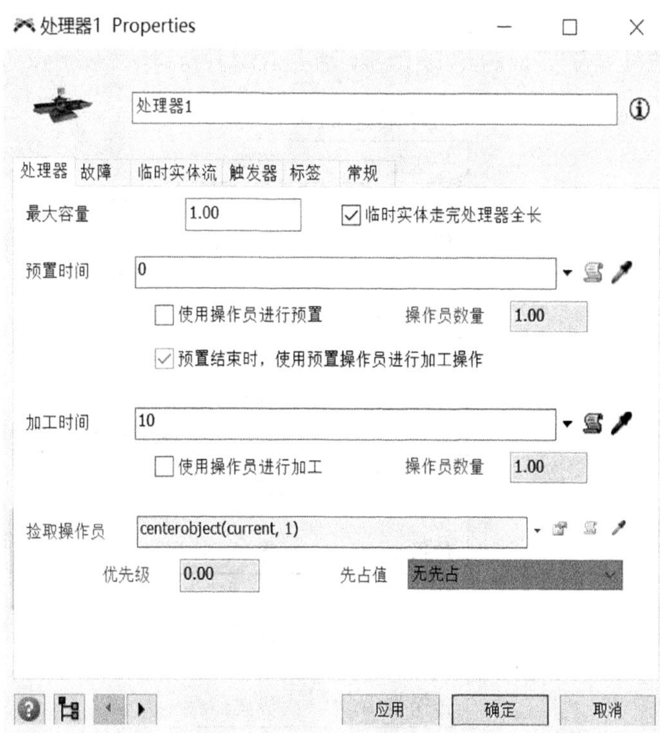

图 9－22　处理器 1 设置

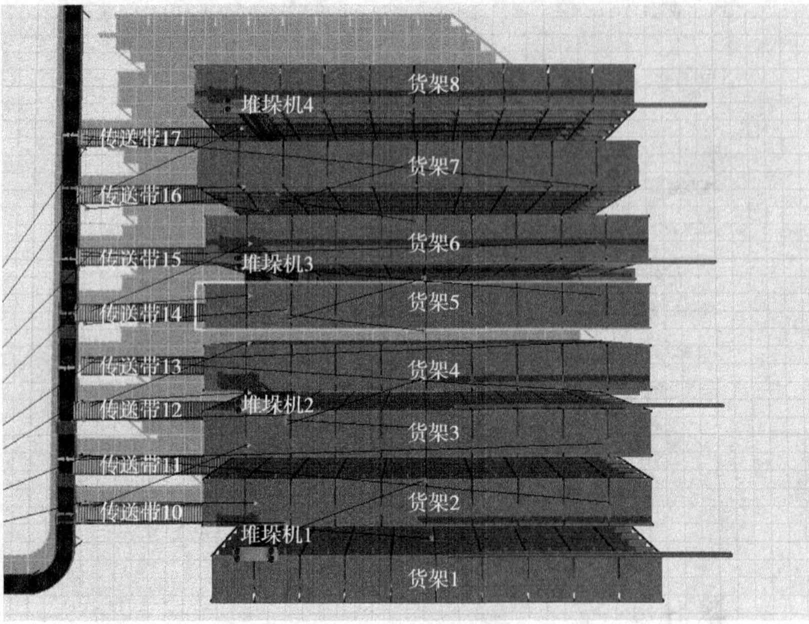

图 9－23　货物存储区整体布局

2）存储输送连接方式。

存储输送连接方式如图 9－24 所示。

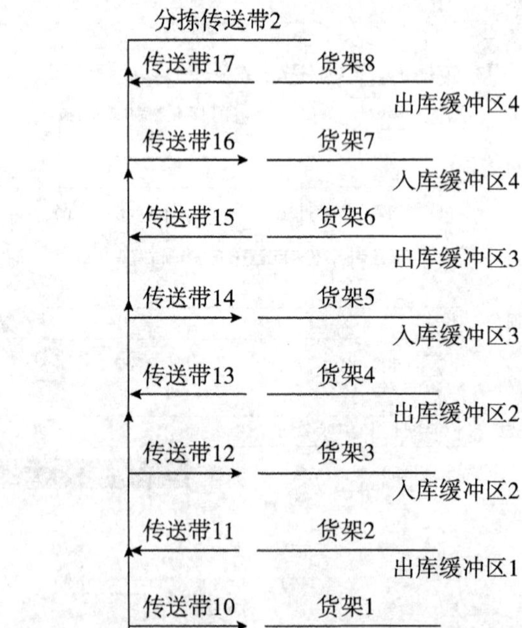

图 9－24　存储输送连接方式

3）货物存储区参数设置。

（1）以货架1为例，双击“货架1”打开参数设置编辑框，单击“货架”选项卡，点击“放置到列”编辑框右侧的▾按钮，选择“第一个可用列”，编辑“货格容量”为“1”，如图9－25所示。

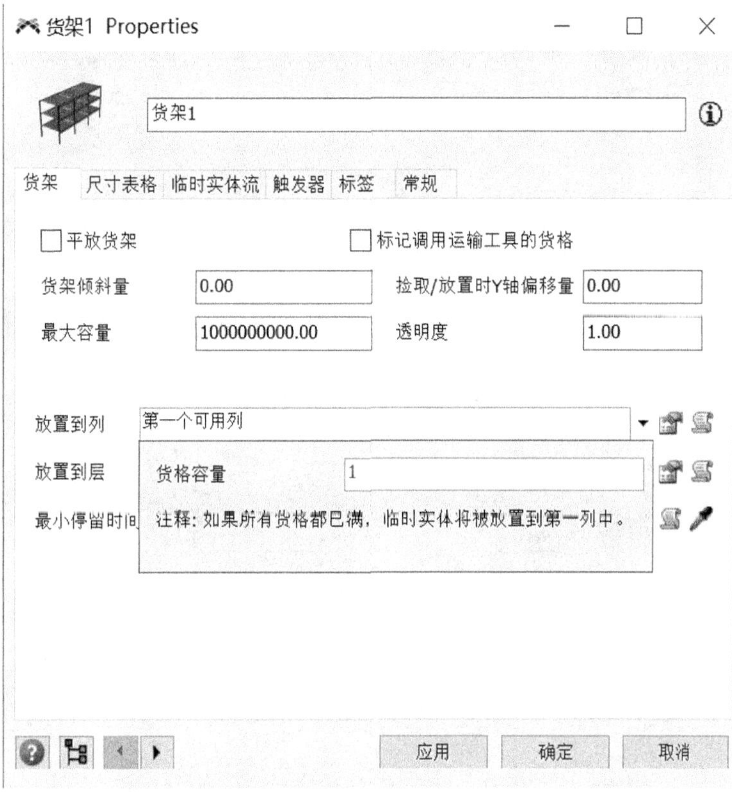

图9－25　货架1的列设置

（2）在“货架”选项卡下，点击“放置到层”编辑框右侧的▾按钮，选择“第一个可用层”，编辑“货格容量”为“1”，如图9－26所示。

（3）在“货架”选项卡下，点击“最小停留时间”右侧的▾按钮，选择“统计分布”，点击统计分布编辑框中“分布函数”右侧的下拉箭头，选择“normal”函数，并将“均值”设置为“2000”，“标准差”设置为“10”，“随机数流”设置为“0”，点击确定，如图9－27所示。其余货架参数设置与货架1参数设置相同。

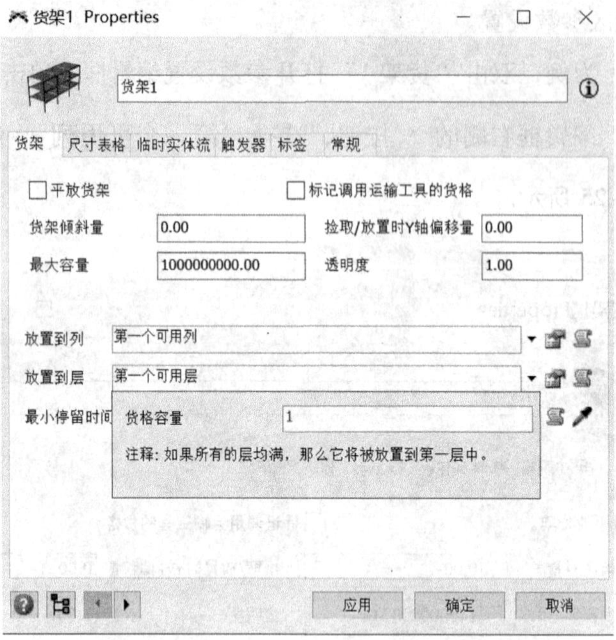

图 9－26　货架 1 的层设置

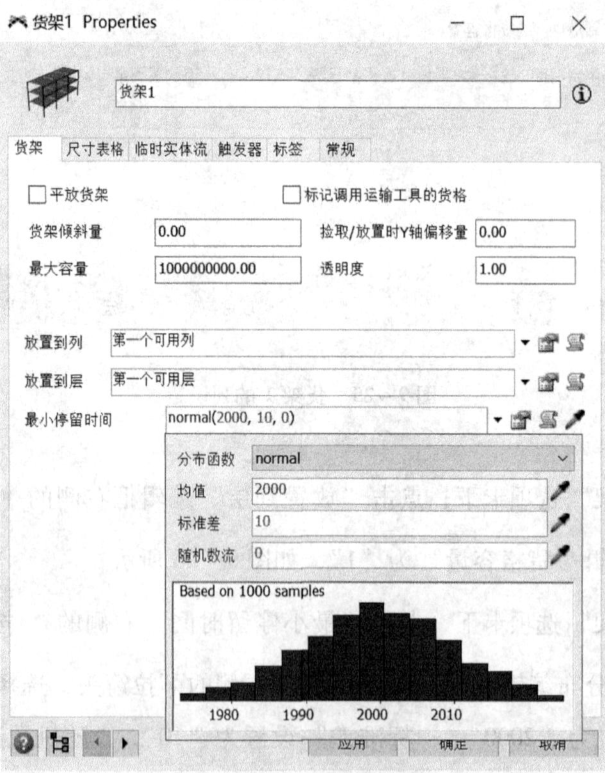

图 9－27　货架 1 最小停留时间设置

4. 出库处理区模型

1）出库处理区整体布局。

出库处理区整体布局如图 9 – 28 所示。

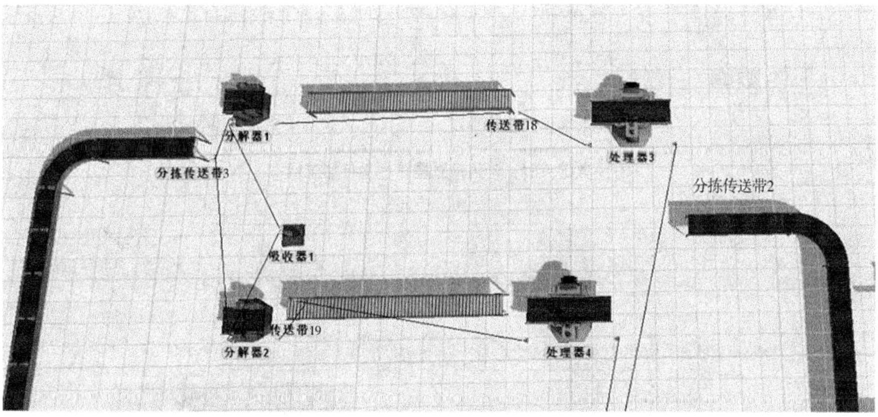

图 9 – 28 出库处理区整体布局

2）出库处理区参数设置。

以处理器 3 为例，双击“处理器 3”打开参数设置编辑框，单击“处理器”选项卡，将“加工时间”一栏参数改为“10”，点击确定，如图 9 – 29 所示。处理器 4 的参数设置与处理器 3 的参数设置相同。

5. 出库分拣区模型

1）出库分拣区整体布局。

出库分拣区整体布局如图 9 – 30 所示。

2）出库分拣区参数设置。

以分拣传送带 3 为例，双击“分拣传送带 3”打开参数设置编辑框，在“发送条件”编辑栏的右侧点击下拉箭头，选择“根据临时实体类型”，点击确定，如图 9 – 31 所示。

6. 重置、运行模型

整个模型基本参数设置完毕后，就可以对模型进行重置和运行了。点击主视窗左上角 重置 按钮，重置模型保证所有系统变量都是初始值，并将模型中所流动的实体数据清零，之后，再点击主视窗底部 运行 按钮。模型运行布局如图 9 – 32 所示。

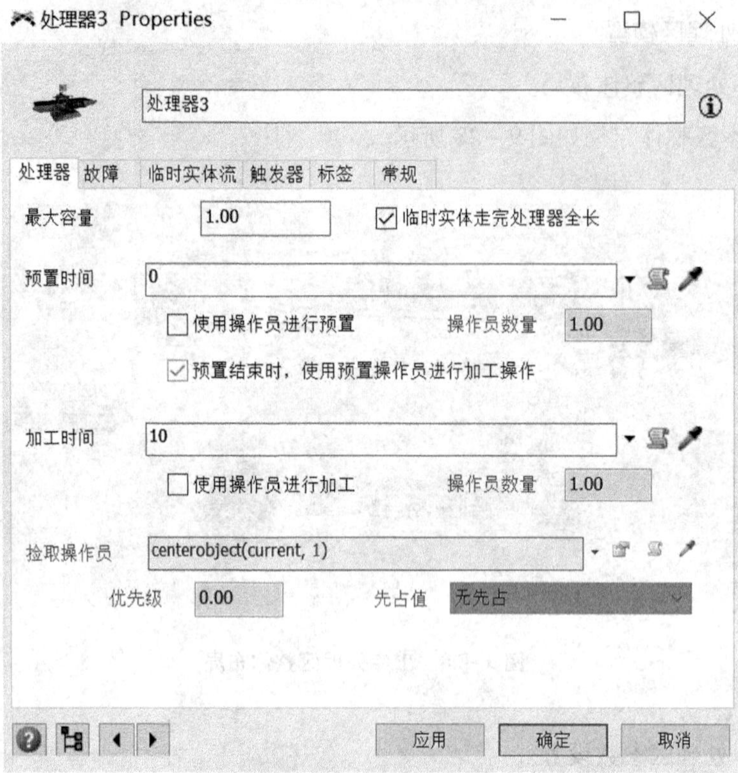

图 9－29　处理器 3 设置

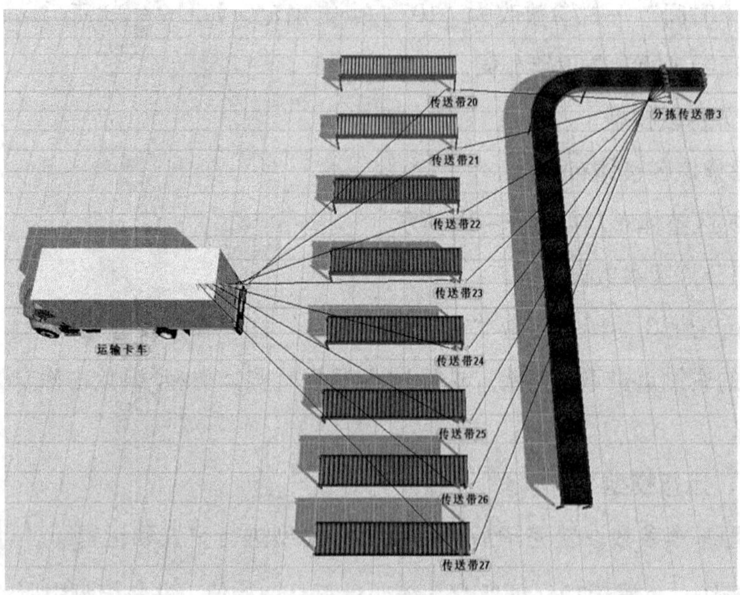

图 9－30　出库分拣区整体布局

图 9－31　分拣传送带 3 设置

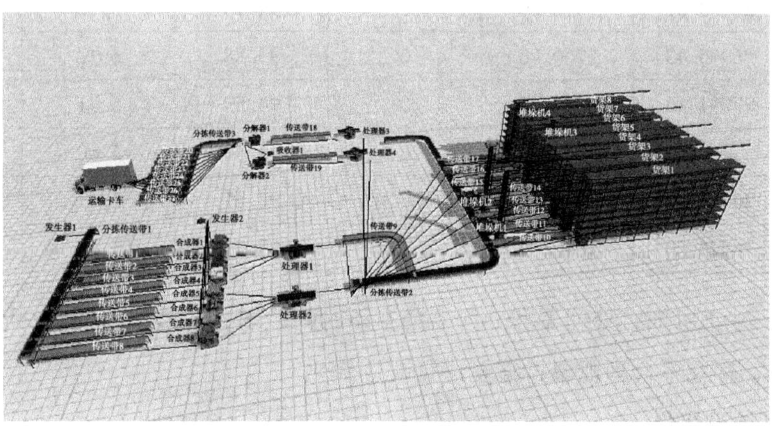

图 9－32　模型运行布局

9.2.4 仿真运行结果

1. 运行时间设置

点击主视窗顶部的运行时间选项右侧的下拉按钮，弹出对话框后设置“指定停止时间”为“28800”，如图 9-33 所示。

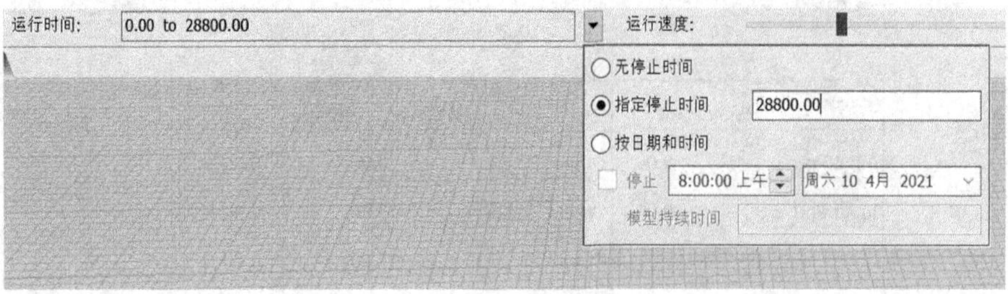

图 9-33 仿真模型运行时间设置

2. 仿真结果分析

根据建立的仿真模型，对处理器 1、处理器 2、处理器 3、处理器 4 以及分解器 1、分解器 2 的空闲时间和工作时间进行总结分析，如表 9-1 所示。

表 9-1 优化前处理器及分解器的使用率情况分析

对象	空闲时间（s）	工作时间（s）	拥堵时间（s）	空闲时间占比（%）	工作时间占比（%）	拥堵时间占比（%）
处理器 1	26963.67	1690.00	0	94.10	5.90	0
处理器 2	26995.43	1760.00	0	93.88	6.12	0
处理器 3	27091.16	1550.00	0	94.59	5.41	0
处理器 4	27153.54	1610.00	0	94.40	5.60	0
分解器 1	26548.13	1550.00	567.31	92.61	5.41	1.98
分解器 2	26546.00	1610.00	631.81	92.21	5.59	2.20

通过表 9-1 可知，处理器和分解器的空闲时间较多，占整体时间的 90% 多，利用极其不充分，存在不合理现象，需要进行改进优化。

3. 仿真结果优化

对表 9-1 反映出的问题进行分析，处理器和分解器的利用率不高，主要原因是发生器的生产速度不够。因此，我们通过加快发生器生产速度的方式来进行优化。将发生器 1 的“到达时间间隔”修改为“exponential（0，1，0）”，点击确定，如图 9-34 所示。

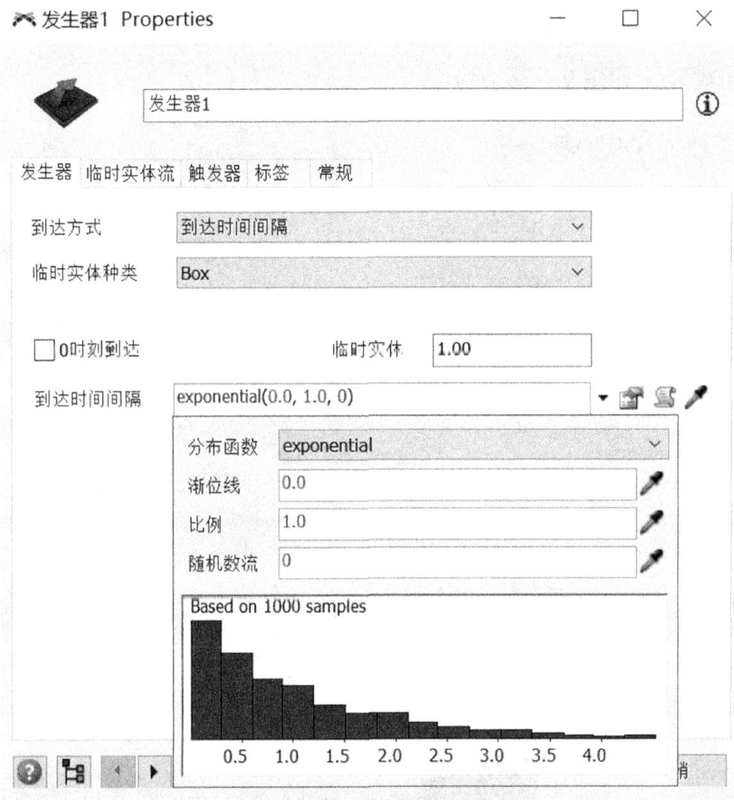

图 9－34　发生器 1 的第一次参数更改设置

发生器 1 更改设置之后点击重置、运行，经过系统中的 28800s 运行结束后，发现在入库分拣区中，传送带存在严重堵塞现象，运行不合理，如图 9－35 所示。

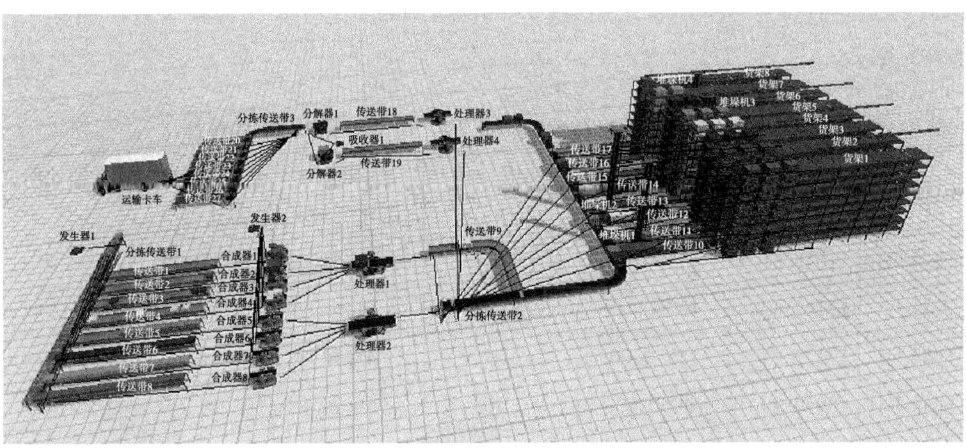

图 9－35　更改后运行结果

基于上述问题，我们再将发生器 1 的“到达时间间隔”修改为“exponential（0，2，0)”，点击确定，如图 9－36 所示。

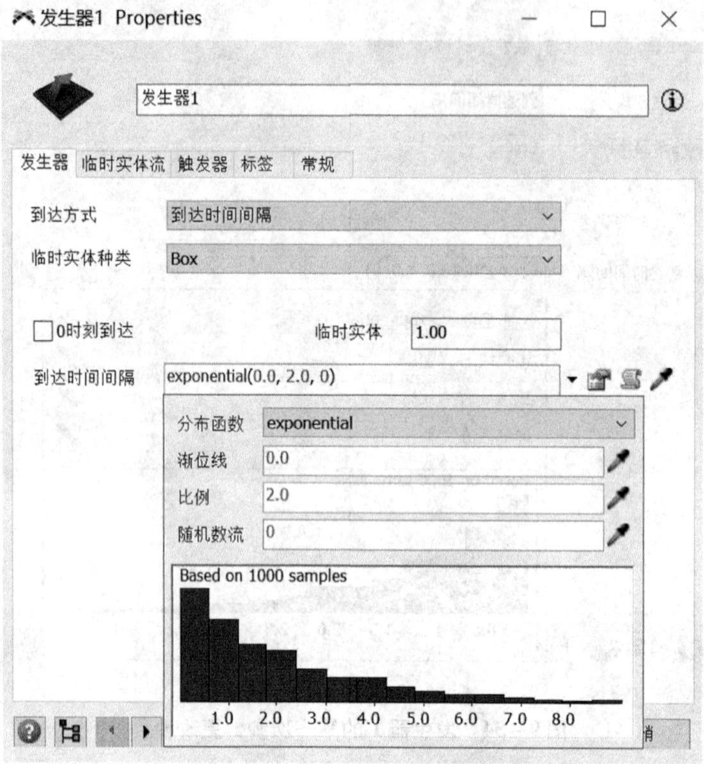

图 9－36　发生器 1 的第二次参数更改设置

再次更改发生器 1 设置后点击重置、运行，经过系统中的 28800s 运行结束后，全程没有出现堵塞现象。对于以上两种优化结果，我们分别进行数据分析，如表 9－2、表 9－3 所示。

表 9－2　　优化后生产速度为 exponential（0，1，0）函数分布的统计

对象	空闲时间（s）	工作时间（s）	拥堵时间（s）	空闲时间占比（%）	工作时间占比（%）	拥堵时间占比（%）
处理器 1	11665.68	17130.00	0	40.51	59.49	0
处理器 2	17749.40	10790.00	257.09	61.64	37.47	0.89
处理器 3	13229.04	15570.00	0	45.94	54.06	0
处理器 4	18940.29	9850.00	0	65.79	34.21	0
分解器 1	7554.04	15550.00	5691.36	26.23	54.00	19.77
分解器 2	13694.76	9850.00	5254.90	47.55	34.20	18.25

表 9－3　　　优化后生产速度为 exponential（0，2，0）函数分布的统计

对象	空闲时间（s）	工作时间（s）	拥堵时间（s）	空闲时间占比（%）	工作时间占比（%）	拥堵时间占比（%）
处理器 1	20157.56	8610.00	0	70.07	29.93	0
处理器 2	20177.48	8590.00	24.07	70.08	29.84	0.08
处理器 3	20978.17	7820.00	0	72.85	27.15	0
处理器 4	20994.89	7800.00	0	72.91	27.09	0
分解器 1	18115.68	7810.00	2858.49	62.94	27.13	9.93
分解器 2	17354.20	7790.00	3620.13	60.33	27.08	12.59

根据表 9－1 至表 9－3 的统计分析，可以看出，虽然生产速度为 exponential（0，1，0）的处理器和分解器的利用率高，但是在生产过程中有大量时间出现了传送带堵塞现象，而生产速度为 exponential（0，10，0）的处理器和分解器的利用率太低。三种情况比较得出，生产速度为 exponential（0，2，0）的处理器和分解器在相对合理的状态。因此，将发生器 1 的生产速度设置为 exponential（0，2，0）是最优结果。

实训练习

1. 总结自动化立体仓库的作业流程并画出流程图。

2. 对比除处理器和分解器外其他实体优化前与优化后的数据，形成详细的分析报告，并提出改进方案。

3. 要求该自动化立体仓库额定入库量 800 盘/天，出库量 750 盘/天，每天工作 8h（28800s）。尝试找到一个合理的方案，符合自动化立体仓库的出入库要求，使得设备利用率更加合理。

10 现代铁路物流园区建模与仿真

10.1 现代铁路物流园区概述

10.1.1 现代铁路物流园区的概念

现代铁路物流园区以铁路货运场站等铁路资源为基础，融合现代物流管理理念和服务理念，在重要运输枢纽及各种运输方式集结、交汇且经济发展迅速的地区建立起来，提供以铁路运输为主体的现代物流服务的空间场所。它是铁路变“车流集结”为“货流集结”的重要载体，既可为铁路自身提供物流服务场所，也可作为公共性物流基地吸引相关物流企业入驻，共同开展以铁路运输为主的物流服务。

10.1.2 现代铁路物流园区的特点

现代铁路物流园区既有物流园区的共性，是不同物流网络的重要节点，具有包装、加工、仓储、配送、管理及咨询服务等功能，又保存着铁路运输的特性，承担铁路大宗货物和公铁、海铁联运货物的运输、装卸等任务。因此，现代铁路物流园区与物流园区和铁路货运场站相比，存在共性与差异，分别如表 10 – 1 和表 10 – 2 所示。

表 10 – 1　　现代铁路物流园区与物流园区对比

比较对象	现代铁路物流园区	物流园区
市场化程度	市场化受铁路货物运输政策的限制	完全市场化
核心业务	基本和扩展物流业务	基本、扩展以及高端物流业务
服务范围	依托铁路网，范围广阔，可至全国	通常是城市范围
运输方式	依托铁路运输，与其他方式相结合	公路运输为主
货物构成	根据辐射城市或区域的经济结构	多样化

表 10－2　　现代铁路物流园区与铁路货运场站对比

比较对象	现代铁路物流园区	铁路货运场站
货物品类	多品种，不同批量共存	大宗货物，品类有限
服务项目	多种物流服务	运输、仓储
服务范围	广	窄
信息化程度	多信息系统共存	仅铁路相关信息
设施设备	多样化、自动化等	简单单一
运输方式	铁路运输结合公路运输、水路运输等	仅铁路运输

现代铁路物流园区具有以下四个特点。

1. 高物流量

现代铁路物流园区处理的对象以铁路货物为主，铁路运输具有距离远、运量大的特点，因而也具有一定的规模性，园区的物流处理量与同等级的其他物流园区相比相对较大。

2. 功能丰富

现代铁路物流园区所能提供的功能服务在一般物流园区所具备的仓储、配送、流通加工、包装、管理咨询等功能的基础上，还要额外满足客户对于铁路货物运输、装卸、搬运和仓储等一系列铁路货运作业的需要。

3. 网络辐射广

铁路运输已形成一个由铁路路线、铁路货运场站、铁路物流中心和现代铁路物流园区构成的覆盖范围广阔的庞大网络，该网络辐射全国各地，连接着各个区域。现代物流园区依托铁路枢纽，因为它是网络中辐射范围较为广阔的节点。

4. 信息性强

现代铁路物流园区除具有普通物流园区信息平台之外，还与铁路系统内部的铁路运输管理信息系统（TMIS）、铁路列车调度指挥系统（TDCS）等铁路信息系统相衔接，使园区的信息内容更丰富、信息网络更完善。

10.1.3　现代铁路物流园区的分类

现代铁路物流园区按不同特点可以划分为不同的类型。

（1）按照现代铁路物流园区的构建方式，可以分为物流园区与铁路货运场站一体化和物流园区与铁路货运场站分立的两种类型。一体化的物流园区往往是由铁路货运场站在原来的基础上改建成的，所有的物流作业都可以在一体化的物流园区内完成。分立型的物流园区是依托于铁路货运场站，在毗邻地点新建成的，铁路货运场站完成包括存储、运输、拣货等部分物流作业，而物流园区则进行存储、盘点、订单处理、信息交换、配送作业和管理与服务工作。

（2）按照现代铁路物流园区作业的货物品类，可以分为专业型和综合型。专业型的物流园区只办理少数几类货物，如专门办理煤炭、建材等散堆装货物的物流园区和专门办理集装箱的物流园区等；综合型的物流园区办理的货物品类较多，例如，不仅办理散堆装货物，还办理成件包装货物。

（3）按照现代铁路物流园区的规模，可以分为大型、中型和小型。一般地，大型的物流园区的服务对象较多，服务范围较广，一般是整个城市或地区，因此物流作业量较大，作业品类较多，其所需的作业场地较大，所需的设备和人员也较多，自动化程度要求较高。然而，小型的物流园区则相反。

（4）按照现代铁路物流园区服务的地区范围，可以分为广域型、区域型和城市型。广域型物流园区服务于全国，通过与国内的其他物流园区合作，实现跨区域客户的物流服务。区域型物流园区主要服务于其所在地区的客户，地域范围比广域型物流园区要小。城市型物流园区是为某个城市市区内的客户提供物流服务，地域范围更小。

10.2 现代铁路物流园区的布局

10.2.1 现代铁路物流园区的布局形式

现代铁路物流园区的构建方式以具有铁路装卸功能的货场为参照，物流作业区与铁路货场之间的关系可以划分为以下三种布局形式。

1. 集中式

铁路货场与物流作业区的布置相互独立，由货场完成铁路相关作业（如卸货、拣货、运输等），物流园区进行存储配送、流通加工、信息交换等管理与服务工作。该类布局方式适用于贯通式货场布局。物流园区与货场之间的管理组织明确，方便管理。园区的内部交通流畅，而外部交通，特别是铁路运输线路，对园区的布局及日常运作影响小。然而，该类布局的园区，其功能区到货场距离长，园区的运输较为繁忙。此种布局方式是较为常见的一类。集中式布局如图 10 - 1 所示。

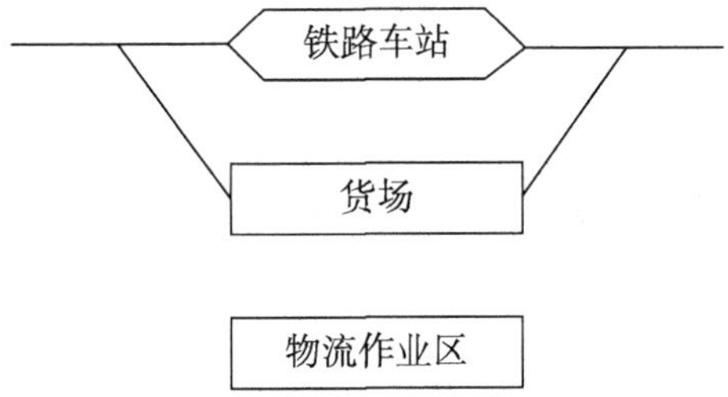

图 10 – 1　集中式布局

注：实线代表铁路线，表示列车行驶的轨迹。

2. 分散式

物流园区将相应的功能区穿插布置在铁路装卸区之间。该类布局适用于尽头式货场布局，铁路货运线与园区紧密结合，实现了车站到园区无缝衔接。然而该种布局的缺点也很明显，首先，铁路线路对园区的交通、日常运作具有影响；其次，园区与货场的管理区域有交叉，管理主权不明确，容易造成管理上的混乱；最后，用地限制的影响较大。该类布局形式并不常见，但有时受到地形的限制会被采用，此外还有一些规模不大的专业型的铁路物流园区会采用。分散式布局如图 10 – 2 所示。

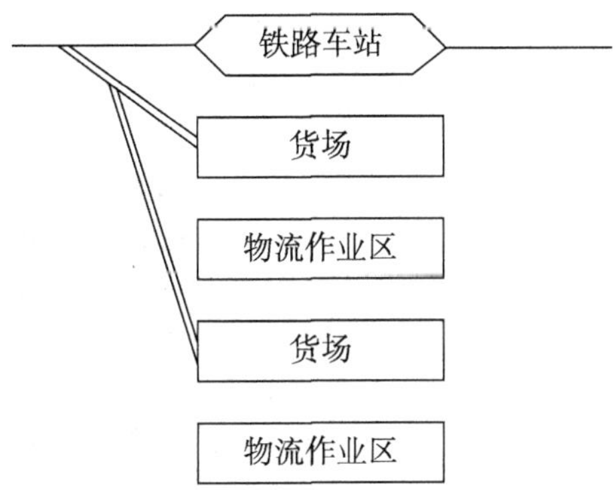

图 10 – 2　分散式布局

注：双线表示在分散式布局中运输流向是双向的，货物同侧进出。

3. 混合式

物流园区以集中式布局为主，小部分功能区穿插布置在铁路装卸区周边。该类布局方式结合了集中式和分散式的特点，适应性强，但一方面局部的交通会存在不通畅的问题，另一方面局部的区域会存在交叉管理的问题。混合式是较为常见的布局形式，特别是在园区所依托的铁路枢纽中某类大宗商品货运量极为显著的情况下。混合式布局如图 10 – 3 所示。

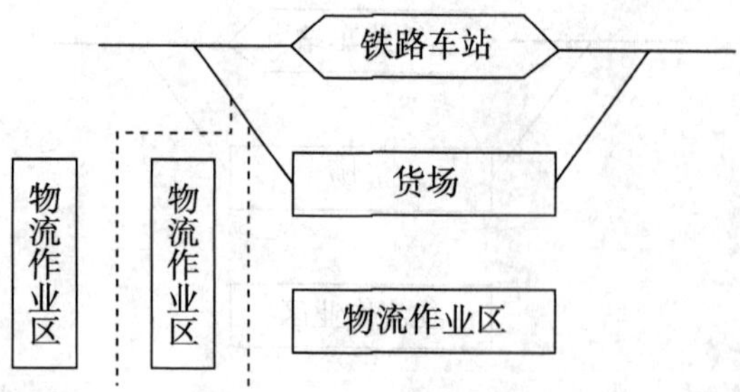

图 10－3　混合式布局

注：虚线表示从铁路车站到物流作业区的运输途径。

在货场类型、运作管理特性等方面，以上三类布局形式存在差异，三种布局形式对比如表 10－3 所示。

表 10－3　三种布局形式对比

	集中式	分散式	混合式
适合的货场类型	贯通式	尽头式	贯通式
运作管理	管理权明确	交叉管理，极易混乱	交叉管理，局部容易混乱
交通影响	小	大	中
对功能区布局的影响	小	大	中
具体影响	该类布局形式对园区整体布局的影响极其微小，甚至可以忽略不计，但园区内部交通繁忙，可能会造成园区内部交通不畅	该类布局形式对园区的影响主要体现在：功能区被迫划分，造成园区内部物流流动性大，作业流程设计受到影响；由于铁路相关作业的影响，为了保障安全，交通会受到极大的限制；用地受到了限制，在规模设计时则需要考虑可用地的大小	该类布局形式受到了局部的交通和用地限制。在对该类布局形式进行布局规划时，需要确定哪些功能区放置于分散式部分，哪些功能区放置于集中式部分。如果没有正确处理该问题，将对长远发展有着极大的不良影响。此外，还需考虑分散式与集中式功能区之间的联系，规划设计应做到尽可能地减少两者之间的关系

10.2.2　现代铁路物流园区的布局流程

现代铁路物流园区的布局流程如图 10－4 所示。

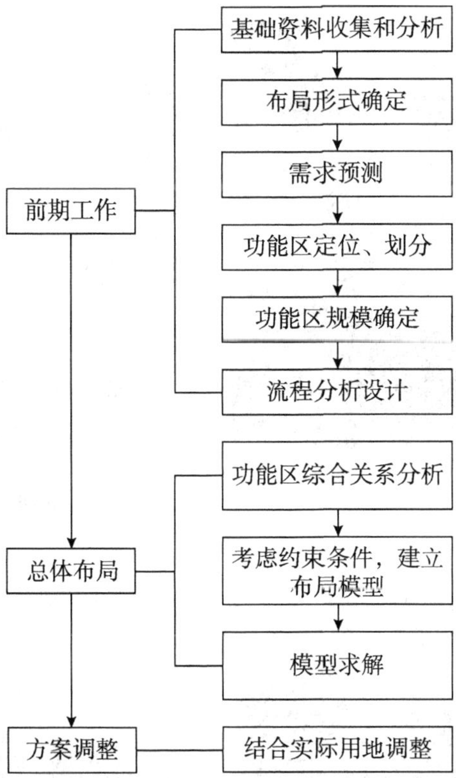

图 10－4　现代铁路物流园区的布局流程

10.3　沈阳某站货场仿真

沈阳某站货场曾是沈阳地区最大的铁路货场，具备现代铁路物流园区的功能。图 10－5 至图 10－10 是龙门吊、雨棚、火车停站、等待卸货区、散货区、叉车的现场实拍图。

图 10－5　龙门吊

图 10－6　雨棚

图 10-7　火车停站

图 10-8　等待卸货区

图 10-9　散货区

图 10-10　叉车

10.3.1　模型布局

1. 绘制仿真模型布局

沈阳某站货场布局示意如图 10-11 所示，基于此，绘制仿真模型布局，如图 10-12 所示。

2. 导入 Flexsim 实体

导入 Flexsim 实体，沈阳某站货场仿真模型如图 10-13 所示。

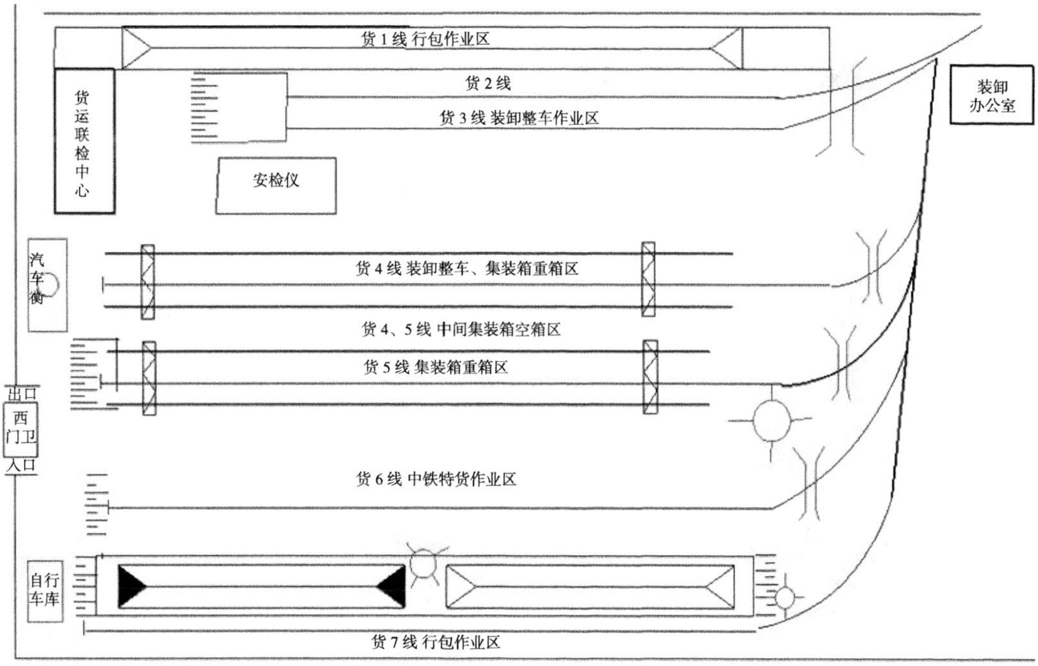

图 10 – 11　沈阳某站货场布局示意

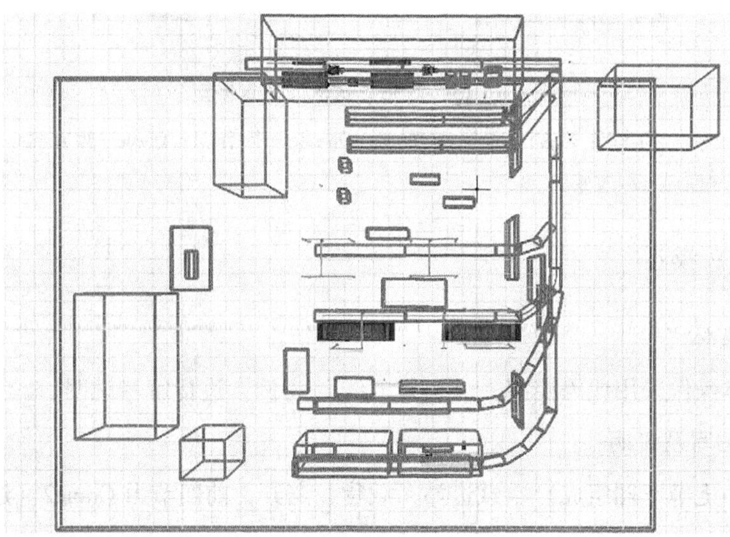

图 10 – 12　沈阳某站货场仿真模型布局

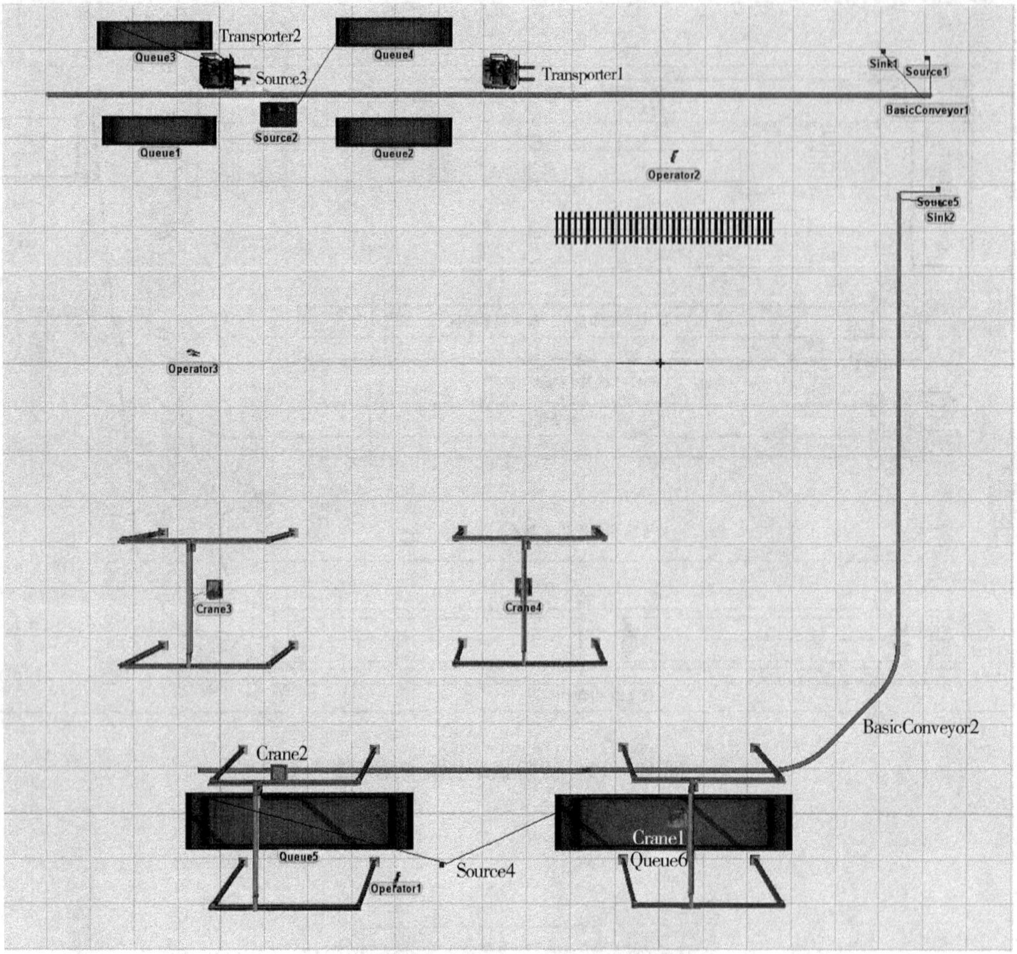

图 10－13　沈阳某站货场仿真模型

注：BasicConveyor—简易传送带；Crane—起重机；Operator—操作员；Queue—暂存区；Sink—吸收器；Source—发生器；Transporter—叉车。

10.3.2　建立模型

1. 连接实体

所有实体操作采用代码控制，以“货五线”为例，进行解释说明。

2. 代码编写及说明

火车（由七节车厢组成）空载进站、载货、离开，前四节由 Crane2（起重机 2）负责，后三节由 Crane1（起重机 1）负责。始于停车、终于返程，共计 150 个时间单位。

（1）列车到达时刻分别为每 1000 个时间单位一列，发车时刻表（到达时间表）如图 10－14 所示。

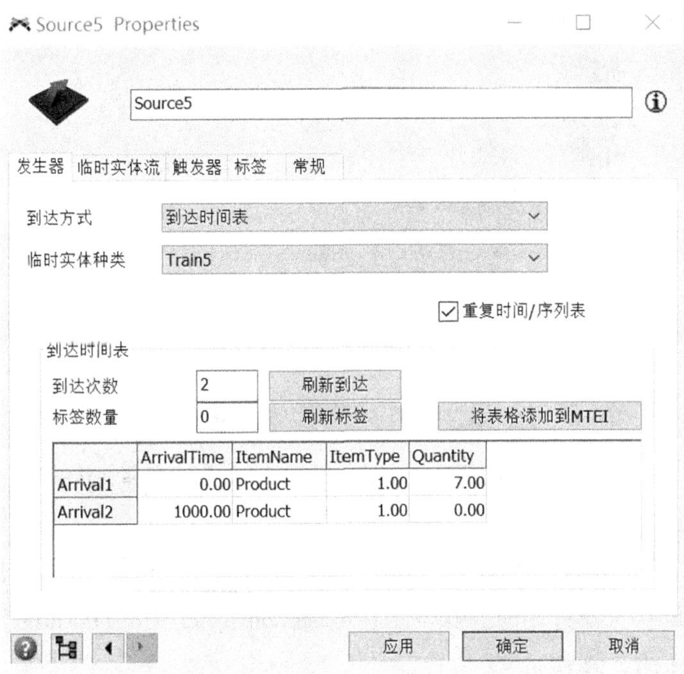

图 10－14　发车时刻表

（2）使用 BasicConveyor2 控制整个“货五线”系统。在 BasicConveyor2（简易传送带 2）中，加入数值型标签，并设置初始值为 1，见图 10－15，该设置用于控制火车的进站与离站。

图 10－15　控制变量设置

（3）OnReset：重置时，触发。在 BasicConveyor2 中“OnReset”代码编辑器里编写代码，如图 10－16 所示。

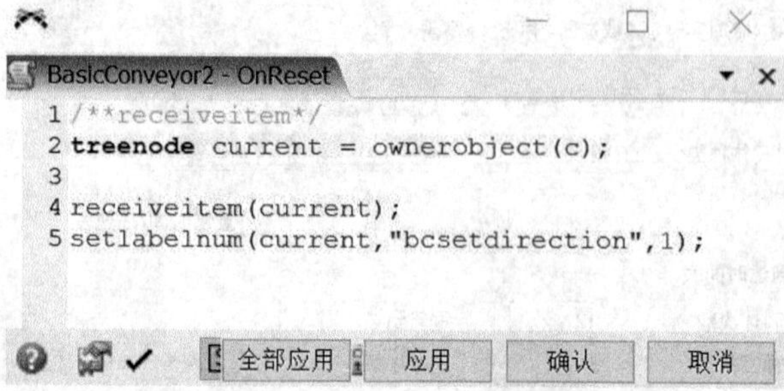

图 10－16　BasicConveyor2 中的“OnReset”代码编辑器

说明：为数值型标签“bcsetdirection”设置初始值，使得重置运行时，初始值为 1。

（4）OnEntry：火车进站时，触发。在 BasicConveyor2 中“OnEntry”代码编辑器里编写代码，如图 10－17 所示。

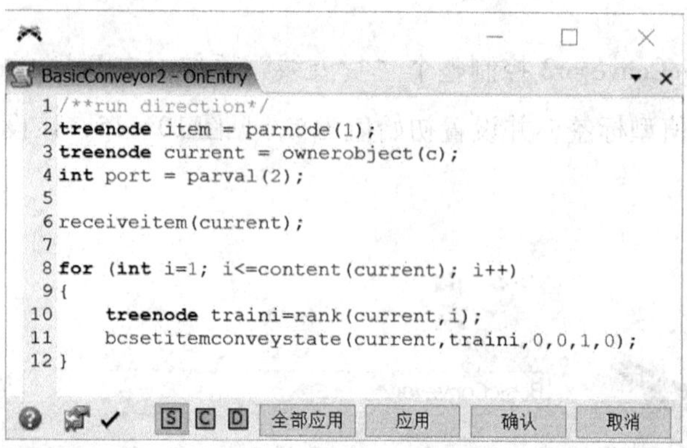

图 10－17　BasicConveyor2 中的“OnEntry”代码编辑器

说明：使用函数 bcsetitemconveystate（current，traini，0，0，1，0），控制火车的初始位置，设置初始速度、最大运行速度及运行方向。

（5）在 BasicConveyor2 的“决策点”选项卡中，加入两个控制位置节点，如图 10－18 所示。

在 BasicConveyor2 中，“end”端点的控制面板上，“On Cover”触发器下编写代码，如图 10－19 所示。

图 10－18　控制位置节点设置

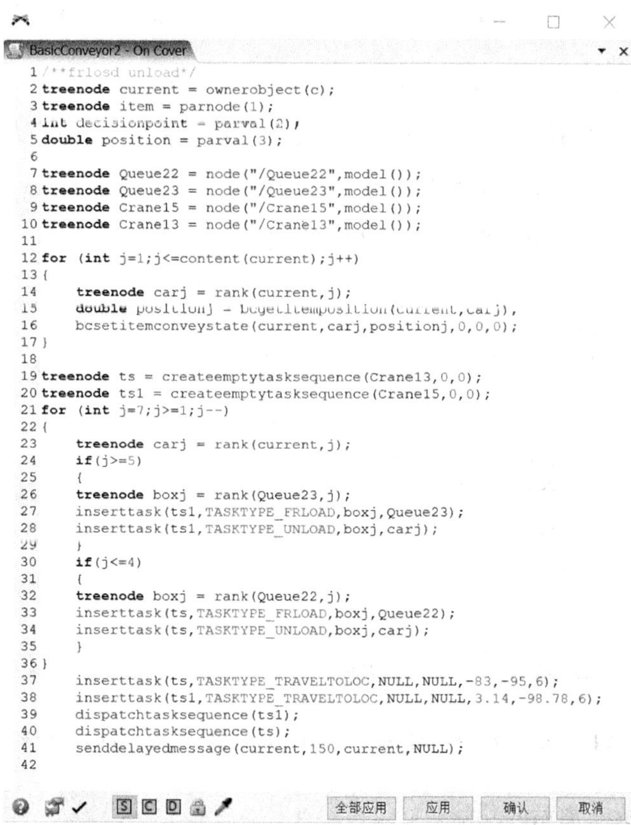


```
/**frlosd unload*/
treenode current = ownerobject(c);
treenode item = parnode(1);
int decisionpoint = parval(2);
double position = parval(3);

treenode Queue22 = node("/Queue22",model());
treenode Queue23 = node("/Queue23",model());
treenode Crane15 = node("/Crane15",model());
treenode Crane13 = node("/Crane13",model());

for (int j=1;j<=content(current);j++)
{
    treenode carj = rank(current,j);
    double positionj = bcgetitemposition(current,carj);
    bcsetitemconveystate(current,carj,positionj,0,0,0);
}

treenode ts = createemptytasksequence(Crane13,0,0);
treenode ts1 = createemptytasksequence(Crane15,0,0);
for (int j=7;j>=1;j--)
{
    treenode carj = rank(current,j);
    if(j>=5)
    {
    treenode boxj = rank(Queue23,j);
    inserttask(ts1,TASKTYPE_FRLOAD,boxj,Queue23);
    inserttask(ts1,TASKTYPE_UNLOAD,boxj,carj);
    }
    if(j<=4)
    {
    treenode boxj = rank(Queue22,j);
    inserttask(ts,TASKTYPE_FRLOAD,boxj,Queue22);
    inserttask(ts,TASKTYPE_UNLOAD,boxj,carj);
    }
}
    inserttask(ts,TASKTYPE_TRAVELTOLOC,NULL,NULL,-83,-95,6);
    inserttask(ts1,TASKTYPE_TRAVELTOLOC,NULL,NULL,3.14,-98.78,6);
    dispatchtasksequence(ts1);
    dispatchtasksequence(ts);
    senddelayedmessage(current,150,current,NULL);
```

图 10－19　BasicConveyor2 中“end”端点的“On Cover”代码编辑器

说明：当火车停车时，Crane2（起重机2）从Queue5（暂存区5）取总货量为4单位的货装车；Crane1（起重机1）从Queue6（暂存区6）取总货量为3单位的货装车。从火车停车时刻至返回时刻，共计150个时间单位。

（6）OnMessage：由senddelayedmessage（current，150，current，NULL）触发。在BasicConveyor2中“OnMessage”代码编辑器里编写代码，如图10－20所示。

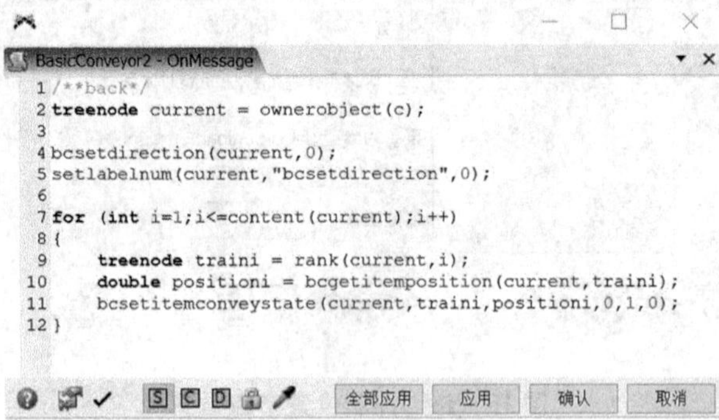

图10－20　BasicConveyor2中的“OnMessage”代码编辑器

说明：使用函数bcsetitemconveystate（current，traini，positioni，0，1，0），定位火车的当前位置，设置初始速度、最大运行速度及运行方向，实现火车返程的运行动作。

（7）在BasicConveyor2的“决策点”选项卡中，在BasicConveyor2中“begin”端点的“On Cover”代码编辑器里编写代码，如图10－21所示。

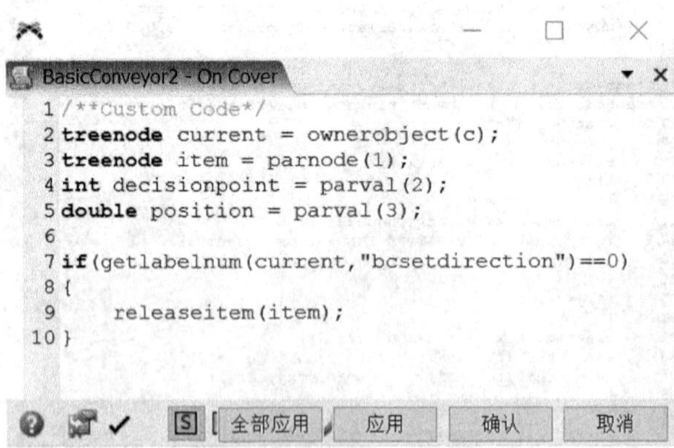

图10－21　BasicConveyor2中“begin”端点的“On Cover”代码编辑器

说明：实现火车离站的功能。

（8）OnExit：出站时触发。在BasicConveyor2中“OnExit”代码编辑器里编写代

码，如图 10 - 22 所示。

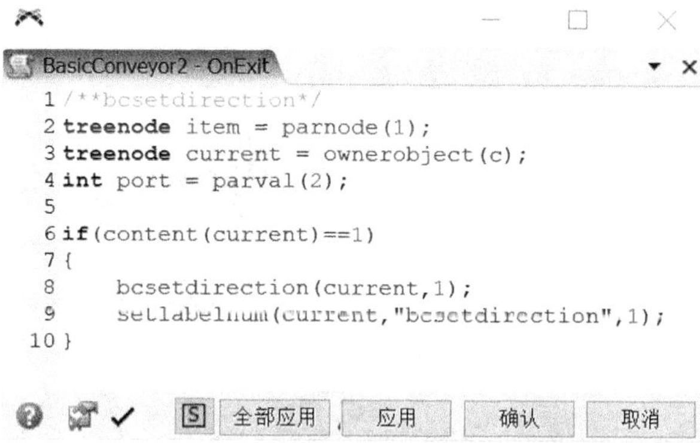

图 10 - 22　BasicConveyor2 中的“OnExit”代码编辑器

说明：给数值型标签“bcsetdirection”设置值为 1，使得在系统正常运行的情况下，每次火车进站时，数值型标签“bcsetdirection”的值均为 1。

3. 调试与运行

多次调试，得出优化模型。

10. 3. 3　导入其他 3D 实体

1. 绘制三维模型

使用 SketchUp 绘图软件，绘制“自行车库”“货运联检中心”等一系列房屋及设备。以“自行车库”为例，图 10 - 23 为该实体的绘制结果展示。

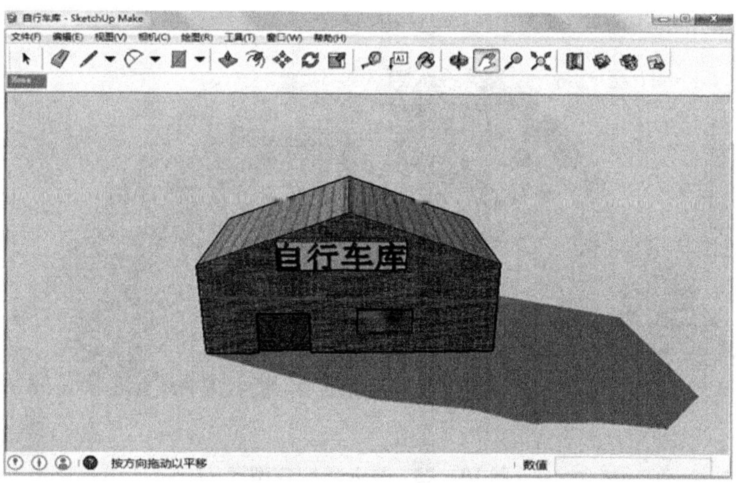

图 10 - 23　自行车库三维模型

2. 导入模型

沈阳某站货场仿真模型如图 10－24 所示。

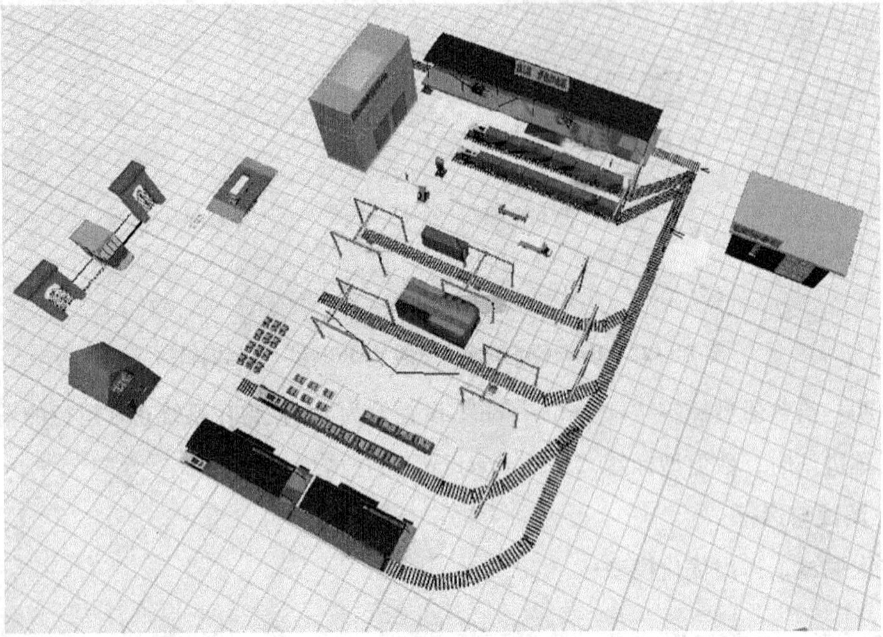

图 10－24　沈阳某站货场仿真模型

10.3.4　调试与仿真

经过多次调试，得出优化效果，导入绘制模型图如图 10－25 所示。

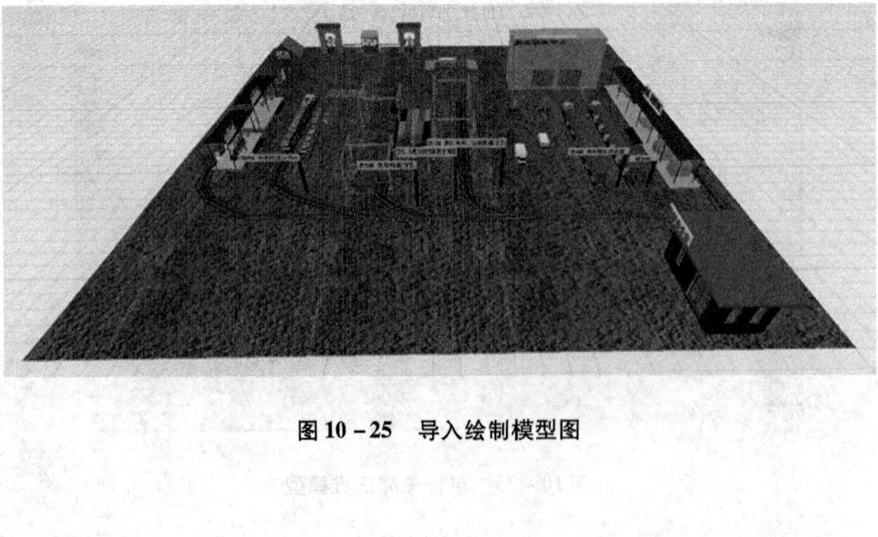

图 10－25　导入绘制模型图

仿真运行效果如图 10－26 至图 10－29 所示。

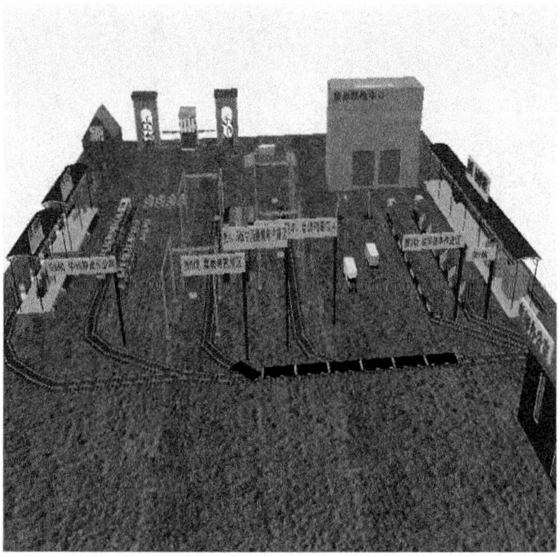

图 10－26 火车进站（1）

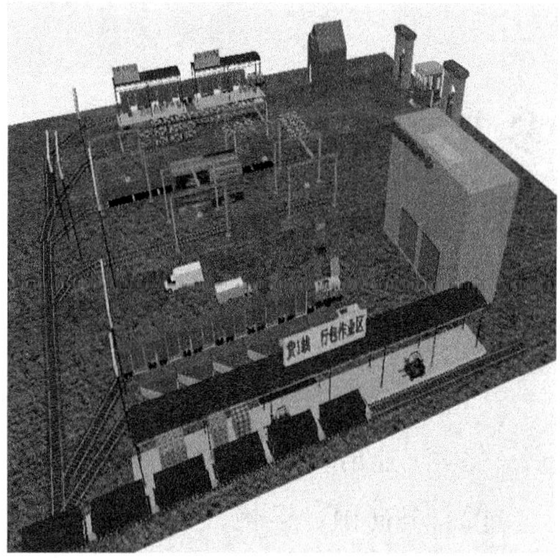

图 10－27 火车进站（2）

图 10－28 龙门吊装载作业

图 10－29 叉车卸货作业

实训练习

1. 试述现代铁路物流园区的分类。
2. 试增加仿真模型中的铁路线路。

参考文献

[1] 马向国，余佳敏，任宇佳. Flexsim 物流系统建模与仿真案例实训［M］. 北京：化学工业出版社，2018.

[2] 马向国，梁艳，杨惠惠. 现代物流系统建模、仿真及应用：基于 Flexsim［M］. 北京：机械工业出版社，2017.

[3] 刘同娟. 系统仿真及其在物流领域中的应用［M］. 北京：中国发展出版社，2014.

[4] 马向国. 现代物流配送中心规划、仿真及应用案例［M］. 北京：中国发展出版社，2014.

[5] 刘同娟，马向国. 配送中心不同分拣策略的仿真优化［J］. 物流技术，2013，32（3）：439－444.

[6] 李玉民，蔡龙平. 基于 RFID 技术的入库流程仿真优化［J］. 物流技术，2012，31（10）：118－121.